## 作者简介

**程多闻** 安徽歙县人，北京外国语大学国际关系学院讲师；本科至博士就读于北京大学国际关系学院，并分别在2009年和2015年获法学学士学位（国际政治专业）和法学博士学位（中外政治制度专业），博士期间曾留学日本早稻田大学政治学研究科（2011年–2013年）；研究方向为比较政治学和东亚政治，并已在国内学术期刊发表论文数篇。

程多闻◎著

# 冲突与协调

## 日韩两国劳资关系变迁的比较研究

人民日报学术文库

人民日报出版社

图书在版编目（CIP）数据

冲突与协调：日韩两国劳资关系变迁的比较研究／
程多闻著．—北京：人民日报出版社，2016.11
ISBN 978－7－5115－4391－2

Ⅰ.①冲…　Ⅱ.①程…　Ⅲ.①劳资关系—劳动经济—
经济史—对比研究—日本、韩国　Ⅳ.①F249.313.6
②F249.312.66

中国版本图书馆 CIP 数据核字（2016）第 299894 号


书　　　名：冲突与协调：日韩两国劳资关系变迁的比较研究
著　　　者：程多闻

出 版 人：董　伟
责任编辑：刘天一
封面设计：中联学林

出版发行　人民日报出版社
社　　　址：北京金台西路 2 号
邮政编码：100733
发行热线：（010）65369527　65369846　65369509　65369510
邮购热线：（010）65369530　65363527
编辑热线：（010）65369844
网　　　址：www. peopledailypress. com
经　　　销：新华书店
印　　　刷：三河市华东印刷有限公司

开　　　本：710mm×1000mm　1/16
字　　　数：286 千字
印　　　张：17.5
印　　　次：2017 年 9 月第 1 版　　2017 年 9 月第 1 次印刷

书　　　号：ISBN 978－7－5115－4391－2
定　　　价：68.00 元

# 序 一

程多闻博士执教后的第一本著作面世了,可喜可贺。

这本书的原型是作者2015年在北大国际关系学院通过的博士论文。论文比较了日韩两国的劳资关系,解释了为什么韩国劳资关系比较紧张而日本劳资关系比较和睦,本篇论文获得了本院年度最佳博士论文奖。

博士论文与面向读者的书籍有两点不同。首先,论文是为答辩委员会考核通过而作,需要很大篇幅做文献回顾,因为答辩委员会的重要职责之一是考察学生是否了解已有的理论及其积累过程。但成书时读者要求阅读流畅,直截了当,这就需要简化文献回顾,由注解替代。其次,由于毕业时间限制,博士论文通常比较粗糙,而成书出版时可以比较从容地精雕细琢其结构、语言,甚至结论。

通过回顾两国劳资关系史,此书不仅提出了有趣的问题,而且得出和仔细论证了颇有新意的结论:劳动力商品化程度和不同的工会路线是塑造日韩劳资关系差异的两大要素。劳动力商品化程度越高,劳资冲突的可能性越大;劳动力商品化程度越低,劳资冲突的可能性就越小。全国工会占主导地位往往使劳资关系政治化,进而导致劳资冲突激化;而企业工会占主导地位往往使劳资关系去政治化,从而使劳资冲突得以缓和。该书的结论对于思考市场在要素分配中的地位、现代政治中政党竞争的作用等重大问题具有重要的启示。

研究劳资关系在未来是有广阔前途的。在第二产业主导的时代,人类的生活方式、生产者间的关系、法律制度以及社会价值观等诸方面都与第一产业主导的时代有明显不同。第三产业主导的时代与第二产业主导的时代也会有明显不同。生产的方式和内容变了，生产者间的关系也会随之变化。这是历史唯物主义给我们的启示。

跟随18世纪英国的脚步，19世纪是欧洲的世纪，全欧洲和北美在一个世纪里完成了工业化。制造业的新型雇佣关系催生了日渐紧张的劳资关系，催生了社会革命，催生了欧洲社会主义运动和一系列政治和法律制度变革。此外，欧美率先完成工业化及其国内的剧变还导致了欧美对世界其他地区的巨大优势，导致了两次世界大战，并催生了激烈的国际共产主义运动和民族解放运动。有理由认为，第三产业主导的时代也正在带来巨大变化。率先完成产业升级的欧美已经陷入资本全球化运动与反资本全球化运动的政治漩涡，陷入落后地区尚难理解的"后工业时代"的种种社会冲突。风起云涌之际，落后地区更可能是利弊输出的最大对象，从而引发严重冲突，从各种各样的原教旨主义和本土文化复兴运动中我们能够观察到这一现象。我国既有庞大的制造业也有庞大先进的服务业，骤然跃上世界舞台的中国使第三产业时代的问题更复杂有趣。

全世界的大学都明文要求博士论文在本研究领域有所创新，所以成书出版的博士论文是学术进步最强大的生力军。应该指出，缺少出版价值的博士论文等同于失败的博士论文。我热切期待我国所有的社会科学博士论文都有新意，都有出版价值。我自己在博士毕业之际曾问导师裴宜理，为什么她这么用心指导博士论文。她回答说："在一段时间里，一个教授只能写一本书，但十个博士就可能写十本书。"的确，培养知识的创造者是大学的职责，也是教师职业快乐的源泉。

我国当今培养的社会科学博士很多，但博士论文具有出版价值的却很少。这个现象违背了博士计划的培养目标。和传统的科举入仕不同，在注重知识积累的现代社会，博士不是通用的"高级人才"，而是"学术人才"，即科研和教育人才。博士教育是种特殊的职业教育，引向一种只需要很少人的职业生涯，而能够出版的博士论文是这一职业生涯中的重要组成部分。

多闻这本书就一个有趣的复杂疑问得出了简单、清晰、能被记住的新鲜结论。这是重要的学术成就。把简单问题复杂化叫做"以其昏昏使人昭昭"；让复杂问题依旧复杂叫做"复述"；把复杂问题简化了才称为"学术"。但这本书在语言表达上仍散发出"学生气"，观点表述不够简洁，有晦涩的词加外语格调的长句子，还有些形式主义的、多余的论证，这就让此书显得复杂、欠流畅、欠通俗，当然，书面语言的熟练程度与作者年龄有关。

　　用朴素文风讲解学术问题，让深奥成为显浅，去除华而不实的形式和"洋泾浜"翻译的腔调，已是我国社科人文界的迫切问题。我国废文言而兴白话，史称"新文化"运动，是文化进步的重要原因。使用大众语言表述出色的思想，骨子里就透着从束缚中解放的自信。

　　谨以此《序》祝愿程多闻博士此后获得更大的学术成就。

北京大学国际关系学院教授　潘维

2017 年 4 月

# 序 二

在资本主义经济体制下,经营者和劳动者虽然同属企业的一员,但他们在企业中所处的地位和所持的立场有着很大的不同。一般来说,经营者因为追求企业的发展和利润的最大化而更多地强调管理和竞争力,而劳动者则对改善劳动条件和提高收入有更多的要求。因此,劳资之间既存在着在企业发展中共享利益的一面,又在劳动条件和分配方面存在着诸多的矛盾和对立。劳资之间冲突的方式,以及矛盾和冲突能否得到有效的解决,对企业经营、整个国家的经济发展,以及政治社会生活都会产生重大的影响。

程多闻博士在本书中用"协调型"和"冲突型"的概念描述和概括了劳资关系的两种基本模式。协调型劳资关系并不意味着劳资双方不存在矛盾和冲突,但是双方合作共赢和妥协解决问题的意识及能力都比较强,工会组织可以在企业、产业和经济界等不同层面参与企业管理以及有关劳工和福利的政策制定过程,从而得以通过制度化的途径表达和实现自身的利益诉求。而在冲突型劳资关系中,工会组织或因为相互之间的矛盾尖锐,或因为缺乏劳资协商及参与管理和相关政策制定的制度化渠道,或因为劳动者与经营者之间缺乏足够的信赖关系,会较多地使用罢工和示威等激烈的对抗性甚至暴力的手段去谋求自身利益的实现。相对而言,协调型劳资关系拥有更多的合作共赢的可能性,而在冲突型劳资关系中,各方都需要付出巨大的成本。

不过,从历史的经验来看,劳资关系充满了冲突和斗争,即便是协调型劳资关系也是在经历了重大的经济冲突甚至阶级间的政治斗争后发展起来的。程多闻博士对日本和韩国的劳工运动进行了具体的比较。美国主导了战后日本的民主化和其他一系列重大改革,其结果是,劳动运动迅猛发展并提出了激进的经济和政治方面的要求。到了20世纪50年代中后期,日本政治外交趋向保守化,经营者以及保守的政府夺回了塑造劳资关系的主导权。但是,不仅战后初期劳动运动在企业层面赢得的参与和协商等成果犹存,而且各方在经济快速发展和转型的过程中建立了一系列重要的参与和协商制度,解决劳动者在经济社会福利方面的要求。与日本相比,韩国的劳动运动要等到20世纪80年代中后期才开始迅猛发展,并成为推动民主化的一个重要力量。此后,韩国也试图建立劳资协商的制度和机制,但至今还未能很好地运作起来,劳工运动的战斗性特征还比较明显。

在程多闻博士的研究中,对日本和韩国不同的劳资关系模式的分析是对因变量的客观描述。他还把"结构"和"能动性"因素作为自变量,试图从理论上探讨为什么日本完成了从冲突向协调为主的转换,而韩国的劳资关系还存在更多的冲突。这里的"结构"因素应该指围绕劳资关系的经济社会条件和相关制度,包括与一个国家的经济发展水平和福利制度密切相关的"劳动力去商品化"程度,也包括各个层面的协商机制和劳工运动的政治影响力。而"能动性"因素则是指劳工运动的重大战略选择。程多闻博士把劳工运动的利益诉求分成政治要求和经济要求,把斗争的方式分成稳健型和战斗型,然后根据两者的组合指出了可能存在的四种主要的选择。构建和实现协调型劳资关系,不仅要求劳资双方选择以妥协和合作为主的战略,而且还需要良好的经济社会条件和有效的参与协商机制去支撑。

本书提出的分析框架不仅在解释日本和韩国劳资关系的发展演变上很有说服力,也与国际劳工运动的发展历程相吻合。欧美发达国家最先开始了资本主义体制下的现代化进程,也最先出现了反抗剥削、要求平等和实现各种权利的工人运动,诞生了代表工人阶级利益的形式多样的政党。同时,作为经济发展和政治斗争的成果,这些国家最先建立并逐步完善了社会保障体制,逐步扩大了劳动者参与政治经济和社会生活的权利,从而为协调型劳资关系的建立奠定了良好的基础。与韩国相比,日本的现代化进程起步早,经济和制度方面的条件相对成熟,应对劳资冲突的经验更为丰富,因此劳资关系模式的转型也就更早一些得以完成。

目前,中国国内包括博士论文在内的许多实证性研究,虽然在形式上也会做一些国内外学术文献的综述,但在分析时很少与世界经验和相关的学术理论展开严肃的批判性对话,而且缺乏研究的聚焦,局限于用本国特殊的术语对社会现象进行事实性描述，内容平淡且缺乏思想的高度和学术的深度。相对而言，程多闻博士聚焦于劳资关系的模式，在研究中较好地遵循了社会科学研究的规范，不仅大量地收集和整理相关的资料和数据，而且较好地消化吸收了既有的理论的和实证的研究成果，较好地使用了比较研究的方法，从而使得他的博士论文具有一定的理论高度。当然，学术无止境，如果作者对劳资关系模式、"结构"和"能动性"的界定以及对指标的设定能够更加明确具体，对"结构"和"能动性"通过哪些途径或中间变量影响日韩不同的劳资关系模式进行更为透彻的分析，那么，本书在劳资关系模式研究上的学术贡献显然会比现在大得多，并且会更具有创造性的意义。

从世界范围来看，劳工运动经济和政治诉求的内容，运动的组织和动员的方式及其采用的策略在现代化进程中不断发展变化，构成了推动民主化和福利国家建设进程的主要力量。对劳工运动细致而又深入的研究，是我们认识和理解当代世界和各个国家发展变化的一个很好的切入点。事实上，在市场经济和劳工运动长期而又曲折的发展过程中，诞生了包括马克思主义在内的许多政治理论和学术流派。相比于"先发"的西方国家，许多"后发"的非西方国家是在不同的历史条件和不同的政治经济体制下推进现代化进程的。包括"二战"前的日本和民主化以前的韩国在内，许多国家采用政治上的权威主义和混合经济体制，利用强势政府和"后发优势"快速推进经济现代化进程以及广义的社会转型。新权威主义体制下的压缩型现代化进程使"后发"国家的劳工运动有了许多不同于西方国家的特点。如果说包括劳工运动在内的社会科学理论主要是在西方经验基础上发展起来的话，那么，在批判性对话基础上对"后发"国家的经验和特点进行总结，将极大地发展和丰富现有的劳工运动和整个社会科学的理论，同时对中国更好地参考国际经验化解劳动纠纷，构建和谐的劳资关系和促进社会顺利转型具有现实意义。

对于青年学者来说，博士论文只是学术研究的起点。衷心期待着程多闻博士今后在劳工运动研究和政治学研究方面取得更多更大的成果。

早稻田大学政治经济学术院教授　唐亮
2017 年 2 月

# 目 录
## CONTENTS

# 图表一览

# 第一章

# 导　论

## 第一节　引　言

### 一、日韩劳资关系差异之谜

改革开放以来,伴随着经济社会体制的改革以及中国成为"世界工厂"的过程,我国工人与国家和企业之间的关系发生了重大的变化,构建和谐的劳动关系面临着多重挑战。在这样的背景下,研究其他国家劳资关系发展过程中的经验和教训就显得尤为重要。同为"后发展"和"挤压式发展"的东亚国家,战后日本和韩国劳资关系变迁的历程是值得我们学习和研究的重要对象。本书在比较政治学的视角下,对战后日本和韩国劳资关系的变迁路径展开比较研究,以期对理解中国劳动关系的发展有所助益。

在比较政治学领域,东亚各国和地区因其"后发展"的成功经验而成为众多研究关注的对象。在相关研究中,日本和韩国经常并列出现,并被视为诠释东亚发展模式的代表性案例。由于近代以来日本发展模式对韩国的深远影响,研究关注的多是两者的相似性,如强有力的官僚体系、大型企业的存在以及紧密的政商关系等方面。① 然而,有关日韩发展模式的比较研究对劳资关系这一议题的关注较少。但恰是在劳资关系领域,日本和韩国之间存在着较大的差异——在 1950 年

---

① 关于日韩发展模式中各方面的比较,可参见 Chalmers Johnson, "Political institutions and economic performance: the government-business relationship in Japan, South Korea, and Taiwan", in Frederic C. Deyo ed. , *The Political Economy of the New Asian Industrialism*, Ithaca, NY: Cornell University Press, 1987.

前后爆发大规模的冲突后,日本劳资关系从20世纪60年代开始走向协调,并成为协调型劳资关系的代表;而在民主化前后(20世纪80年代中后期)爆发大规模的冲突之后,韩国劳资关系却未能走向协调,并成为冲突型劳资关系的代表。

尤其值得注意的是,韩国在劳资关系领域一直积极学习日本的经验,这种学习从20世纪六七十年代就已开始,涵盖了从企业管理到国家立法的广泛领域。然而,制度上的学习却未能使韩国的劳资关系发展到日本协调型劳资关系的程度。① 从日韩两国劳资关系的具体表现来看,20世纪50年代日本劳资关系中的冲突仍较激烈,当时还很难"将日本定为走传统的'劳资协调路线'的国家"②;但60年代之后,"终身雇佣、年功制工资和企业工会"等日本企业经营的"三大法宝"逐渐确立且广为人知,并成为其他国家企业学习的对象。与之相对,人们关于韩国劳资关系的印象多与冲突和对抗联系在一起。在民主化之前,与其他东亚国家和地区相比,"韩国工人的战斗性更强,劳动体制更加不稳定,并经常发生冲突"。③ 即使在1987年民主化之后,战斗型的工会及其采取的罢工行为仍构成了关于韩国劳资关系印象中最突出的部分。④ 例如,2008年由韩国劳动部发布的一项"劳资关系认知调查"显示,73.3%的受访者一提到劳资关系,最先浮现在脑海的是斗争、对立、罢工、红带子⑤等负面形象,只有7.2%的受访者表示会想到合作、团结、雇佣稳定等积极形象。该调查的结果还显示,认为韩国劳资关系处于"对立"的受访者占48%,远高于认为劳资关系呈现"合作"的比例(8.1%)。⑥

日韩劳资关系的差异也体现在两国企业对劳资关系的不同认知中。2008年金融危机后对两国大企业的一项调查显示,与日本企业相比,虽然韩国企业对经

---

① 关于韩国在劳资关系领域中向日本的学习,可参见 Tsujinaka Utaka, " A Comparison between Japanese and Korean Labor Politics: Japan in the mid-1960s and Korea around 1990",『筑波法政』18号(2),1995年。

② (日)安场保吉、猪木武德编:《日本经济史8:高速增长》,连湘译,北京:生活·读书·新知三联书店,1997年版,第160页。

③ (韩)具海根:《韩国工人——阶级形成的文化与政治》,梁光严、张静译,北京:社会科学文献出版社,2004年版,第9页。

④ Lee Yoonkyung, *Militants or partisans: Labor unions and democratic politics in Korea and Taiwan*, Stanford, CA: Stanford University Press,2011.

⑤ "红带子"是韩国工人罢工时系在头上的标志。

⑥ 《逾七成国民对劳资关系持否定看法》,韩联社,http://chinese. yonhapnews. co. kr/2013_search/9602000000. html? keyword = 73.3% 25% E7% 9A% 84% E5% 8F% 97% E8% AE%BF% E8% 80% 85% E4% B8% 80% E6% 8F% 90% E5% 88% B0% E5% 8A% B3% E8% B5%84% E5% 85% B3% E7% B3% BB。

济情况的认知更为乐观,但韩国企业对劳资关系的认知却较为悲观:53.4%的韩国企业认为当时的劳资关系是"紧张的关系",46.6%的韩国企业则认为是"合作的关系";但日本企业中只有4.8%认为劳资关系是"紧张的关系",而90.4%的企业认为是"合作的关系"。① 从全球范围来看,日本协调型劳资关系和韩国冲突型劳资关系的差异也非常突出。例如,根据瑞士洛桑国际管理学院所发布的《世界竞争力年度报告》显示,在"劳资关系的表现"这一项上,日本常年位居前列,而韩国则是常年排名靠后(其中2003年更是位列60个国家的末位)。

由此可见,日韩两国劳资关系的差异的确是一个值得研究的"谜"(puzzle)。本书希望通过系统的研究揭开这一谜团,为此,本书集中研究一个问题——在大规模的劳资冲突后,为何日本的劳资关系在1960年之后走向协调,成为协调型劳资关系的代表,而韩国劳资关系在民主化过程中却未能走向协调,并成为冲突型劳资关系的代表。

**二、研究的对象**

(一)核心概念的界定和衡量

首先,对"劳资关系"的理解存在狭义和广义之分。狭义的"劳资关系"指劳动者及工会与雇主之间的关系,而广义的"劳资关系"指劳方(劳动者和工会组织)、资方(雇主和雇主组织)以及政府之间的关系。

本书研究的"劳资关系"是广义上的"劳资关系",即劳方、资方以及政府三方之间的关系。

其次,就"协调型劳资关系"和"冲突型劳资关系"的界定而言,其更多是劳资关系特征的"理想类型"。这种两分法只是出于研究的需要,但现实中一国某一时期劳资关系的特征通常体现为协调型和冲突型的不同混合。

本书综合采用定性和定量的方法界定"协调型劳资关系"和"冲突型劳资关系"。

在定性方面,本书在考察劳工与政府及资方关系的基础上,对劳资关系的协调和冲突进行综合判断,进而确定劳资关系的类型。

---

① 《中央日报》(韩国)和《日本经济新闻》在2009年4月初以两国主要的212家大企业(韩国88家,日本124家)为对象进行了问卷调查。参见申昌运:《韩日企业对经济状况和劳资关系的不同看法》,《中央日报》(韩国)中文网,http://chinese.joins.com/gb/article.do? method = detail&art_id = 21386。

就定量的指标而言,本书选择"罢工(劳动争议)"的相关数据作为判断协调型劳资关系和冲突型劳资关系的标准。这不仅是因为相关的数据更加充分,也因为罢工是劳资双方之间冲突的最高形式,具有很强的政治色彩。"其(指罢工——引者注)价值超出了罢工者针对特定企业采取的行动的实际经济成本,因为罢工经常招致政府干预","即使罢工只是基于经济要求,以一种有秩序的、非暴力的方式进行,也常常是在政府调停下得到解决。由于工业与政府有着密切联系,使罢工具备了独有的政治特性"。①

具体而言,可以用有关罢工和劳动争议的三项数据来综合界定协调型劳资关系和冲突型劳资关系,这三项数据包括"罢工规模"(平均每次劳动争议/罢工的参与人数)、"罢工的持续性"(每次劳动争议/罢工中平均每名工人卷入的天数)以及"罢工的频率"(每千名工薪劳动者的罢工次数)。

(二)研究对象的界定

为了比较日韩两国劳资关系在大规模劳资冲突后的变迁路径,首先需要从定性和定量的角度对两国劳资关系的变迁进行分期,进而确定本书的研究对象。

1. 战后日本劳资关系变迁的分期

从定性的角度出发,根据劳工与政府及资方关系的特征,可将战后日本劳资关系的变迁划分为三个时期:

第一个时期是战后初期(1945—1950年)。在战后最初的两三年时间内,占领军推行的民主改革推动了劳资关系领域的改革,劳工通过发动大规模的攻势在多个方面迫使政府和资方让步,并取得了积极的成果。但在20世纪40年代末冷战开始后,政府和资方向战后劳动改革的成果发起了反攻,大规模的冲突频频爆发。

第二个时期是20世纪50年代。在这一时期日本保守政治秩序确立和经济复兴的过程中,虽然劳资关系各方开始探索建立协调型劳资关系,但劳工和政府之间的政治对立和冲突仍很尖锐,劳工和资方之间在就业、工资、经营权等议题上也存在着激烈的冲突,这一系列的冲突在1960年的"安保斗争"和"三池争议"中达到了顶峰。

第三个时期是20世纪60年代后。在20世纪60年代日本经济高速增长的过

---

① (美)裴宜理:《上海罢工:中国工人政治研究》,刘平译,南京:江苏人民出版社,2012年版,第8-9页。

程中,企业内广为人知的"日本式经营"逐渐确立,自民党政权也成功地解决了其和劳工之间的政治冲突,与劳工在政治上的合作也得以发展。日本的协调型劳资关系在1960年之后逐渐确立。

从定量的角度出发,通过分析劳动争议和罢工的数据,我们可以观察到战后日本劳资关系的变迁经历了三个阶段(参见图1-1-1、图1-1-2、图1-1-3)。①

20世纪40年代后期和20世纪50年代的罢工不仅持续的时间长(罢工的强度大),而且规模大。

从20世纪60年代初到20世纪70年代前期,虽然劳动争议的次数增多(这和经济高速增长时期劳工数量的增长紧密相关),但罢工持续的时间缩短,而且规模也变小。进一步考察"在因劳动争议导致的工厂关闭过程中损失的工作总天数"这一突出反映劳资冲突激烈程度的指标,我们会发现,1960年之后这一数据大幅下降(参见图1-1-4)。

在20世纪70年代中期的石油危机之后,劳动争议的件数、罢工的持续时间和罢工的规模都显著下降。

综合定性和定量的分析,本书将战后日本劳资关系的变迁区分为四个时期:

(1)1945—1950年冲突型劳资关系的高潮。

(2)1950—1960年冲突型劳资关系的发展。

(3)1960—1975年协调型劳资关系的确立。

(4)1975年之后协调型劳资关系的巩固。

本书的研究对象是1950—1975年日本劳资关系的变迁,即在大规模的冲突之后,日本劳资关系由冲突型向协调型的转变(后文所提到的"××年代",如非特别说明,均指"20世纪××年代")。

---

① 对战后日本罢工统计数据的分期及其特征的描述可参见久米郁男:『日本型労使関係の成功——戦後和解の政治経済学』,有斐閣,1998年,第20頁;田辺国昭:「戦後日本のストライキ——55年体制における労使紛争、その政治経済学の接近(1)」,『法学』52巻6号,1989年,第11-13頁。

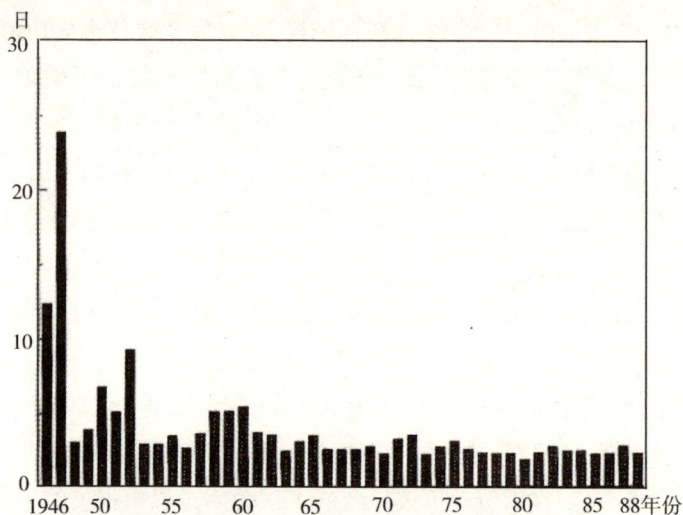

**图 1 - 1 - 1  1946—1988 年日本历年罢工的强度**

（平均每次争议损失的工作天数）

资料来源:久米郁男:『日本型劳使関係の成功——戦後和解の政治経済学』,有斐閣,1998 年,第 20 頁。

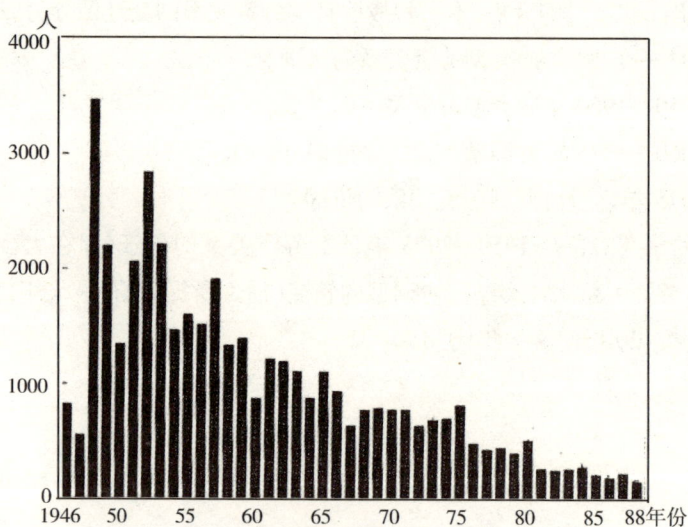

**图 1 - 1 - 2  1946—1988 年日本历年罢工的规模**

（平均每次争议的参与人数）

资料来源:久米郁男:『日本型劳使関係の成功——戦後和解の政治経済学』,有斐閣,1998 年,第 20 頁。

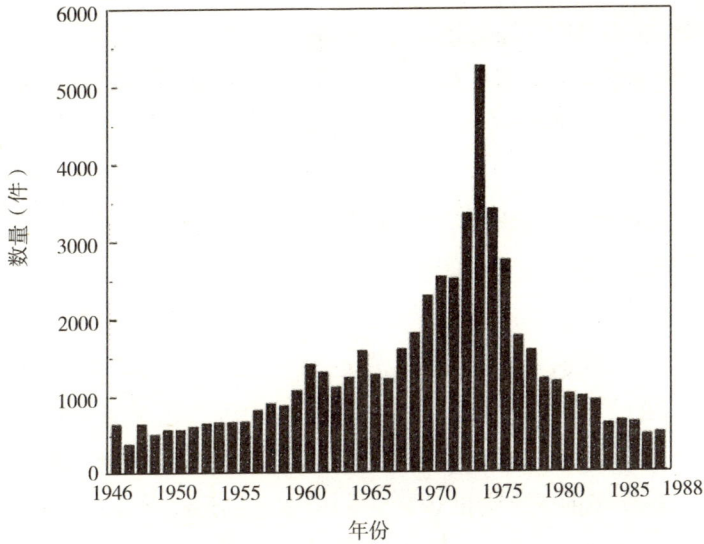

**图1-1-3 1946—1988年日本历年劳动争议的件数**

资料来源:久米郁男:『日本型労使関係の成功——戦後和解の政治経済学』,有斐閣,1998年,第20頁。

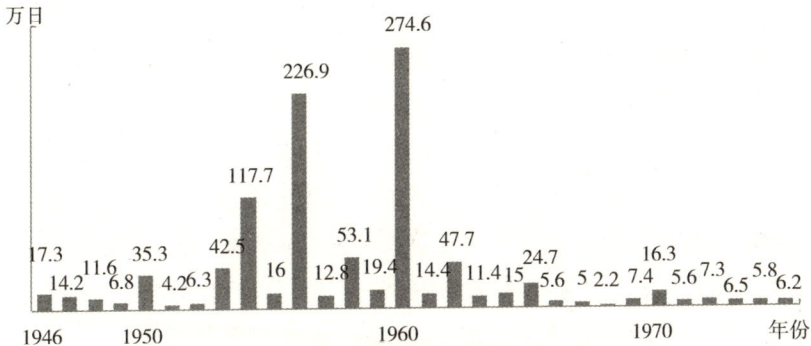

**图1-1-4 1946—1975年日本历年在劳动争议导致的**

**工厂关闭过程中损失的工作天数**

资料来源:田端博邦:「現代日本と労使関係」,東京大学社会科学研究所編:『現代日本社会5構造』,東京大学出版会,1991年,第230頁。

2. 韩国劳资关系变迁的分期

从定性的角度出发,可以根据劳工和政府及资方关系的特征,将军人政权建立以来韩国劳资关系的变迁划分为三个时期:

第一个时期是军人政权时期(1961—1987 年)。在这一时期,韩国政府试图以威权统治的手段抑制劳资冲突,并希望通过塑造劳资协调确保经济的高速增长,但成效有限。

一方面,在快速工业化的过程中,韩国资方在企业中专制和独裁的管理手段导致了工人强烈的怨恨,企业内部劳资双方处于敌对和冲突的状态。另一方面,韩国的自主工会运动和政治反对势力逐渐形成联盟,并参与反对政府和资方的大规模抗争。虽然在军人政权时期韩国劳资关系中的冲突被抑制,但其内在的矛盾不断积累,并在 1987 年的民主化过程中引发了韩国历史上最大规模的劳工斗争。

民主化过程中韩国劳资关系的演变经历了"1987 年体制"和"1997 年体制"这两个时期①(1987 年的民主化和 1997 年的经济危机是两个具有分水岭意义的事件)。

从 1987 年到 1997 年是韩国劳资关系变迁的第二个时期,虽然民主化的发展为韩国劳工的组织和行动打开了空间,但是劳工的集体权利仍受到很大限制,其和政府之间的对立依旧较为强烈,而企业对工人的部分物质补偿也未能消除劳资之间的对立。

1997 年以来的韩国劳资关系发展进入第三个时期。虽然 1997 年经济危机的冲击推动了政治体制和企业体制的局部改革,但在 1997 年后劳动力市场改革的过程中,由于劳动力市场弹性的提升以及协调劳资关系各方利益的机构(如"三方委员会")的失败,韩国的劳资关系仍呈现出冲突型的特征。

从定量的角度出发,通过分析劳动争议和罢工的数据,我们可以将 20 世纪 60 年代以来韩国劳资关系的演变区分为两个阶段,即军人政权时期和民主化之后。

在韩国军人政权时期,政府对罢工和劳动争议的压制使得罢工的数据总体偏低,而且还存在着数据不全的现象。但我们还是可以从数据的变动中观察到劳动政策的变动和劳资冲突周期性爆发之间的关联。当政府的劳动政策相对宽松时,劳资争议的数量、持续的时间和规模处于较高的水平(如 1972 年之前的朴正熙政

---

① 参见横田伸子:『韓国の都市下層と労働者——労働の非正規化を中心に』,ミネルヴァ書房,2012 年。

权时期和 1983 年之后的全斗焕政权时期),而当政府的劳动政策收紧时,劳动争议的数量、持续的时间和规模则处于相对较低的水平(如 1972 年之后的朴正熙政权时期和 1981—1983 年的全斗焕政权时期)(参见图 1 - 1 - 5、图 1 - 1 - 6 和图 1 - 1 - 7)。劳动争议周期性的大规模爆发表明,虽然这一时期政府试图压制劳资冲突的爆发,但劳资关系中各方的冲突根深蒂固。

从 1987—2008 年韩国劳动争议的统计数据中可以观察到这一时期的劳资关系在 1997 年经济危机前后的变动,在 20 世纪 80 年代末期的劳工大斗争之后,韩国劳动争议的数量和参与人数在 90 年代中前期大幅下降;但在 1997 年经济危机之后,韩国劳动争议的数量和参与人数回升,并仍保持在较高的水平(参见图 1 - 1 - 8 和图 1 - 1 - 9)。

综合定性和定量的分析,本书将军人政权建立以来韩国劳资关系的变迁区分为两个时期:

(1)1961—1987 年冲突型劳资关系逐渐形成并达到高潮。

(2)1987—2008 年冲突型劳资关系的持续发展。

本书研究的对象是 1987—2008 年韩国劳资关系的变迁,即在大规模冲突之后,韩国冲突型劳资关系的持续发展。

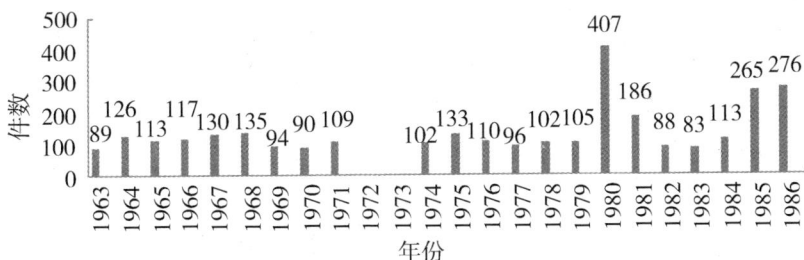

**图 1 - 1 - 5　1963—1986 年韩国历年劳动争议的件数**

注:1972 年和 1973 年的数据缺失。

资料来源:Huang, Chang-Ling, "*Labor Militancy and the Neo-Mercantilist Development Experience: South Korea and Taiwan in Comparison*", Ph. D. Dissertation, University of Chicago, 1999.

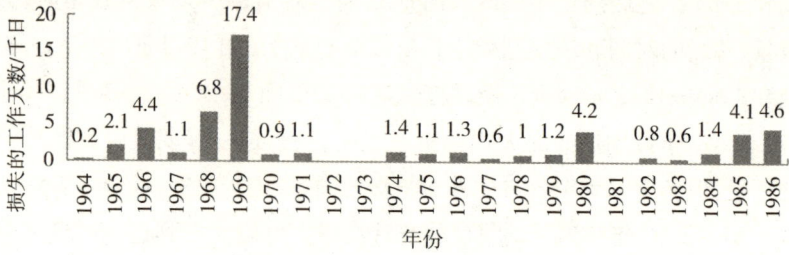

**图 1 - 1 - 6　1971—1986 年韩国历年罢工的强度**

**（每千名劳动者因劳动纠纷损失的工作天数）**

注：1972 年和 1973 年的数据缺失。

资料来源：Frederic C. Deyo, *Beneath the Miracle：Labor Subordination in The New Asian Industrialism*, Berkeley: University of California Press, 1989, pp. 60 - 61.

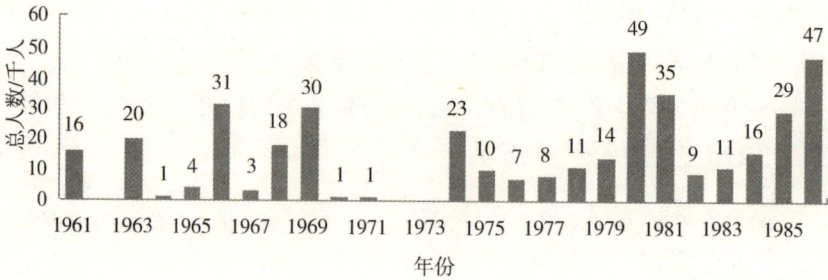

**图 1 - 1 - 7　1961—1986 年韩国历年参加罢工的总人数**

注：1962 年、1972 年和 1973 年的数据缺失。

资料来源：Frederic C. Deyo, *Beneath the Miracle：Labor Subordination in The New Asian Industrialism*, Berkeley: University of California Press, 1989, pp. 60 - 61.

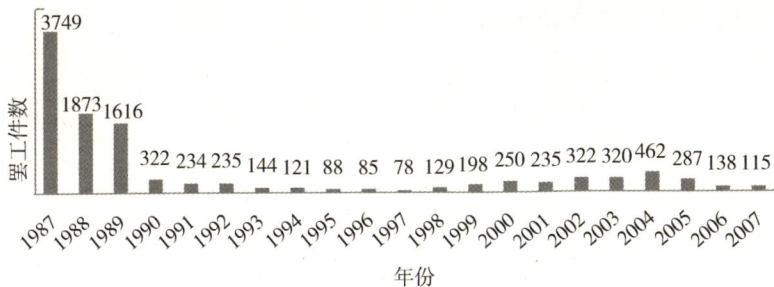

**图1-1-8　1986—2007年韩国历年的罢工件数**

资料来源:(澳)班贝尔等编:《国际与比较雇佣关系——全球化与变革》(第5版),赵曙明等译,北京:北京大学出版社,2012年版,第224页。

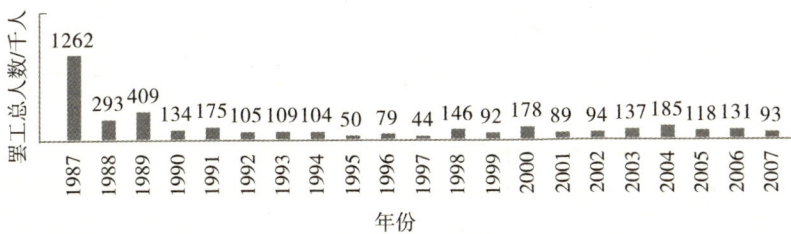

**图1-1-9　1986—2007年韩国历年参加罢工的总人数**

资料来源:(澳)班贝尔等编:《国际与比较雇佣关系——全球化与变革》(第5版),赵曙明等译,北京:北京大学出版社,2012年版,第224页。

3. 比较视野中的日韩劳资关系差异

最后,还有必要在日韩比较以及国际比较的视角下,分析日韩两国劳资关系的特征及劳资关系变迁路径的差异。

从国际比较的数据来看,根据近年罢工的数据我们可以发现,日本和韩国劳资冲突的程度差别较大:1980年之后日本罢工的数据在OECD国家中处于较低的水平;而近年韩国罢工的数据则在OECD国家中则处于较高的水平(参见图1-1-10、图1-1-11)。

进一步比较日本和其他西方发达国家罢工的数据,可以看到,日本的罢工数据在20世纪50年代仍然处于较高的水准,只是在进入60年代之后才逐渐下降,而在70年代中期之后则处于最低的水平(参见图1－1－12)。

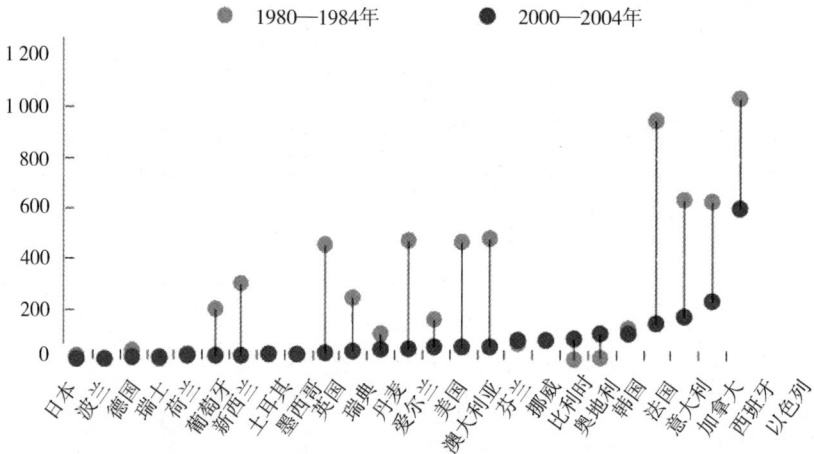

**图1－1－10　OECD国家的罢工率**

**(每千名劳动者因劳动纠纷损失的劳动天数)**

资料来源:OECD,"Strikes", in *Society at a Glance* 2006: *OECD Social Indicators*, OECD

Publishing, 2007, http://dx. doi. org/10. 1787/soc_glance－2006－34－en.

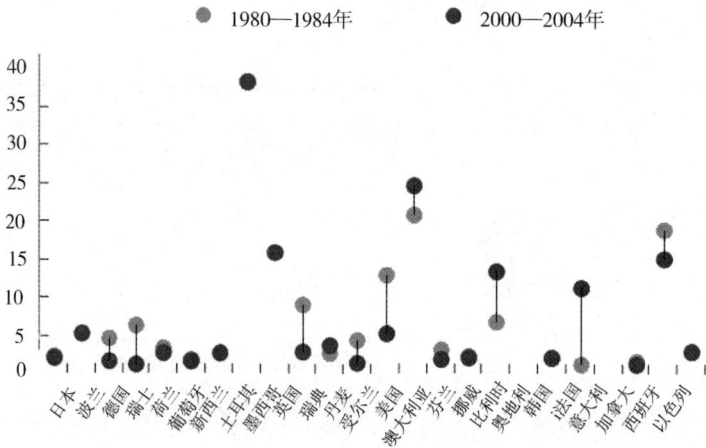

**图1－1－11　OECD国家罢工过程中平均每名工人卷入的天数**

资料来源:OECD,"Strikes", in *Society at a Glance* 2006: *OECD Social Indicators*, OECD

Publishing, 2007, http://dx. doi. org/10. 1787/soc_glance－2006－34－en.

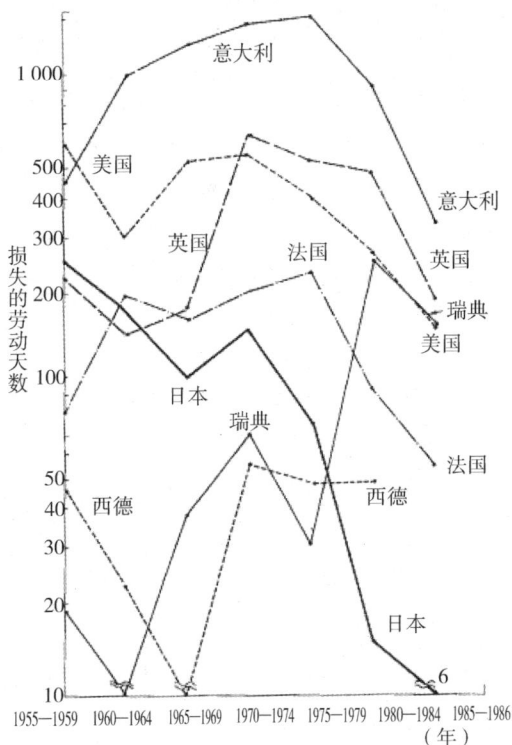

**图 1 - 1 - 12  1955—1986 年发达国家的罢工率**

**（每千名劳动者因劳动纠纷损失的劳动天数）**

资料来源：小池和男：『仕事の経済学』，東洋経済新報社，1998 年，第 195 頁。

根据国际比较的数据我们可以进一步确认，日本的劳资关系在 1960 年前后经历了从冲突型向协调型的转变，其协调型的劳资关系在 1975 年前后得到了进一步的巩固，并在国际范围内成为协调型劳资关系的代表；而韩国民主化之后冲突型劳资关系的特征仍较为突出。

4. 比较时段的选择

以上通过定性和定量的分析，以协调型劳资关系和冲突型劳资关系的特征为标准，对战后日本劳资关系的变迁和 1961 年军人政权建立后韩国劳资关系的变迁进行了分期。在这一基础上，本书选择 1950—1975 年日本劳资关系的变迁和 1987—2008 年韩国劳资关系的变迁为比较的个案，进而研究大规模的劳资冲突之后两国劳资关系变迁路径差异的成因。

在近年关于日韩劳资关系的比较研究中,诸多学者采用了"共时性比较"的视角,其主要比较20世纪90年代之后日韩两国劳资关系的变化,而其关心的主要问题是经济结构的变化和经济危机对日韩两国劳动力市场和劳动政策的冲击以及两国调整的异同。① "共时性比较"的视角有助于我们把握日韩两国劳资关系的最新变化,但是采用这一视角有可能忽视20世纪90年代之后日韩劳资关系发展的不同起点——日本的变革是改变已经较为稳定和成熟的劳资关系体系,而韩国则是在爆发大规模劳资冲突的背景下寻求协调型劳资关系的确立。因此,一些采用"共时性比较"视角的学者也认为,对当下的日韩劳资关系的比较研究,必须探寻两国战后劳资关系体系确立和变化的历史背景。例如,宋继永(Song Jiyeoun,音译)的研究就梳理了战后日本协调型劳资关系建立的过程和韩国军人政权时期劳资关系的特征,而且其认为这种不同的历史起点对当下两国劳资关系变化路径的差异有着重要的影响。②

与"共时性比较"的视角相比,"历时性比较"的视角认为,应该在充分考虑日韩两国战后经济发展和政治体制变动历史的背景下,对两国的劳资关系进行比较研究,而在"历时性比较"视角的内部,不同学者比较的时段和关注的焦点也有所不同。

在"历时性比较"视角的内部,一类研究从快速工业化和劳资关系变迁之间的关联出发,对日韩劳资关系进行比较研究。例如,宋磊等从产业民主构建的视角比较战后高速增长时期日本和韩国的不同发展路径,其将战后的日本作为整体的时段进行研究,认为战后的民主改革从根本上确立了日本劳动者的政治地位。他们关于韩国的研究则以1987年为界进行时段划分,并发现韩国在两个时期内构建"产业民主"的努力都不太成功。③ 而另一类研究则从民主化和劳资关系变迁

① 相关的研究可参见 Yun Ji-Whan, *Reforming the Dualities: the Politics of Labor Market Reform in Contemporary East Asia*, Ph. D., Dissertation, California University, Berkley, 2008;Song Jiyeoun, *Global Forces, Local Adjustments: The Politics of Labor Market Deregulation in Contemporary Japan and Korea*, Ph. D., Dissertation, Harvard University, 2008;安周永:『日韓企業主義の雇用政策の分岐——権力資源動員論からみた労働組合の戦略』,ミネルヴァ書房,2013 年。

② Song Jiyeoun, *Global Forces, Local Adjustments: The Politics of Labor Market Deregulation in Contemporary Japan and Korea*, Ph. D., Dissertation, Harvard University, 2008.

③ 宋磊、孙晓冬:《发展型国家的产业民主与生产扩张》,强世功主编:《政治与法律评论》(第2辑),北京:法律出版社,2013 年版。

之间的关联出发,对日韩劳资关系进行比较研究。例如,二村一夫将战后日本劳资关系和韩国高速工业化过程中的劳资关系进行了比较,他认为战后的政治民主改革和财阀改造解决了日本劳资关系的问题,而韩国 1987 年之前的劳资关系则和战前日本的劳资关系有类似之处(例如对工人的身份歧视)。①

采用"历时性比较"的研究视角有助于从长时段的视角比较日韩劳资关系,但是在采用这一视角进行研究时需要注意两点:其一,战后初期日本的民主改革并未彻底解决日本劳资关系中的冲突,后来为人所熟知的日本协调型劳资关系是在战后激烈的冲突过程中形成的。例如,金正勋的研究比较了日本 1945 年之后的民主化和韩国 1987 年之后的民主化对两国劳资关系的不同影响。他在讨论日本的案例时突出强调了战后日本劳资双方在工资问题上的激烈斗争,并认为直到 20世纪 50 年代中期,"生产率运动"和"春斗"的推行,才解决了劳资间的利益冲突。②吴学殊则以钢铁行业为例比较了战后工业化过程中日韩两国劳资关系演变的路径,他认为日本的劳资关系在战后经历了"敌对的劳资关系""对立的劳资关系""协调的劳资关系"和"融合的劳资关系"这四个阶段,在这一过程中劳资双方相互间的信赖持续积累,并最终形成了"持续的信赖积累型劳资关系"。其二,1987 年的民主化并未解决军人政权时期韩国劳资关系中的问题,而且 20 世纪 90年代韩国经济形势的变化给协调型劳资关系的建立带来了新的困难。例如,金泰钧(Kim Taekyoon,音译)在考察日韩两国阶级合作主义安排的发展时强调,虽然1997 年金融危机为韩国阶级合作主义安排的发展提供了机遇,但其运作得却并不顺利。③

在综合分析"共识性比较"和"历时性比较"两种比较日韩劳资关系的研究视角的基础上,本书选择对 1950—1975 年日本劳资关系的变迁和 1987—2008 年韩国劳资关系的变迁进行比较研究。之所以选择这两个时期的劳资关系作为个案研究的案例和比较研究的对象,主要是出于以下两方面的考虑。

首先,选择 1950 年和 1987 年分别作为日本和韩国案例的起点,主要是考虑到

---

① 二村一夫:「日韓労使関係の比較史的検討」,『大原社会問題研究所雑誌』460 号,1997 年3 月。

② 金正勋:『民主化以後の労働問題の展開に関する日韓比較研究』,東京大学大学院人文社会系研究科博士論文データベース,http://www. l. u – tokyo. ac. jp/postgraduate/database/2011/874. html。

③ Kim Taekyoon, "Variants of corporatist governance: differences in the Korean and Japanese Approaches in dealing with labor", *Yale Journal of International Affairs*, Vol. 3, 2008.

两国劳资关系在选择的起点前后都爆发了大规模的冲突。就日本的案例而言,从1948 年开始,冷战局势的加剧推动政府和资方向战后初期的劳动改革成果发起反攻,1949 年开始推行的"道奇计划"和1950 年开始的"红色清洗"引发了大规模的劳资冲突。因而1950 年前后是战后日本冲突型劳资关系的一个高峰(这可以从图1-1-1 及图1-1-2 关于罢工的强度和规模的数据中观察到)。就韩国的案例而言,20 世纪80 年代全斗焕执政时期劳工和政府以及资本的对立和冲突不断深化,1987 年"6·29 宣言"的发布开启了民主化的进程,大规模的劳资冲突随之爆发。在1987 年7—9 月这三个月里发生了300 次劳动纠纷,超过了快速工业化前20 年发生的劳动冲突的总和,而且这些冲突波及大部分的地区和行业。因而,1987 年可被视为战后韩国冲突型劳资关系的高峰。

其次,虽然日韩两国冲突型劳资关系的起点有类似之处,但其后的发展方向却差异较大。虽然20 世纪50 年代日本冲突型劳资关系的发展在1960 年的"安保—三池斗争"中达到了顶峰,但日本的协调型劳资关系从1960 年开始逐步确立,并在1973 年第一次石油危机之后得到进一步的巩固。因此,本书选择1950—1975 年作为日本劳资关系变迁的研究时段,着重分析由冲突型劳资关系向协调型劳资关系的转变。而韩国大规模的劳资冲突虽然在1989 年之后有所减缓,但冲突型的劳资关系在1987—1997 年仍然持续,而1997 年经济危机的冲击推动了冲突型劳资关系的持续发展。因此,本书选择1987—2008 年作为韩国劳资关系变迁的研究时段,着重分析冲突型劳资关系的持续。

因此,本书对比较研究对象的选择考虑到了"类似起点,不同结局"这一原则,既突出了案例间的差异,又顾及了案例内部的差异(日本1960 年前后的劳资关系差异),有助于充分解释日韩劳资关系变迁路径的差异。

## 第二节　文　献　综　述

**一、关于战后日本劳资关系变迁的研究**

伴随着日本劳资关系在经济高速增长前后的巨大变化,社会舆论对于日本劳资关系的评价也经历了较大的波动。

在经济高速增长实现之前,对日本劳资关系的评价并未出现"赞美论",反而充满了质疑。例如,20世纪50年代日本国内对企业工会自主性的质疑普遍存在,人们担心其成为企业管理方的御用工会。① 而在日本国外,当时的观念认为日本式经营的"三大法宝"暴露出日本劳资关系落后于欧美,是一种限制日本经济发展的不合理结构。对日本劳资关系评价的转变发生在1973年第一次石油危机后,由于日本不仅保持了将近20年的高速增长,还成功从石油危机引起的滞涨中摆脱出来,"日本式生产体系的出色性能取决于劳使关系的日本特性"的说法才流行起来②("劳使关系"为日本的惯用语,指企业内劳资双方的关系——引者注)。而且,在日本国内20世纪80年代泡沫经济带来的乐观主义之中,"反体制的研究者消失得无影无踪,对日本劳动组织的批判之声日渐衰微"。然而,到了90年代,在泡沫经济破裂的情况下,"金融危机周而复始、政权更迭频繁、失业率上升"等新情况,要求人们从根本上重新评价曾被视为第二次世界大战后日本经济成功原动力的劳动制度,并导致了人们对"日本式经营"的质疑。③

从以上的回顾可以看出,社会舆论对战后日本劳资关系的评价伴随着日本经济表现的变动而出现摇摆。笔者认为,要对战后日本劳资关系的变迁及其原因有连贯性的把握,必须深入研究战后日本劳资关系变动的历史过程。

在社会舆论的争论之外,学术界在战后日本劳资关系的变迁这一议题上也展开了激烈的争论。虽然众多研究都承认日本劳资关系在1960年前后经历了从冲

---

① 篠田徹:『世紀末の労働運動』,岩波書店,1989年,第12页。
② 兵藤钊:《"日本式经营"与劳使关系——过去、现在、将来》,陈建安编:《日本的经济发展与劳动问题》,上海:上海财经大学出版社,1999年版,第1页。
③ (日)河西宏祐、(澳)罗斯·摩尔:《日本劳动社会学》,袁晓凌译,上海:华东师范大学出版社,2010年版,第5页。

突到协调的转变,但学者们在如何评价这一转变上产生了分歧。大体而言,可以将不同的观点分为肯定派、反思派和批判派这三大类。

(一)"肯定派"对战后日本劳资关系变迁的评价

如上文所述,对日本劳资关系的肯定源于第一次石油危机之后日本经济的优异表现,受此影响,一些研究着重强调了战后日本协调型劳资关系的建立对经济高速增长和政治稳定的贡献,并对这种贡献持肯定性的评价。对于这一类研究,本书称为"肯定派",其代表包括樋渡展洋、久米郁男、威瑟斯(Charles Weathers)、高柏等人的研究。

高柏和威瑟斯的研究更多的是从劳资关系和国家经济竞争力的关系入手,他们认为,战后日本协调型劳资关系的确立使劳资双方在企业内部达成了共识,从而确保了日本的生产体系在激烈的国际市场竞争中获得成功。在他们看来,冲突性策略在20世纪50年代对劳资双方仍有很大的影响,只是到了60年代中叶,在政治环境和市场结构转变的背景下,保持劳资关系稳定的原则才生根发芽,"这一原则被用来动员日本工人为了日本企业在国际国内市场中的存亡而进行竞争"①。在面临激烈国际经济竞争的情况下,日本的国家机构也积极塑造劳资双方组织、技术和意识形态的形成,并和管理方共同合作,从而使主要的大企业得以将中小企业和高能力的劳工融合到竞争性的结构中,而企业内部的竞争也使其在外部市场具有很强的竞争力。因此,在国家层面,政府、资本和劳工三方保守精英的利益得到汇合,这不仅使劳工内部的经济意识增强,也推动三方共同致力于发展强大的经济。②

樋渡展洋和久米郁男则从政治经济体制形成的视角出发,分析了日本协调型劳资关系的贡献。他们认为,日本协调型劳资关系的确立,不仅解决了劳资双方在生产和分配上的矛盾,还确保了政治的稳定。樋渡展洋指出,企业工会的建立和"春斗"的实行,促使日本工人放弃追求国家层面上的收入分配政策,并以此交换到了就业保障、企业内部的福利,从而实现了与资方的合作。劳资之间的这种交换不但抑制了日本劳资之间的对立,确保了经济的竞争力,还巩固了自民党的

---

① (美)高柏:《经济意识形态与日本产业政策:1931—1965年的发展主义》,安佳译,上海:上海人民出版社,2009年版。

② Charles Martin Weathers, *Transforming Labor: State and Employer Strategy in Postwar Japan*, Ph. D. dissertation, University of California, Berkley, 1995.

长期统治。① 久米郁男还认为,战后日本劳资之间的和解是成功的,因为它不仅使日本的高速成长成为可能,还缓解了政治参与的压力,确保了政治的稳定。此外,久米郁男还指出,日本的劳资和解不仅使工人在企业层面获得了参与的权利,也在国家政治层面形成了劳方、资方、政府三方的合作网络。劳工在微观和宏观层面的合作中并非处于完全的从属地位,而是作出了积极自发的贡献。②

(二)"反思派"对战后日本劳资关系变迁的评价

"肯定派"的研究明确了日本战后协调型劳资关系确立对国家经济发展和政治稳定的贡献,并强调了各方在这一过程中的协作以及劳工从中获得的收益。与此相对,"反思派"虽然接受协调型劳资关系对日本经济高速发展作出重要贡献这一事实,但他们强调的主要是协调型劳资关系确立过程中各方的权力运用、相互间的冲突以及内在于协调型劳资关系的矛盾,其代表包括大岳秀夫、卡列(L. E. Carlile)、新川敏光等人的研究。

大岳秀夫认为,日本20世纪40年代末由资本发起的攻势反映了财界内部的主导意识形态从"修正的资本主义"向"自由主义的合理主义"的转变,最终"经济复兴的课题"凌驾于民主化的要求之上,资方的权威通过"生产率运动"得到进一步的巩固,从而推动了经济的高速增长。而在成功地对激进工会进行弹压之后,财界也在确立经营权的前提下和工会进行一定的合作。③ 大岳秀夫还指出,在战后强调激进民主的劳工运动被击退之后,支持发展稳定劳资关系的社会民主主义主张在大企业中逐渐发展,并促进了基于经济自由主义意识形态之上的生产合理化。然而,在这一过程中,企业中的工会逐渐从属于经济自由主义,丧失了独立性和自主性,并最终形成了企业中"威权主义的支配结构"。④

卡列研究了财界和战后日本劳资关系发展之间的关系,他强调有关战后日本经济秩序的意识形态是在战后危机中生成的,而且这一过程是痛苦和充满冲突

① 樋渡展洋:『戦後日本の市場と政治』,東京大学出版会,1991年。
② 久米郁男:『日本型労使関係の成功——戦後和解の政治経済学』,有斐閣,1998年。
③ 参见大嶽秀夫:『戦後日本のイデオロギー対立』一书中的「戦後財界におけるイデオロギー的原型——「経営権」の確立による労使対立の克服」一节,大嶽秀夫:『戦後日本のイデオロギー対立』,三一書房,1996年。
④ 参见大嶽秀夫:『戦後日本のイデオロギー対立』一书中的「大企業に埋め込まれたイデオロギー対立の構造——労使関係の政治学的分析の試み」一节,大嶽秀夫:『戦後日本のイデオロギー対立』,三一書房,1996年。

的,有组织的财界在这一过程中发挥了主导作用。① 此外,卡列对经济高速增长时期劳工运动内部战略分裂的研究表明,虽然企业层面协调的劳资关系带来了日本的经济成功,但"总评"("日本工会总评议会"的简称)和"同盟"("全日本劳动总同盟"的简称)这两大全国工会组织的意识形态分裂导致了劳工内部的零和关系,而"工会—政党"集团的存在也导致反对自民党统治的革新势力处于分裂状态。②

新川敏光通过比较研究强调,战后日本的劳资和解并没有产生北欧国家那样的全面跨阶级联盟和强有力的中央集权的工会组织。就其原因而言,新川敏光指出,高速增长时期"日经联"("日本经营者团体联盟"的简称)等资方势力和国家联手压制以"总评"为核心的民间大企业工会,以终身雇佣等企业福利赢得工人对企业的忠诚,从而吸收了社会民主主义的势力。最终,在日本工会内部形成了"总评—官公劳"的阶级主义和以"金属劳协"为代表的企业主义的对立,而资方仅是和右派的工会运动实现联合,所以战后日本的劳资和解只是"部分的跨阶级联盟"。③

(三)"批判派"对战后日本劳资关系变迁的评价

"批判派"的研究较少关注战后劳资关系的变迁对经济高速增长的贡献,而更多着眼于协调型劳资关系确立过程中压制性手段所起的作用,并强调劳工在这一过程中的被限制和相对弱势的地位,其代表包括彭佩尔(T. J. Pempel)、恒川惠市市、戈登(Andrew Gordon)、铃木玲等的研究。

彭佩尔和恒川惠市的研究提出了日本是"没有劳工的阶级合作主义"(corporatism without labor)这一著名论点。他们认为,在后发赶超的压力下,战后的自民党政权和各种社会势力形成了广泛的统治联盟,这可以被视为某种形式的阶级合作主义(corporatism),但劳工集团的被排斥决定了日本并非典型的阶级合作主义国家。虽然战后日本的劳工获得了政治权利,其组织也得到发展,但在国家政策制定和政治经济中,他们并没有正式的地位,在企业层面劳工只是被资方拉拢(cooptation),其权利有限,而且在国家层面的经济决策中,上级工会的代表性也十

---

① Carlile, L. E. ,"*Zaikai and the Politics of Production in Japan, 1940—1962*", Ph. D. Dissertation, University of California, Berkeley, 1989.

② Carlile, L. E. , "Sohyo versus Domei: competing labour movement strategies in the era of high growth in Japan", *Japan Forum*, Vol. 6, No. 2, 1994.

③ 新川敏光:『幻視のなかの社会民主主義』,法律文化社,2007年。

分有限。①

　　戈登的研究则强调了"企业社会"霸权(hegemony)的确立对于战后日本劳资关系变迁的重要性。他指出,战后日本通过压迫性的政治和意识形态过程建立了合作型的劳资关系,战后初期的工人斗争在20世纪60年代之后让位于"以企业为中心的合作型秩序"这一霸权,其基础则是"在说服和权力的联合压力之下形成的关于选择的强制性共识"。通过被封闭在企业内部以及被强制吸纳,日本工人换取到了"丰裕的工资"以及一定程度的社会保护,但职场民主被大幅限制,工人个体的自主性也大幅下降。②

　　铃木玲的研究则关注了企业工会内部的权力构造,并采用"工会内政治"的视角分析了日本"战斗型政治主义的劳动运动"的衰退以及"稳健的企业工会主义"成为主流的原因。通过对钢铁行业中强调劳资协调的企业工会的研究,铃木玲发现,伴随着合理化的推进,职场组织的自律性下降,管理方对职场的介入加深。与此同时,工会内部右派势力对反对势力的打压,以及工会成员对工会关心程度的低下等因素,构成了钢铁行业中强调劳资协调的企业工会发展的重要原因。③ 铃木玲还指出,即使在达成协调之后,企业工会内部也并非同质,左派的少数派仍继续存在并开展活动,但对工会不满的一般工人也不支持他们。此外,在工会内部占据主导地位的多数派有意识地提防少数派,并采用非民主的方式抑制少数派的发展。因此,铃木玲认为,即使是协调的企业工会也并非是真正的共同体,而左派工会运动自身的局限性也决定了他们的失败。④

　　通过分析相关研究以及围绕战后日本劳资关系变迁展开的争论,本书认为,各派争论的核心可以归结为"劳工在战后日本劳资关系发展中扮演何种角色"以及"劳工是否从日本劳资关系的和解中受惠"这两个问题。因此,在解释战后日本

① Pempel T. J. and Keiichi Tsunekawa, "Corporatism without labor? The Japanese anomaly", in Schmitter, Philippe C. and Lehmbruch, Gerhard, eds., *Trends Toward Corporatist Intermediation*, Beverly Hills, London: Sage Publications, 1979。对这一观点的进一步阐释可见(美) T. J. 彭佩尔:《体制转型——日本政治经济学的比较动态研究》,徐正源、余红放译,北京:中国人民大学出版社,2011年版。

② Andrew Gordon, *The Wages of Affluence: Labor and Management in Postwar Japan*, Cambridge: Harvard University Press, 1998.

③ 鈴木玲:「戦後日本の鉄鋼産業における協調的な企業別労働組合の成立——組合内政治を通じての分析」,『レヴァイアサン』,1998年冬号。

④ Suzuki Akira, *The Polarization of the Union Movement in Postwar Japan: Politics in the Unions of Steel and Railway Workers*, Ph. D. Dissertation, University of Wisconsin, Madison, 1997.

劳资关系由冲突转为协调的原因时,有必要采取以劳工为中心的分析路径,而这也构成了本书理论框架的重要出发点。

### 二、关于民主化后韩国劳资关系变迁的研究

#### (一)从期望到失望

正如本章第一节所言,1987年之前的韩国劳资关系曾周期性爆发大规模的冲突,20世纪80年代末和90年代初的相关研究将这一现象的成因归结于韩国军人政权时期的政治经济发展战略,并期待民主化之后工人力量的增长推动韩国劳资关系向有利于工人的方向发展。

在20世纪80年代关于韩国工会的研究中,崔章集将朴正熙政权下韩国国家和劳工关系的特征概括为"去政治动员"(基于暴力对工人的强力控制)和"经济动员"(确保工人对生产的投入)这两方面,并认为"强国家—弱劳工"的局面在韩国尤为突出。崔章集指出,韩国的国家机构在工业化造成的社会分化之前就得到了巩固,因此形成了"过度发展的国家",并对工人进行了强力的控制。崔章集也指出,随着工人阶级的成长和其不满情绪的爆发,维持这种劳动体制变得愈加困难。[1] 戴约(Frederic Deyo)则认为,军人政权时期的韩国政府在处理与工人的关系时,倾向于采用强制性的政策措施,而缺乏从工厂延伸到城市社区的"先发制人的政策举措"(preemptive policy measures),这导致了工人在地方上形成抵抗网络。戴约还指出,韩国精英内部团结的有限性、不均衡的经济增长以及就业人口的聚集不仅使政府的合法性受到侵蚀,也使工人有更多的机会挑战国家的发展政策。[2]

伴随着1987年民主化开启而爆发的"劳工大攻势"标志着韩国劳资关系的重大变化,政治空间的开放和工会组织化的推进使学者对韩国劳资关系的改善抱以极大期望。

然而,对韩国劳资关系转变的美好期望并未成为现实,民主化之后韩国劳资关系发展中出现的问题使学者逐渐产生了失望的情绪。早在20世纪90年代初,宋虎根就指出,韩国工人在民主化的过程中经历了"双重失败"——一方面他们无

① Choi Chang-Jip, *Labor and the Authoritarian State: Labor Unions in South Korean Manufacturing Industries, 1961-1980*, Seoul: Korea University Press, 1989.

② Frederic C. Deyo, *Beneath the Miracle: Labor Subordination in The New Asian Industrialism*, Berkeley: University of California Press, 1989.

法有效地提升组织的凝聚力,另一方面在民主转型的过程中他们的政治实力也不断下降。[1] 在历经20多年的变动之后,对于韩国民主化之后劳资关系变动的失望情绪在学界仍然十分突出。学界一般用"1987年体制"和"1997年体制"这两个概念概括1987年之后韩国劳资关系的变迁[2](1987年的民主化和1997年的经济危机是两个具有分水岭意义的事件)。众多研究都认为,这两个时期韩国劳资关系的发展并不令人满意。在"1987年体制"下,民主化的发展为韩国劳工的组织和行动打开了空间,但是劳工的集体权利仍受到很大限制,而企业对工人的物质补偿也未能消除劳资之间的对立。[3] 在"1997年体制"下,经济危机的冲击虽然使政治体制和企业体制的改革朝着有利于劳工的方向发展,但对劳动力市场弹性的强调以及劳工内部的分化和组织不力却严重侵蚀了这些成果。[4]

民主化之后韩国劳资关系的现实不仅导致学者产生了失望的情绪,还推动学者反思关有关韩国劳资关系研究中的一些既有观点。这种反思包括两个层面:第一个层面是从当下的经验出发,反思1987年前后韩国劳资关系的变迁;第二个层面则是从国际比较的视角反思1987年之后韩国劳资关系的变迁。

(二)反思民主化前后的劳资关系变迁

由于民主化进程中的韩国劳资关系发展并不尽如人意,一些学者对民主化前后劳资关系的变迁进行了反思,并认为其在若干方面呈现出倒退的趋势。

金雄儿(Kim Hyung-A,音译)指出,军人政权时期韩国政府推动的技能培训促进了韩国高质量的工人队伍的形成,在这一过程中,不仅国家积极打造"产业战士"的理想形象,工人也接受了一种新的"规范性伦理",两者的结合使得国家在产业发展的过程中有效整合了所有为经济动机驱动的个体,并实现了共享的增长和就业机会的增加。但在民主化之后,尤其是在1997年经济危机之后,国家逐渐拆

---

[1] Song Ho-Kwen, "Working-class politics in reform democracy in South-Korea", *Korean Journal of Population and Development*, Vol. 23, No. 2, 1994.

[2] 横田伸子:『韓国の都市下層と労働者——労働の非正規化を中心に』,ミネルヴァ書房,2012年,第115頁。

[3] Yun Ji-Whan, *Reforming the Dualities: the Politics of Labor Market Reform in Contemporary East Asia*, Ph. D. Dissertation, California University, Berkley, 2008.

[4] 代表性的研究可参见(韩)具海根:《韩国工人——阶级形成的文化与政治》,梁光严、张静译,北京:社会科学文献出版社,2004年版;Lee Yoonkyung, *Militants or Partisans: Labor Unions and Democratic Politics in Korea and Taiwan*, Stanford, CA.: Stanford University Press, 2011;横田伸子:『韓国の都市下層と労働者——労働の非正規化を中心に』,ミネルヴァ書房,2012年。

散了这种体现平等主义的"社会契约",大企业的工人逐渐蜕变为"劳工贵族",从而无助于韩国协调型劳资关系的确立。① 李长文(Lee Changwon,音译)也认为,在军人政权时期,韩国的劳动体制虽然对工人的集体权利有所限制,但至少保证了工人个体的就业和工资的上升。而在民主化之后,虽然工人的集体权利有所提升,但工会自身的功能却经历了从"发出声音"向"垄断"的蜕变,工人个体的权益反而受到了侵蚀。②

(三)韩国劳资关系变迁的比较研究

1."东亚模式"转变视角下的韩国劳资关系变迁

20世纪80年代末以来东亚发展模式的转变推动了东亚各国和各地区劳资关系的变迁。一些学者在"东亚模式"转变的视角中对韩国劳资关系的变迁进行比较研究,并反思了民主化和新自由主义全球化的发展对韩国劳资关系产生的影响。

在以比较视角展开的研究中,一些研究着重考察了民主化之后的政治制度变动和社会联盟重组对东亚劳资关系产生的影响。③ 韩国和中国台湾地区劳资关系变化的不同特点,尤其是两地劳工在民主化过程中战斗性(labor militancy)的差异,是这些比较研究关注的焦点。对于韩国和中国台湾地区劳工战斗性的差异,李云昆(Lee Yoonkyung,音译)将其归结为劳工"实现自我目标的动员模式"的差异,并将韩国和中国台湾两地的工会分别称为战斗主义者(militants)和党派主义者(partisans)。④ 黄长玲的研究则认为,虽然韩国劳工的组织力量比中国台湾地区的劳工强大,但在民主化过程中前者却无法将强组织力量转变成政治影响,因此保持了较高的战斗性。⑤ 布坎南(Buchanan)等也发现,在民主化过程中,中国

① Kim Hyung-A, "Industrial warriors: South Korea's first generation of industrial workers in post-Developmental Korea", *Asian Studies Review*, Vol. 37, No. 4, 2013.

② Lee Changwon, "Labor and management relations in large enterprises in Korea: exploring the puzzle of confrontational enterprise—based industrial relations", in Lee Changwon and Sarosh Kuruvilla, eds., *The Transformation of Industrial Relations in Large—size Enterprises in Korea: Appraisals of Korean Enterprise Unionism*, Seoul: Korea Labor Institute,2006.

③ 关于日韩劳资关系的比较研究也是这一类研究的重要组成部分,下文关于日韩劳资关系比较研究的文献综述部分将对其进行回顾,此处不再重复。

④ Lee Yoonkyung, *Militants or Partisans: Labor Unions and Democratic Politics in Korea and Taiwan*, Stanford, CA.: Stanford University Press,2011.

⑤ Huang, Chang-Ling, *Labor Militancy and the Neo—Mercantilist Development Experience: South Korea and Taiwan in Comparison*, Ph. D. Dissertation, University of Chicago, 1999.

台湾地区劳工的抗争更加地方化,而韩国工人的抗争则更加全面并具有较强的政治色彩。[①] 就两地劳工战斗性差异的根源而言,相关研究将其归结为威权统治时期劳工控制策略和民主化进程中政治联盟性质的差异。[②] 李云昆认为,中国台湾地区的执政当局对劳工实现了有效的制度性控制和吸纳,而韩国劳工则因为缺乏政治参与的制度性渠道而倾向于诉诸集体行动,国家和劳工之间的冲突也因此成为常态。[③]

另一些学者则强调经济环境的转变对韩国等地劳资关系产生了深远影响。这些研究反思了民主化和全球化进程的重合对韩国劳资关系产生的影响。黄长玲的研究表明,相比于中国台湾地区,产业转移对于韩国以大企业为主的经济结构的影响更大,而韩国的企业在推动劳动力市场弹性的提升方面也更加积极。[④] 莫正林(Mo Jongryn,音译)认为,韩国的民主化进程改变了劳工和国家的关系,其影响不止于政治权利的扩大和政治程序的变化,也带来了再分配方面的实质性转变。但在影响不断扩大的全球化的竞争力逻辑面前,这种再分配的要求也遇到了来自国家和社会其他群体的压力。[⑤] 孔泰岩(Kong Tat-Yan,音译)则认为,民主化后韩国劳工运动施加的巨大压力使得以往的劳动政策无法继续维持,政府也开始建立"阶级合作主义"的安排。由于政府政策转变的一个重要原因是力图推行自由主义的劳动力市场改革,因此劳资双方的收益并不平衡,资方显然获益更多。不过孔泰岩还是认为,韩国政府在劳动政策领域自主性的转变方面产生了正面效果,劳工可以逐步获得利益,而政府也能推动各方的对话。[⑥]

① Paul G. Buchanan and Kate Nicholls, "Labour politics and democratic transition in South Korea and Taiwan", *Government and Opposition*, Vol. 38, No. 2, 2003.

② Chu Yin Wah, "Labor and democratization in South Korea and Taiwan", *Journal of Contemporary Asia*, Vol. 28, No. 2, 1998;Lee Yoonkyung, *Militants or partisans: Labor unions and democratic politics in Korea and Taiwan*, Stanford, CA.: Stanford University Press,2011.

③ Lee Yoonkyung, *Militants or Partisans: Labor Unions and Democratic Politics in Korea and Taiwan*, Stanford, CA.: Stanford University Press,2011.

④ Huang, Chang-Ling, *Labor Militancy and the Neo-Mercantilist Development Experience: South Korea and Taiwan in comparison*, Ph. D. Dissertation, University of Chicago, 1999.

⑤ Mo Jongryn, "Democratization, labor policy, and economic performance", in Mo Jongryn and Moon Chung-in eds., *Democracy and the Korean Economy*, Stanford, CA: Hoover Institution Press, 1998.

⑥ Kong Tat-Yan, "Labour and globalization: locating the Northeast Asian newly industrializing countries", *Review of International Political Economy*, Vol. 13, No. 1, 2006, p. 122.

2. 劳工与民主化关系视角下的韩国劳资关系变迁

韩国劳资关系发展和民主化转型之间的关系也是学术界关心的问题。这种关心主要出于以下几方面的考虑：首先，韩国的民主化被视为"软着陆"的代表，在这一过程中虽有劳工斗争的爆发，但中产阶级而非劳工才是民主化的主力军。有研究认为，韩国劳工在民主化中的这种特殊处境和政府的紧密控制密切相关，"甚至在民主化的过程中，工人仍然发现反对派是靠不住的，他们和政府一样反对工人的联合"。① 其次，和拉美一些国家的经验不同，韩国的民主化是在经济运行良好的背景下发生的，故而在新的民主体制中牵涉到劳工的再分配斗争也就有其特殊之处。在这样的背景下，有研究反思了韩国民主化发生的特殊政治经济背景对韩国劳资关系发展的影响。

具海根将韩国民主化之后的劳工运动和巴西、南非等国民主化进程中出现的"社会工会主义"进行比较，指出由于"国家对企业工会活动的政治和法律限制"，"韩国经济比较成功的业绩减小了工厂—贫困社区之间的联系"，以及"韩国工人优先考虑工厂的具体问题而非社会中与消费相关的问题"等因素的影响，韩国民主化之后的工会运动是"经济工会主义"而不是"社会工会主义"。而就这种"经济工会主义"的影响而言，具海根认为其导致了工人阶级运动与中产阶级领导的社会运动的分离，劳工运动的范围进一步受到限制。② 格雷（Gray）则指出，韩国民主化之后的"低度民主"以及新自由主义的推行对劳工运动造成了很大的限制，韩国的工会运动逐渐被官僚化，并被部分笼络。通过对比韩国民主化时期的工会运动和南非等国的"社会运动工会主义"，格雷指出，韩国的工会运动在今后需要更加重视来自草根的动力以及跨阶级的联合。③ 孔泰岩的研究指出，不同于拉美国家出现的以中产阶级为基础、"反民粹主义"的新自由主义联盟，韩国在民主化之后劳资关系改革的过程中建立了一个相对有效的跨阶级政治运动，并使得改革"既具有进步色彩又保持自由资本主义的性质"。④ 但他也指出了韩国对劳工政治包容的局限性：韩国政府对劳工的包容虽然使劳工能够更多地发出自己的声

---

① 布鲁斯·卡明斯：《从拉美经验看韩国政治体制的民主化》，曾军荣编译，《经济社会体制比较》，2009 年第 2 期，第 100 页。

② （美）具海根：《韩国工人——阶级形成的文化与政治》，梁光严、张静译，北京：社会科学文献出版社，2004 年，第 256 页。

③ Kevin Gray, *Korean Workers and Neoliberal Globalisation*, London：Routledge, 2008.

④ Kong Tat-Yan, "Labour and globalization：locating the Northeast Asian newly industrializing countries", *Review of International Political Economy*, Vol. 13, No. 1, 2006, p. 120.

音,也创建了更好的社会保障体系,但其却没有给予劳工对经济政策的否决权(尤其是在产业调整和劳动力市场规则的变动方面),因此这种"包容"仅仅意味着在不反资本的前提下有选择地亲劳工。①

以上回顾了关于民主化后韩国劳资关系变迁的研究,从中可见,研究争论的焦点集中在了"劳工的利益在冲突型劳资关系演变的过程中是得到维护还是被牺牲"以及"劳工行动的逻辑在冲突型劳资关系演变的过程中发生了怎样的变化"这两方面。因此,在研究民主化后韩国冲突型劳资关系持续发展的原因时,有必要采取以劳工为中心的分析路径,而这也构成了本书理论框架的重要出发点。

### 三、解释日韩劳资关系差异的不同路径

以上分别回顾了有关战后日本劳资关系变迁以及民主化后韩国劳资关系变迁的既有研究,并强调有必要采用以劳工为中心的视角进行相关研究。在此基础上,以下将根据研究路径的差异,具体分析相关研究围绕日韩劳资关系变迁路径差异这一问题展开的争论。本书认为,可以根据解释劳资关系冲突或协调的核心变量的差异,将既有研究归纳为三种路径:以"国家"为核心解释变量的"发展型国家"的路径;以"劳资政三方合作安排"为核心解释变量的"阶级合作主义"的路径;以企业内结构为核心解释变量的路径。

(一)"发展型国家"的路径

"发展型国家"理论将东亚发展的成功归结为"强国家能力和高国家自主性;经济发展优先于其他目标;充满技术理性的官僚;重视国家对市场的干预"等因素的存在。② 在解释东亚劳资关系特征的形成时,"发展型国家"理论的代表人物约翰逊指出,"发展型国家"的存在保证了东亚较为平静的劳资关系,而其关键则是威权型政体的存在。在东亚各国和各地区,由于发展导向的政治势力提前占据了政治领域,工会的政治影响力无法发展。就战后日韩两国劳资关系的比较而言,约翰逊强调了日本"软性威权主义"在协调型劳资关系建立过程中所起的积极作用。他还指出,日本政府不仅采取了较为平等的分配政策,而且通过"同生产力增

---

① Kong Tat-Yan, "Globalization and labour market reform: patterns of response in Northeast Asia", *British Journal of Political Science*, Vol. 36, No. 2, 2006, p. 379.

② 关于"发展型国家"理论参见(美)查默斯·约翰逊:《通产省与日本奇迹》,唐吉洪等译,长春:吉林出版集团有限责任公司,2010 年版;(美)禹贞恩主编:《发展型国家》,曹海军译,长春:吉林出版集团有限责任公司,2008 年版。

长相适应的工资增长"补偿劳工较低的政治地位,同时资方在管理工人的过程中处心积虑,这些因素共同促成了日本劳资关系的稳定。约翰逊认为,日本劳资关系的这些特征和1987年之前韩国的劳工控制手段存在较大差异,后者体现出威权主义和家长制(paternalism)的色彩。①

总体而言,"发展型国家"理论更多强调东亚"强国家"的存在对劳资关系的影响,并倾向于认为东亚的政体带有"威权主义"的色彩,因而会抑制劳工的政治表达。在日韩劳资关系的比较研究中,这类视角更多强调的是其类似之处(即劳工在政治上的边缘化),对两国的差异着墨不多。虽然"发展型国家"的理论在20世纪八九十年代曾一度盛行,但近年来对这一理论的质疑声此起彼伏,也使得我们反思以"国家中心"的视角理解日韩劳资关系差异存在的不足。

近年来关于东亚劳资关系的一些研究对"发展型国家"理论所持的"强国家"观点提出了质疑,其认为应区分国家在劳资关系领域中的制度设计和实际运作,因为看似强大的"发展型国家"有可能在处理劳资关系问题上缺乏必要的制度手段。例如,余继万(Yun Ji-Whan,音译)在关于韩国军人政权时期劳资关系的研究中指出,高速工业化时期韩国政府经常采取强力措施(如情报人员和军警的介入)压制劳工的抗争,这恰恰反映了国家在劳资关系领域内缺乏干预的制度手段。② 此外,有批评者认为,在"发展型国家"理论的视野中,政府被看成是极端技术理性的,倾向于依靠正式的制度而非运动(campaign)来执行发展政策,因此这一理论强调的是动员对于政治自由的负面影响。③ 如此一来,劳工等大众力量(popular force)只是处于消极和被动的地位,国家和劳工群体的关系也仅被简化成一种基于官僚理性的控制。有关日本和韩国劳资关系的众多研究都表明,政府不仅采取控制工会的手段,还运用"追求国家富强"的意识形态动员工人提升生产效率,并

---

① Chalmers Johnson, "Political institutions and economic performance: the government-business relationship in Japan, South Korea, and Taiwan", in Frederic C. Deyo ed. , *The Political Economy of the New Asian Industrialism*, Ithaca, NY: Cornell University Press, 1987.

② Yun Ji-Whan, *Reforming the Dualities: the Politics of Labor Market Reform in Contemporary East Asia*, Ph. D. Dissertation, California University, Berkley, 2008.

③ Looney, Kristen, *The Rural Developmental State: Modernization Campaigns and Peasant Politics in China, Taiwan and South Korea*, Ph. D. Dissertation, Harvard University, 2012.

打造劳资协调的意识形态。①

另一些学者则指出,采用"发展型国家"理论研究东亚劳资关系忽视了强有力的国家能力及国家自主性得以建立的微观机制和社会阶级基础。从历史上看,东亚国家机构较强的自主性通常都是在克服社会经济危机之后才得以建立,而对劳工的强力控制通常是国家在应对危机时采取的手段。即使在拥有较强自主性的"发展型国家"得以建立之后,国家相对于社会力量的自主性也并非绝对的中立,而是对一定社会集团的选择,这种选择是政治性的。② 因此,重要的是支撑国家发挥作用的社会联盟的形成,而国家和这一联盟中不同行为体的关系影响了劳资关系的发展。仅仅强调东亚劳工的屈从地位和去政治化,既忽视了社会联盟的形成过程,也将国家和劳工的关系简单化了。③ 宋磊等的研究指出,"发展型国家"理论不仅将企业的生产过程处理为黑箱,而且对于劳工阶层如何被统合进发展的过程,以及这种统合产生了何种影响没有给予应有的重视。因此,这一理论无法充分解释企业竞争力究竟是如何形成的,而且将劳工政治对政治体制的影响问题付诸阙如。④

通过对既有研究的回顾,本书认为,在比较日韩劳资关系差异的过程中,"发展型国家"理论的适用性较为有限。"发展型国家"理论虽然对我们理解政府政策和劳资关系变迁之间的关系有一定的启示,但其对资方和劳工在劳资关系变迁中的作用关注的不够。既有研究对"发展型国家"理论的修正从两个方面展开:一方面,在重视日韩两国政治体制对劳资关系影响的前提下,相关研究将社会行为体的影响也纳入解释框架中,并就两国"阶级合作主义"安排的特征及其影响展开了

---

① 相关研究可参见 Charles Martin Weathers, *Transforming Labor*: *State and Employer Strategy in Postwar Japan*, Ph. D. dissertation, University of California, Berkley, 1995; Oh Changgyun, *Labor Control and Economic Development in South Korea*, *1961-1979*, Ph. D. Dissertation, University of Missouri-Columbia, 1996;(韩)具海根:《韩国工人——阶级形成的文化与政治》,梁光严、张静译,北京:社会科学文献出版社,2004 年版。

② Pempel, T. J., "The developmental regime in a changing world economy", in Meredith Woo-Cummings ed., *The Developmental State*, Ithaca, NY: Cornell University Press, 1999; Cho Hee-Yeon and Kim Eun-Mee, "State autonomy and its social conditions for economic development in South Korea and Taiwan", in Kim Eun-Mee ed., *The four Asian Tigers*: *Economic Development and the Global Political Economy*, San Diego: CA Academic Press, 1998.

③ Lee Yoonkyung, *Militants or Partisans*: *Labor Unions and Democratic Politics in Korea and Taiwan*, Stanford, CA. : Stanford University Press, 2011.

④ 宋磊、孙晓冬:《发展型国家的产业民主与生产扩张》,强世功主编:《政治与法律评论》(第2辑),北京:法律出版社,2013 年版。

争论;另一方面,研究转向企业内结构,强调通过研究企业内劳资双方的关系解释日韩两国劳资关系的差异。

(二)"阶级合作主义"的路径

1. 关于日韩阶级合作主义安排的比较研究

虽然"阶级合作主义"的理论早期出现在有关西北欧和拉美劳工政治的研究中,但一些研究东亚政治的学者认为,东亚的实践和"阶级合作主义"的理论有契合之处。例如,陈佩华等就指出,"东亚国家的政府在采纳国家化组合制度时,有一个共同有利条件:所有这些国家都已经建立了不但组织完全而且形成了既定传统的官僚体制。而且东亚政府在提倡组合制度时,毫不犹豫地披上民族主义和'民族利益'外衣。世界上无论哪一个国家化组合主义政权都采取了呼吁人民为爱国而奉献的共同策略,而东亚各国政府在此具有其文化优势"[1]。而近年来采用这一路径对日韩劳资关系进行比较研究的成果也为数不少,和"发展型国家"的理论有所不同,这一路径在承认国家建立的制度安排具有重要作用的前提下也考虑其他社会行为者的参与对劳资关系的影响。

辻中丰的研究比较了日韩两国类似的阶级合作主义安排下劳资关系的不同表现。在其看来,战后日本在政府、资本和劳工之间发展出了各种联系的网络,这些网络提供了信息共享的中介,并促进了社会行为体之间的合作和整合。与日本的经验相对,尽管1987年之前韩国政府在设计劳工政策的过程中学习了日本阶级合作主义的制度安排,但由于这种学习只是精英的意愿,而且韩国精英将劳资关系视为国内安全问题,韩国政府通过制度建设促进劳方、资方、政府各方合作的努力最终失败。关于1987年之后韩国劳资关系的发展,辻中丰指出,由于各政党都不愿意和工会建立稳定的关系,所以韩国的工会不能像日本工会那样通过与政党的合作走向稳定化和制度化。[2] 与辻中丰的观点不同,金泰均在比较日韩两国"阶级合作主义"安排的研究中采纳了日本是"没有劳工的阶级合作主义"(corporatism without labor)的观点。他认为,"由于日本采用了国家主导的劳资关系路径,日本劳工在阶级合作主义协商中的代表性较弱,关于社会协约的协商通常只是在企业层面展开,而只有当国际脆弱性和外部危机强化时,国家才会拉拢部分

---

[1] 安戈、陈佩华:《中国、组合主义及东亚模式》,史禾译,《战略与管理》,2001 年第 1 期,第 53 页。

[2] Tsujinaka Utaka, "A Comparison between Japanese and Korean Labor Politics: Japan in the mid-1960s and Korea around 1990",『筑波法政』18 号(2),1995 年。

有组织的劳工"。就 1987 年之后韩国"阶级合作主义的安排"的形成而言,金泰均认为,有组织的战斗型劳工在韩国阶级合作主义安排的发展中扮演了重要的角色。虽然国家出于拉拢劳工的目的参与其中,但资方对此却并不积极,这也导致了"阶级合作主义安排"在韩国发展得并不顺利,韩国的阶级合作主义安排是一种"没有资本的阶级合作主义"(corporatism without capital)。①

由此可见,辻中丰和金泰均的研究采用不同的视角比较了日韩两国"阶级合作主义"的发展,前者主要是从政治精英的意图出发,而后者更多是从劳工以及资方的参与入手。研究视角的不同导致了两者在评价日韩两国劳工和"阶级合作主义"制度安排的关系上存在着较大的分歧。这种分歧也同样出现在关于两国"阶级合作主义"的专门研究中。

2. 关于日本"阶级合作主义"性质的争论

在关于日本"阶级合作主义"的研究中,彭佩尔和恒川惠市最早提出了"没有劳工的阶级合作主义"(corporatism without labor)这一论点。他们认为,在后发赶超的压力下,战后日本的自民党政权和各种社会势力形成了广泛的统治联盟,这可以被视为某种形式的阶级合作主义,但劳工集团的被排斥决定了日本并非典型的阶级合作主义国家。虽然日本劳工在战后获得了政治权利,其组织也得到了发展,但在国家政策的制定和政治经济中他们并没有正式的地位,在企业层面劳工只是被拉拢(cooptation),其权利有限。② 在他们看来,劳工在政治上的被排斥而非参与才是战后日本劳资关系维持稳定的原因。

在彭佩尔和恒川惠市之后,关于日本劳资关系的研究对"没有劳工的阶级合作主义"的观点进行了修正,这些修正大致可以分为两个大方向:第一个方向的代表学者是辻中丰和久米郁男等,他们否定了日本战后的政治经济体制是一种"排斥劳工"的体制的看法,并强调日本的劳工在国家和社会所形成的合作网络中占有一席之地。辻中丰认为,虽然日本缺乏西欧阶级合作主义国家存在的一些典型制度(其中最为明显的就是统一而强有力的全国性劳工组织),但两者在经济表现上有类似之处(如"持续的经济增长、低通胀率、低失业率、少罢工")。辻中丰在

---

① Kim Taekyoon, "Variants of Corporatist Governance: differences in the Korean and Japanese approaches in dealing with labor", *Yale Journal of International Affairs*, Vol. 3, No. 1, 2008.

② Pempel T. J. and Keiichi Tsunekawa, "Corporatism without labor? The Japanese anomaly", in Schmitter, Philippe C. and Lehmbruch, Gerhard, eds., *Trends Toward Corporatist Intermediation*, Beverly Hills, London: Sage Publications, 1979.

研究中指出,战后日本在政府、资本和劳工之间发展出各种联系网络,这些网络提供了信息共享的中介,并促进了社会行为体之间的合作和整合。①　与辻中丰的观点相类似,久米郁男认为,战后日本劳资之间的和解不仅使日本的高速成长成为可能,还缓解了政治参与的压力,确保了政治的稳定。在久米郁男看来,战后的劳资和解不仅使工人在企业层面获得了参与的权利,也在国家政治层面逐渐形成了劳方、资方、政府三方之间的合作网络;劳工在微观和宏观层面的合作中并非处于完全的从属地位,而是作出了积极自发的贡献。②

与辻中丰和久米郁男等不同,新川敏光的研究代表了从另一个方向对彭佩尔和恒川惠市观点的修正。一方面,与彭佩尔等的观点类似,新川敏光指出,高速增长时期以"日经联"为代表的资方势力和国家联手压制民间大企业中以"总评"为核心的左翼工会,同时以终身雇佣等企业福利赢得工人对企业的忠诚,社会民主主义的势力因此被吸纳。另一方面,新川敏光提出了"部分的跨阶级联盟"的概念,他认为自民党的劳动政策最终在日本工人内部形成了"总评—官公劳"的阶级主义和以"金属劳协"为代表的企业主义的对立,而政府和资方仅是同右派的工会运动实现联合。因此,新川敏光认为战后日本的劳资和解只是"部分的跨阶级联盟",而并未产生北欧国家那样的全面的跨阶级联盟。③

3. 关于韩国"阶级合作主义"的研究

从上文的分析可以看出,采用"阶级合作主义"路径理解战后日本劳资关系变动的研究期望以此分析日本劳方、资方、政府三方合作关系的形成,与之相对,采用"阶级合作主义"路径理解韩国劳资关系的研究则试图回答为何韩国劳资关系中的各方难以实现稳定的合作。具体而言,研究就韩国军人政权时期"阶级合作主义"的特征以及民主化之后建立"阶级合作主义"的尝试展开了争论。

崔章集关于朴正熙时期韩国工会的研究较早地提出应该采用"国家阶级合作主义"的框架分析当时的韩国政府和劳工的关系。他认为,这一时期韩国政府在处理与工人的关系时采取了政治动员和经济动员的手段,而且由于韩国工人作为阶级的力量较弱,国家对工人的控制更加有力,因此他将韩国称为"过度发展的国

---

①　辻中豊:「現代日本政治のコーポラティズム化」,内田満編:『講座政治学Ⅲ政治過程』,三嶺書房,1986 年。
②　久米郁男:『日本型労使関係の成功——戦後和解の政治経済学』,有斐閣,1998 年。
③　新川敏光:『幻視のなかの社会民主主義』,法律文化社,2007 年。

家"(*overdeveloped state*)。① 对于崔章集的论点,后来的研究提出了不同的意见。例如,金永徹(Kim Yongcheol,音译)认为,受制于和社会群体关系的变动,韩国政府所采取的劳工政策并非总是排斥工人,政府对工人包容和在劳资关系中保持中立的时期也存在,而政府政策的这种变动也为劳工阶段性的发起抗争提供了机遇。② 余继万和具海根则指出,1987 年之前韩国国家采取的并非"国家阶级合作主义"的劳动政策,和"采用阶级合作主义的国家以官方批准的工会作为反映工人要求的渠道"的做法不同,韩国政府一直力图保持工人的无组织状态,而且政府对劳工群体并没有形成制度化的控制,其只是在劳资冲突失控时才动用武力介入。韩国的劳动体制是以残酷压制的控制形式为基础,而不是以精心设计的合作主义制度为基础。③ 黄长玲也认为,基于政府和劳工利益交换基础上的阶级合作主义安排在 1987 年前的韩国并不存在,而这正是导致韩国劳工运动激进化的重要原因。④

关于韩国 1987 年之后"阶级合作主义"的发展,一些学者认为,民主化后韩国工会运动带来的巨大压力使得以往"从上至下"推行的劳动政策无法继续维持,韩国政府也因此转向建立"阶级合作主义"的安排。⑤ 但另一些学者则指出,民主化之后国家在劳工政策领域中角色的变化使"阶级合作主义"难以建立,并导致了韩国劳资关系的持续紧张。宋继勇(Song Jiyeoun,音译)认为,1987—1998 年韩国劳动政策的决策过程更多体现了"集中型决策"的特征,这导致了各方的冲突。虽然在 1998 年之后(尤其是在卢武铉政府时期)国家在劳资关系领域试图通过"阶级合作主义"机制的建立推进"共识型决策机制"的发展,但由于财阀致力于提升劳动力市场的弹性以及工会的不信任,政府无法有效地对各方在政策形成中的介入

① Choi Chang-Jip, *Labor and the Authoritarian State: Labor Unions in South Korean Manufacturing Industries, 1961-1980*, Seoul, Korea: Korea University Press, 1989.

② Kim Yongcheol, *State and Labor in South Korea: Coalition Analysis*, Ph. D. Dissertation, Ohio State University, 1994.

③ Yun Ji-Whan, *Reforming the Dualities: the Politics of labor market reform in contemporary East Asia*, Ph. D. Dissertation, California University, Berkley, 2008;(韩)具海根:《韩国工人——阶级形成的文化与政治》,梁光、张静译,北京:社会科学文献出版社,2004 年版。

④ Huang, Chang-Ling, *Labor Militancy and the Neo-Mercantilist Development Experience: South Korea and Taiwan in Comparison*, Ph. D. Dissertation, University of Chicago, 1999.

⑤ Kong Tat-Yan, "Globalization and labour market reform: patterns of response in Northeast Asia", *British Journal of Political Science*, Vol. 36, No. 2, 2006.

和影响进行管理,各方的冲突反而在这种"共识型决策机制"下加剧。① 余继万则认为,在金融危机后劳动力市场改革的过程中,韩国政府的决策模式开始向"更新的国家主义"(renewed statism)转变。他的研究表明,韩国政府原本意图在危机后建立起劳方、资方、政府三方协商的"新阶级合作主义"(neo-corporatism)的模式,但这种努力却最终失败。政府在这种努力失败后主要不是依靠社会行为者之间的协商和调整,而是通过国家创设制度(主要是由总统发起)来处理劳动力市场的问题。②

### 4. 小结

从以上的分析中可以看出,虽然东亚劳资关系的一些制度和"阶级合作主义"理论的指向有类似之处,但是简单套用"阶级合作主义"的理论很难充分解释日韩劳资关系的差异。因为"阶级合作主义要成为制度实践,取决于劳资群体双方能否达成一种特殊的权力关系形态",而这种形态的一个重要组成部分就是"强有力的劳工运动传统",其制度表现通常是集中且强有力的全国性工会组织。③ 恰是在这一点上,日韩以企业工会为主的工会结构和典型的"阶级合作主义"国家(如北欧国家)存在着根本的差别。因此,关于日韩劳资关系的比较研究要超越对协调劳方、资方、政府三方关系的机制(如三方协商机制)的关注,而应突出两国分散化的工会形态及其对劳资关系的影响。

### (三)企业内结构的路径

### 1. 关于日韩两国企业内结构的比较研究

考虑到日韩两国同样以大企业为经济发展的主力,相当多的研究着眼于日本和韩国企业内劳资关系的比较,并以此理解两国劳资关系的差异。一般认为,战后日本大企业内逐步确立的"终身雇佣、年功工资"等惯例在企业层面形成了"内部劳动力市场"(internal labor market),提升了工人对企业的依赖和忠诚,从而促

---

① Song Jiyeoun, *Global Forces, Local Adjustments: The Politics of Labor Market Deregulation in Contemporary Japan and Korea*, Ph. D. Dissertation, Harvard University, 2008.

② Yun Ji-Whan, *Reforming the Dualities: the Politics of Labor Market Reform in Contemporary East Asia*, Ph. D. Dissertation, California University, Berkley, 2008.

③ 吴建平:《转型时期中国工会研究——以国家治理参与为视角》,北京:光明日报出版社,2012 年版,第 47 页。关于"阶级合作主义"制度安排在北欧建立的社会基础和表现,可参见卡赞斯坦的研究。(美)卡赞斯坦:《世界市场中的小国:欧洲的工业政策》,叶静译,长春:吉林出版集团有限责任公司,2008 年版。

进了企业层面的劳资合作。① 一些研究也由此出发,比较了日韩两国企业内部劳资双方关系的差异,并探究了这种差异对整体的劳资关系的影响。

　　二村一夫的研究强调了企业经理人的特征对日韩两国企业经营和企业内劳资关系的影响。他认为,战后日本企业所有者和经理人的分离使得企业内的经营者和工人之间的联系更加紧密,双方因此也更倾向于考虑企业发展的长期利益,这推动了企业层面的劳资合作。而在韩国家族经营的财阀企业中,经理人群体的不发达导致专断的家族式管理有着重要的影响,劳资之间的矛盾更加直接。② 宋磊等则从企业生产和技能形成的角度解释了日韩两国产业民主和劳资关系发展的不同路径。他们认为,在国家的间接保证下,战后日本通过推行产业民主提高劳动者技能,从而形成了劳资之间在微观的企业层面的合作。在韩国经济高速增长时期,企业在国家的直接介入下发展专制主义的管理体制。虽然进入 20 世纪 90 年代后韩国开始引入产业民主的要素,但由于劳资双方之间深层次的冲突和不信任,这一努力并未取得预期成果,企业转而以强化设备投资的方式替代劳动力,韩国劳资之间的冲突也因此持续发展。③

　　以上的研究从微观层面分析了日韩两国企业内结构的差异和劳资关系差异之间的关联,对于本书的比较研究有一定的启示。但这些研究关注的主要是国家和资方在劳资关系演变中发挥的作用,对劳工群体在其中的作用关注不够。此外,这些研究在解释 20 世纪 50 年代日本冲突型劳资关系上存在着不足。

　　金正勋的研究在以上提到的两方面不足上都有改进。在他看来,战后初期日本工人和职员混合形成的企业工会在企业层面开展"企业民主化运动",从而对企业的"经营权"形成了威胁。在应对工会挑战的过程中,资方一方面凭借外部政治形势的逆转打消了工人的激进诉求,另一方面也在内部安抚经营者,并以亲资方的职员和工人为中心重建工会,形成了"忠于企业的联盟",从而为日本协调型劳资关系的建立打下了基础。相反,韩国财阀企业的家族经营体制在 1987 年民主化之后受到的冲击并不大,经营方而非劳工主导了企业劳资关系的改革。因此,韩国劳资双方的争议主要是围绕"待遇改善"的问题展开的,由于未触及企业秩序

---

① 　小池和男:『仕事の経済学』,東洋経済新報社,1998 年。

② 　二村一夫:「日韓労使関係の比較史の検討」,『大原社会問題研究所雑誌』460 号,1997 年 3 月。

③ 　宋磊、孙晓冬:《发展型国家的产业民主与生产扩张》,强世功主编:《政治与法律评论》(第 2 辑),北京:法律出版社,2013 年版。

的核心议题,所以双方的博弈更多是围绕短期利益展开,而未能形成长期的制度性合作关系。① 宋继永指出,战后日本"终身雇佣"等惯例的形成和政治的影响密不可分,大企业的经营者通过对企业内核心工人的保护,交换工人的政治妥协。通过这种交换,工人得到了就业受保障的承诺,因而同意投资于企业特定技能,并愿意和经理人合作。同时,宋继永指出,在韩国经济高速增长时期,工人的技能形成和企业的联系并不紧密,而福特式的大规模生产也导致企业不愿投资于工人的技能开发,工人的流动性很大,因而促成劳资双方长期合作的内部劳动力市场未能形成。在 1987 年之后,虽然韩国的大企业经营者希望以提升工人的技能应对市场的变动,但企业工会由于担心自己的组织基础被分化而反对这种技能形成的新体系,最终韩国企业没能完成从"福特式的大规模生产"向"多元化的质量生产"的转变,标准化的生产机制得到强化,企业对工人技能的依赖仍然很低,劳资之间的冲突因而继续存在。②

　　以上对相关研究的回顾表明,日韩两国微观层面的企业结构对于整体的劳资关系特征的差异有着直接的影响。日本企业内部劳动力市场的发展促成了劳资双方的长期合作关系,而韩国企业内部劳动力市场的不发达导致了劳资双方采取零和博弈的心态处理彼此之间的关系。这一差异在有关日韩两国企业内劳资关系的研究中也得到了充分的体现。

　　2. 关于日本企业内劳资关系的研究

　　就日本 20 世纪 50 年代冲突型劳资关系的发展而言,有研究指出,1949 年"道奇路线"推行后,企业推行的"合理化"以及日经联主导的"恢复经营权运动"使得资方的合理性追求和工人的"平等主义工资"诉求相冲突。工人因此倾向于采用罢工等方式表达自己的不满,协调型劳资关系在 20 世纪 50 年代的日本很难得到发展。③ 20 世纪 50 年代后期开始的经济高速增长则是日本企业内部劳资双方关系缓和的重要背景,相关的研究将具体的机制概括为两方面:首先,对大企业而言,高增长、大规模投资和劳务管理的重塑形成了良性循环,也缓和了劳资之间在

---

① 金正勲:『民主化以後の労働問題の展開に関する日韓比較研究』(要旨),東京大学人文社会系研究科博士論文データベース,http://www.l.u-tokyo.ac.jp/postgraduate/database/2011/874.html。

② Song Jiyeoun, *Global Forces, Local Adjustments: The Politics of Labor Market Deregulation in Contemporary Japan and Korea*, Ph.D. Dissertation, Harvard University, 2008.

③ 久米郁男:『日本型労使関係の成功——戦後和解の政治経済学』,有斐閣,1998 年,第 84 頁。

生产和分配问题上的冲突。① 其次,到了 20 世纪 60 年代中叶,经济高速增长推动了劳动力市场的变化,劳工短缺的压力逐渐加深,从而带来了对年轻工人的强烈需求,"这种需求迫使大企业相互竞争,并只能通过终身雇佣制和年功序列制来确保劳动力的稳定",而这些举措也促进了个体劳动者对企业的归属感。②

就协调型劳资关系在日本企业内确立的原因而言,有研究强调,除了工人从经济高速增长中获得了一定的物质利益之外,企业有意识的劳务管理与工会内控制也是不可忽视的因素。③ 一些研究表明,日本企业工会的发展在 20 世纪 60 年代中期发生了巨大变化,企业工会在这一时期"由与企业对抗的组织向与企业合作的组织发展",而且"工厂规模的自主工会运动、文化小组活动、政治党派运动等工人运动被镇压了,取而代之的是不断通过公司诱导而盛行的自主管理活动"④。篠田徹也强调,企业内部一元化的劳务管理方式使得企业工会越发集权化,工会会员和工会干部之间的距离感加深。⑤ 戈登则指出,资方对工会的政治行动仍然抱着提防的心理,他们还通过一些非正式团体来引导广大工人,并打入工会内部,对其事务进行操纵,从而防止激进的工会运动的兴起。⑥

3. 关于韩国企业内劳资关系的研究

就民主化前后韩国企业内劳资关系变动的背景而言,宋磊等指出,虽然韩国的劳动力市场在 20 世纪 70 年代末至 80 年代初逼近转换点,但企业战略的重点是发现新市场并筹集资金进入,企业对稳定劳动者队伍和在企业内部的技能形成不感兴趣。在这一时期,企业仍然主要通过权威主义的管理原则来维持劳动纪律,并通过外部劳动力市场获得熟练工人,因而协调型的劳资关系也难以建立。⑦ 横

---

① Weathers, C. "Business and Labor", in Tsutsui W. M. ed. ,*A Companion to Japanese History*, Malden, MA: Blackwell Publishing Ltd, 2007.

② (美)高柏:《经济意识形态与日本产业政策:1931—1965 年的发展主义》,安佳译,上海:上海人民出版社,2009 年版,第 206 页。

③ 篠田徹:『世紀末の労働運動』,岩波書店,1989 年;Andrew Gordon, *The Wages of Affluence*: *Labor and Management in Postwar Japan*, Cambridge: Harvard University Press, 1998.

④ 下山房雄:《战后日本的工会——意识形态、功能、组织》,高桥洸等编著:《日本劳务管理史:劳使关系》,唐燕霞译,北京:经济科学出版社,2005 年版,第 60 页。

⑤ 篠田徹:『世紀末の労働運動』,岩波書店,1989 年,第 22 页。

⑥ Andrew Gordon, *The Wages of Affluence*: *Labor and Management in Postwar Japan*, Cambridge: Harvard University Press, 1998.

⑦ 宋磊、孙晓冬:《发展型国家的产业民主与生产扩张》,强世功主编:《政治与法律评论》(第 2 辑),北京:法律出版社,2013 年版。

田伸子关于韩国企业内部劳动力市场的研究表明,20 世纪 80 年代之前大量低工资劳动者的存在使得韩国劳动力市场仍然呈现出单一的形态,大企业和中小企业工人之间的收入差距水平不高,相互流动也较为频繁。伴随着 20 世纪 80 年代中后期熟练劳动力不足的现象出现,大企业开始有意识地培育内部劳动力市场,在同一家企业内长期工作的"中坚工人阶层"出现,企业内部劳动力市场得到发展。①

　　然而,韩国内部劳动力市场的发展尚未成熟就受到了 1997 年经济危机的冲击,这也被认为是韩国企业内劳资双方持续冲突的重要原因之一。有研究指出,受到经济危机后 IMF(International Monetary Fund 国际货币基金组织)结构改革的影响,韩国的企业和工会接受了缓和劳动力市场规制的做法,企业大量解雇员工,并以非正规雇佣工人代替正式工人。这一调整不仅导致了大量的失业,也增加了非正规工人的规模,以大企业为中心的内部劳动力市场体制开始萎缩和动摇。②众多研究都关注了韩国企业内部劳动力市场的不成熟给劳资双方关系带来的负面影响。横田伸子指出,在 1987 年之后,韩国的企业为了抑制不断上涨的劳动力成本而维持了之前的组装生产模式,因而未能形成自己的技能培养体系。在 1997年经济危机之后,韩国企业为了节省劳动成本导入了"模块化生产",生产线上的工人只是从事模块组装之类单纯反复的工作,而且不同生产部分之间的紧密联系和调整很少,企业对于劳动者技能的要求仍然较低,双方之间在生产技能方面的相互依赖仍然较弱。③ 张大欧(Chang Dae-oup,音译)等关于 1997 年之后韩国企业内部劳资双方关系的研究表明,工人对失业的担心导致不同工人群体以及个体工人之间的竞争大幅强化。由于缺乏工会的保护,非正式工人工作的保障取决于管理者的权威,因此对于非正式工人的使用提升了职场中资方的权力;而且正式工人和非正式工人的竞争也有助于管理方权威的提升。因此,经济危机后劳动力市场的变化使企业内部的权力关系更加有利于资方。④ 金恩姬(Kim Andrew Eun-

---

① 横田伸子:『韓国の都市下層と労働者——労働の非正規化を中心に』,ミネルヴァ書房,2012 年。

② Yun Ji-Whan, "*Reforming the Dualities: the Politics of Labor Market Reform in Contemporary East Asia*, Ph. D. Dissertation, California University, Berkley, 2008.

③ 横田伸子:『韓国の都市下層と労働者——労働の非正規化を中心に』,ミネルヴァ書房,2012 年。

④ Chang Dae-oup and Chae Jun-Ho, "The transformation of Korean labour relations since 1997", *Journal of Contemporary Asia*, Vol. 34, No. 4, 2004.

gi,音译)等的研究指出,经济危机导致韩国的企业文化变得更加追求效益和竞争性。就工人而言,对失业的担忧不仅带来了很大的精神压力,而且面对就业的不确定性和更加"强硬"的企业环境,工人对自己的职业变得更加现实主义和"自我中心",他们更多考虑眼前的利益,而不再对某家企业忠心耿耿。[1]

4. 小结

以上分析了以企业内结构视角研究日韩劳资关系变迁的成果,并主要讨论了"内部劳动力市场"理论提供的相关解释。从分析中可见,在从微观层面展开研究的同时也需注意以下几点:首先,"内部劳动力市场"的形成与否和整体的劳动力市场状况及国家的发展战略密切相关,因此我们需要关注劳动力市场形成过程中市场与国家和社会的关系。其次,在注重"内部劳动力市场"对劳资双方行为逻辑影响的同时,也需注意到,决定企业内部劳资双方关系的不仅是基于投资和回报的经济考量,外部政治变动塑造的合作与冲突也会产生一定的影响,因此需要从多个维度分析工人行动的逻辑。最后,企业内部劳资双方关系的形态具有复杂性,除去满足工人的利益诉求之外,资方对工人也会采取强制和分化等策略,因此需要对企业内部劳资双方的权力关系展开研究。

### 四、研究视角的转换

从以上对既有研究的回顾可以看到,相关研究在解释日韩两国劳资关系变迁路径的差异时,对劳工这一群体及其行动的逻辑缺乏足够关注。从更广的范围来看,这种关注的不足在整个东亚劳资关系研究领域普遍存在。本书认为,既有研究的这种不足和东亚劳工群体的特征紧密相关。

在近代西欧,工业革命导致了劳工的"无产阶级化",强大的工人阶级随之形成,并推动了左翼政党的发展。因此,劳工群体在这些国家构成了一支重要的政治力量。与之相对,在东亚快速工业化的过程中,却呈现出工会组织的弱势以及左翼政党的软弱等现象。[2] 受到这一差异的影响,"(关于)东亚劳工的著述中的

---

[1]　Kim Andrew Eungi, Park Innwon, "Changing trends of work in South Korea: the rapid growth of underemployment and job insecurity", *Asian Survey*, Vol. 46, No. 3, 2006.

[2]　大西裕:「弱い資本家による強い資本主義——韓国を事例に」,竹中千春、山本信人、高橋伸夫編:『現代アジア研究〈2〉市民社会』,慶應義塾大学出版会,2008 年。

主导性主题便是劳工的顺从性、其组织方面的弱点及其被排斥在政治之外的情形"①。因此,既有的关于东亚劳资关系的研究采用的多是"经济决定论"以及"国家中心主义"的解释,而对劳工这一群体的能动性关注不够,这在本节关于日韩劳资关系的文献综述中也得到了充分体现。

对于东亚劳资关系研究中劳工视角的缺失,裴宜理曾提出了尖锐的批评。裴宜理指出,20世纪90年代之前关于东亚劳工的研究过于强调结构性的要素,研究的多是政治控制、生产关系、社区组织等因素,却忽视了工人的精神特质和日常实践。她强调,不应将东亚的劳工仅视为工业化过程中在政治上无关紧要的群体,而是应该强调劳工的自主性和能动性。② 20世纪90年代,裴宜理、戈登、具海根等学者共同推动了强调东亚劳工能动性的研究路径的发展,他们不仅共同出版了《将阶级置于地位中:东亚的劳工认同》(Putting Class in its Place:Worker Identities in East Asia)的文集,还运用这一路径在中日韩劳资关系领域分别撰写了专著。裴宜理在《上海罢工》一书中将工人阶级文化与抗议行动联系起来,探求了民国时期上海工人阶级分化演变的原因(从地缘政治和产业政治的角度)以及这种分化对政治动员(或党派)的影响,从而提出了"不同的工人有不同的政治"的观点。③ 在对日本企业内协调型劳资关系的研究中,戈登重点关注了"以企业为中心的社会"这一霸权性的意识形态如何为工人所内化。④ 具海根认为,对韩国高速工业化进程中冲突型劳资关系的研究,不能仅仅关注资本主义的生产关系结构,还要关注工人的阶级认同和阶级意识的形成。他指出,韩国军人政权时期在工作场所和市民社会中存在着文化和政治的矛盾效应,这推动了劳工战斗性和阶级意识的提高,从而形成了韩国的冲突型劳资关系。⑤

受到东亚劳资关系研究中强调劳工群体能动性的相关观点的启示,本书将关

---

① (韩)具海根:《韩国工人——阶级形成的文化与政治》,梁光严、张静译,北京:社会科学文献出版社,2004年版,第7页。

② Perry, Elizabeth J, "Introduction", in Perry, Elizabeth J ed., *Putting Class in its Place*: *Worker Identities in East Asia*, Berkeley, California. : Institute of East Asian Studies, University of California, Berkeley,1995.

③ (美)裴宜理:《上海罢工:中国工人政治研究》,刘平译,南京:江苏人民出版社,2012年版。

④ Andrew Gordon, *The Wages of Affluence*: *Labor and Management in Postwar Japan*, Cambridge: Harvard University Press, 1998.

⑤ (美)具海根:《韩国工人——阶级形成的文化与政治》,梁光严、张静译,北京:社会科学文献出版社,2004年版。

注的焦点转移到劳工这一群体上,通过研究劳工群体的形成解释大规模冲突后日韩劳资关系变迁路径的差异,以弥补既有研究的不足。

## 第三节 本书的理论框架

上一节对日韩劳资关系比较研究的理论路径进行了回顾,从中可见,既有研究对劳工群体在两国劳资关系变迁中所起的作用关注较少,"国家中心主义"和"经济决定论"的解释在研究中占据主要的位置。上文对日本劳资关系研究的分析表明,各派争论的核心可以归结为"劳工在战后日本劳资关系变迁中扮演何种角色"以及"劳工是否从日本劳资关系的和解中受惠"两个问题;从有关民主化后韩国劳资关系的研究中可见,争论的焦点集中在"劳工的利益在冲突型劳资关系演变过程中是得到维护还是被牺牲"以及"劳工行动的逻辑在冲突型劳资关系演变过程中发生了怎样的变化"这两方面。由此可见,对于研究日韩两国劳资关系在大规模冲突后的变迁路径而言,对劳工群体的关注必不可少。一方面,仅仅关注政府和资方采取的举措,无法充分说明劳资关系特征的形成及其变迁,还需要分析这些举措对劳工群体利益产生的影响;另一方面,作为能动的主体,劳工群体对利益变化的认知及其采取集体行动的方式也会影响劳资关系。

考虑到劳工群体对劳资关系特征形成的两方面影响,本书将借鉴"工人阶级形成"理论的相关观点,区分结构层面和能动性层面劳工群体的形成,在这一基础上,本书将在劳工群体形成的两个层面和劳资关系的变迁之间建立关联,进而提出解释日韩劳资关系变迁路径差异的理论框架。

### 一、"工人阶级形成"理论的启示

资本主义的发展和工业化的展开改变了传统社会的结构,"随着资产阶级即资本的发展,无产阶级即现代工人阶级也在同一程度上得到发展"①。在解释工人阶级形成的相关研究中,马克思提出的"自在的阶级"(class in itself)和"自为的阶级"(class for itself)的概念被广泛使用。马克思指出:"经济条件首先把大批的

---

① 马克思、恩格斯:《共产党宣言》,中共中央编译局译,北京:人民出版社,1997年版,第34页。

居民变成劳动者。资本的统治为这批人创造了同等的地位和共同的利害关系。所以,这批人对资本来说已经形成一个阶级,但还不是自为阶级。在斗争(我们仅仅谈到它的某些阶段)中,这批人联合起来,就形成了一个自为的阶级。他们所维护的利益变成阶级的利益,而阶级同阶级之间的斗争就是政治斗争。"①因此,在马克思看来,"自为的阶级"的形成才是工人阶级真正的形成,而其基础则是特定的生产关系。

马克思提出的"自在的阶级"和"自为的阶级"的区分对"工人阶级形成"的研究产生了重要的影响。其中,汤普森在《英国工人阶级的形成》一书中指出了"阶级意识"在"阶级形成"中的重要作用。汤普森对"阶级"给出了新的定义——"当一批人从共同的经历中得出结论(不管这种经历是从前辈那里得来还是亲身体验),感到并明确说出他们之间有共同利益,他们的利益与其他人不同(而且常常对立)时,阶级就产生了"。汤普森强调,"阶级经历主要由生产关系所决定,人们在出生时就进入某种生产关系,或在以后被迫进入"。② 由此可见,在强调生产关系对阶级形成的重要性上,汤普森和马克思有类似之处。汤普森还强调了由"阶级经历"到"阶级意识"形成的过程中个体能动性的重要性,"阶级觉悟是把阶级经历用文化的方式加以处理,它体现在传统习惯、价值体系、思想观念和组织形式中","如果说经历是可以事先确定的,阶级意识却不然"。③ 因此,汤普森批判性地继承了马克思的"阶级形成理论",他反对"自在的阶级"和"自为的阶级"的区分,并将阶级的形成视为"以共同利益认同为核心内容的阶级觉悟的形成"。④

卡兹尼尔森和佐尔博格在综合前人研究的基础上,提出了关于"工人阶级形成"的综合性解释。在他们看来,既有的阶级分析存在两方面的不足:即假设阶级意识与阶级行动能够从资本主义的客观结构中推导出来;阶级形成的概念被当成了从阶级结构向革命的意识转变的目的论过程。为此,卡兹尼尔森提出,应通过重新界定"阶级"理解"工人阶级的形成",在其看来,"阶级"概念包括四个层面,即资本主义结构、生活方式、意识倾向以及集体行动。

---

① 《马克思恩格斯文集》第 1 卷,北京:人民出版社,2009 年版,第 654 页.

② (英)E. P. 汤普森:《英国工人阶级的形成》,钱乘旦译,南京:译林出版社,2013 年版,第 1－2 页。

③ (英)E. P. 汤普森:《英国工人阶级的形成》,钱乘旦译,南京:译林出版社,2013 年版,第 2 页。

④ 汪仕凯:《工人阶级的形成:一个争议话题》,《社会学研究》,2013 年第 3 期,第 208 页。

　　卡兹尼尔森提出的"资本主义结构"和"生活方式"层面上的"阶级"概念对应于马克思的"自在的阶级"的概念。"资本主义结构"指的是"资本主义中私人企业追求利润最大化所带来的货币、土地和劳动力的商品化",其结果则是工人阶级的"无产阶级化";而"生活方式"指的是在具体的工作环境和劳动力市场中人们形成的社会关系(如工作和居住的分层),其和"资本主义结构"的特征紧密相连。

　　卡兹尼尔森也指出,"资本主义结构"和"生活方式"层面上的"阶级"概念只说明了工人如何在特定的条件中存在和生活,但却没包括他们如何"思考"和"行动"。因此,其提出了"意识倾向"和"集体行动"层面上的"阶级"概念,这对应于马克思的"自为的阶级"的概念。"意识倾向"层面上的"阶级"概念指的是一种文化结构,工人通过这种文化结构,对自身所处的环境能够做出有意义的反应,并且能够感知自身的利益。而"集体行动"层面上的"阶级"概念指组织起来的阶级在"意识倾向"的影响下,通过运动和组织去改变社会及其自身的处境。①

　　本书强调从劳工群体形成的视角研究日韩两国劳资关系变迁路径的差异。虽然未明确采用"工人阶级"的概念,但是"工人阶级形成"理论对"自在阶级"和"自为阶级"的划分给本书的研究以很大启示。如佘庞就指出,劳工作为一个群体的形成过程,包括客观和主观这两个过程,其中客观的过程"包括既存的生产模式以及人们被安排到不同经济实践中的过程",而主观的过程"包含着人们发展出对自身与生产资料关系的理解,创造出对世界变迁的反应方式与发展出一系列共有的意识形态和政治实践"。② 本书认为,佘庞所指的"客观的过程"强调的是劳工群体形成中的结构层面,而"主观的过程"强调的是劳工群体形成过程中与意识和行动相关的能动性层面。另外,劳工群体形成过程中的结构层面和能动性层面是互相关联的两个过程,"不同的经济发展战略会以不同的方式组织工人的生活和工作状况。而这些大范围的经济和社会结构形成了不同的工人群体,他们产生集体认同和采取集体行动的倾向和机遇各不相同"③。

---

① Ira Katznelson, "Working-Class Formation: Constructing Cases and Comparisons", in Ira Katznelson and Aristide R. Zolberg, eds., *Working-Class Formation: Nineteen-Century Patterns in West Europe and the United States*, Princeton: Princeton University Press, 1986.

② Therborn, Goran, "Why some classes are more successful than others", *New Left Review*, No. 138, 1983, 转引自吴清军:《西方工人阶级形成理论述评——立足中国转型时期的思考》,《社会学研究》, 2006 年第 2 期,第 186 页。

③ Alexander, Christopher, "The architecture of militancy: workers and the state in Algeria, *1970-1990*", *Comparative Politics*, Vol. 34, No. 3, 2002, p. 316.

因此,本书强调,从劳工群体形成的视角理解劳资关系的变迁,必须同时考虑到结构以及能动性这两个层面。在这一区分的基础上,以下将分析结构和能动性层面劳工群体的形成和劳资关系变迁之间的关联,并提出相关理论假设。

### 二、劳动力商品化与劳资关系

就结构层面劳工群体的形成和劳资关系变迁之间的关联而言,本书将研究"劳动力商品化"对劳资关系的影响。由于资本主义作为一种生产关系最突出的特征就是劳动力的商品化,因此,从劳工群体形成的结构层面来看,"劳动力商品化"的发展塑造了劳资关系的特征。

(一)劳动力商品化理论:马克思和波兰尼的视角

马克思关于劳动力商品化的概念广为人知。在马克思看来,"资本主义时代的特点是,对工人本身来说,劳动力是归他所有的一种商品的形式,他的劳动因而具有雇佣劳动的形式。另一方面,正是从这时起,劳动产品的商品形式才普遍化"[1]。因而"资本主义生产的整个体系,是建立在工人把自己的劳动力当作商品出卖的基础上的"[2]。劳动力商品化的发展对工人的生存产生了关键的影响,"现代的工人只有当他们找到工作的时候才能生存,而且只有当他们的劳动增殖资本的时候才能找到工作。这些不得不把自己零星出卖的工人,像其他任何货物一样,也是一种商品,所以他们同样地受到竞争的一切变化、市场的一切波动的影响"[3]。从结果来看,"一方面,工人是自由人,能够把自己的劳动力当作自己的商品来支配,另一方面,他没有别的商品可以出卖,自由得一无所有,没有任何实现自己的劳动所必需的东西"[4]。资本主义生产体系下劳动力商品化的发展导致工人一无所有,从而构成了资产阶级与工人阶级利益对立的结构性基础,也决定了劳资关系的冲突不可避免。

由此可见,在马克思的理论模式中,强调的是"凸显历史资本主义特征的劳工抗争发展的阶段式性质",因而劳动力商品化发展导致的劳工抗争具有"阶级性

---

① 马克思:《资本论》第一卷,北京:人民出版社,2004 年版,第 198 页。

② 马克思:《资本论》第一卷,北京:人民出版社,2004 年版,第 495 页。

③ 马克思、恩格斯:《共产党宣言》,中共中央编译局译,北京:人民出版社,1997 年版,第 34 页。

④ 马克思:《资本论》第一卷,北京:人民出版社,2004 年版,第 197 页。

质"，其反对的是资本的统治和剥削。①

与马克思从生产关系理解劳动力的商品化有所不同，卡尔·波兰尼在《大转型》一书中从市场和社会的关系入手，理解劳动力商品化对劳工抗争及劳资关系的影响。

波兰尼强调，19世纪之前"市场只不过是经济生活中的附属品"，"经济体系是被吸收在社会体系中的"，因而"自发调节的市场是闻所未闻的"。但19世纪自发调节市场的扩展导致了"经济活动被孤立出来并归于一种独特的动机"。在市场与社会关系转变的过程中，"劳动力、土地和货币必须被组织起来在市场上出售——换言之，它们必须成为商品"，因为"只有借助商品概念，市场机制才得以适合工业生活的诸多要素"。②

与此同时，波兰尼着重强调劳动力作为商品的"虚拟"特征。在波兰尼看来，"任何在市场上买卖的东西都必须是为了出售而生产出来的"，而这对劳动力是不成立的。"劳动力仅仅是人类活动的另外一个名称而已，就其本身而言，它不是为了出售，而是出于完全不同的原因而存在的，并且这种活动也不能分离于生活的其他部分"。因为"'劳动力'这种所谓的商品不能被推来搡去，不能被不加区分地加以使用，甚至不能被弃置不用，否则就会影响到作为这种特殊商品的载体的人类个体生活"。③

在界定劳动力作为虚拟商品的基础上，波兰尼指出，缺乏约束的劳动力市场和其他虚拟商品市场的扩张和深化，必将激起一种寻求"对社会的保护"的反向运动。这种"反向运动"和自发调节的市场的扩张构成了"双重运动"："市场组织在真实商品方面的扩张伴随着它在虚拟商品方面受到的限制"。④

因此，在波兰尼的理论视野中，劳动力被商品化的方式及程度是导致劳工抗争的主要因素。劳工的抗争构成了针对劳动力商品化的"反向运动"，其性质是

---

① （美）贝弗里·J. 西尔弗：《劳工的力量：1870年以来的工人运动与全球化》，张璐译，北京：社会科学文献出版社，2012年版，第21－24页。

② 波兰尼关于劳动力商品化的论述集中在《大转型》一书中的第六章"自发调节的市场与虚拟商品：劳动力、土地和货币"，参见（英）卡尔·波兰尼：《大转型：我们时代的政治与经济起源》，冯钢、刘阳译，杭州：浙江人民出版社，2007年版，第59－66页。

③ （英）卡尔·波兰尼：《大转型：我们时代的政治与经济起源》，冯钢、刘阳译，杭州：浙江人民出版社，2007年版，第63页。

④ （英）卡尔·波兰尼：《大转型：我们时代的政治与经济起源》，冯钢、刘阳译，杭州：浙江人民出版社，2007年版，第66页。

"反对市场社会的","抗争行动是为了抵抗竞争替代的市场原则对社会的过度侵蚀"。① 马克思强调了劳工抗争体现出资本主义的"阶段式性质",与此不同,波兰尼视野中的劳工抗争具有"钟摆式性质"——当"钟摆摆向对劳动力的商品化时,就会激起强烈的、要求保护劳工的反向运动",而"反向运动"所推动的对劳动力去商品化的过程将会提供一种"可靠而稳定的解决之道",从而有助于缓解劳工的抗争。②

（二）劳动力商品化和劳资关系:理论假设

以上的分析表明,马克思和波兰尼的理论都在劳动力商品化和劳工抗争之间建立起联系,这构成了本书分析结构层面的劳工群体形成对劳资关系影响的理论基础。在解释日韩劳资关系变迁路径差异的成因时,本书主要是在波兰尼的理论视角下讨论劳动力商品化的影响,这主要是基于两方面的考虑。首先,和西欧国家相比,劳工群体作为"阶级"的认同在东亚并非特别突出。裴宜理等指出,相较于其他地区的工人,东亚的工人更多为"地位"(place)的政治所困扰,其斗争更多的是强调提升自身的社会地位,而较少追求作为工人"阶级"一员的利益。因此在追求社会和文化地位时,东亚工人更期望逃避而非接受"无产阶级"这一等级,因而其"阶级化"的抗争相对不显著。③ 其次,由于本书提出的理论假设需要同时解释协调型劳资关系和冲突型劳资关系的成因,因而波兰尼强调的劳工抗争的"钟摆式性质"对本书的解释更为适用。

为了研究结构层面的劳工群体形成和劳资关系变迁之间的关联,本书借鉴波兰尼的理论,从市场与社会关系的视角入手,分析劳动力商品化程度变动对劳资关系的影响。

上文关于"工人阶级形成理论"的分析表明,结构层面劳工群体的形成与劳工在市场中地位、利益的形成及变动密切相关,在这一过程中,自我调控的市场的扩张导致劳动力商品化程度的提升,进而推动冲突型劳资关系的形成和发展。从市场与社会关系的视角来看,"自我调控的市场扩张之所以激起了抵抗,一定程度上

---

① 王星:《阶级化与商品化:劳工抗争政治的两种模型》,《中国工人》,2012 年第 2 期,第 25 页。

② （美）贝弗里·J. 西尔弗:《劳工的力量:1870 年以来的工人运动与全球化》,张璐译,北京:社会科学文献出版社,2012 年版,第 21 – 22 页。

③ Perry, Elizabeth J. , "Introduction", in Perry, Elizabeth J. ed. , *Putting Class in its Place: Worker Identities in East Asia*, Berkeley, California: Institute of East Asian Studies, University of California, Berkeley,1995,p. 3.

是因为它颠覆了已经建立起来的并被广为接受的关于生存权利的社会契约"①。
因此,可以得出如下推论:较高的劳动力商品化程度会侵蚀劳工受到的社会保护,
这容易激起劳工的抗争,因而更容易导致冲突型劳资关系的形成和发展;而较低
的劳动力商品化程度使劳工受到的社会保护得以维持,劳工的抗争被削弱,因而
更有利于协调型劳资关系的形成和发展(参见图1-3-1)。

劳动力商品化程度——→社会保护的程度——→劳工抗争的程度——→协调型/冲突型劳资关系的差异

**图1-3-1  劳动力商品化程度和劳资关系特征的关联**

进一步而言,政府和资方在调节劳动力市场时主张自由市场原则的程度决定
了劳动力商品化程度的变动。前文对劳动力"虚拟商品"性质的讨论表明,完全自
由的劳动力市场并不存在,市场的运行必须"嵌入"在市场以外的制度之中,"只有
在工资、工作条件、标准和能够保护'劳动力'这种所谓商品的人性特质的情况下,
劳动力市场才能发挥其功能"。因此,劳动力市场的运作必然要受到一定的"规
制",这种规制存在于政府劳动政策领域和企业内的生产过程中。因此,劳动力市
场规制的差异形成了不同程度的"去商品化"效应,进而决定了劳动力商品化程度
的差异。

### 三、工会路线与劳资关系

上文的分析表明,劳动力商品化程度的变动会影响对劳工的社会保护的程
度,进而决定劳工抗争的程度,并形成协调型劳资关系和冲突型劳资关系的差异。
这一过程体现了结构层面劳工群体形成对劳资关系变迁的影响。然而,仅仅关注
市场和社会关系的变动无法充分解释劳资关系特征的形成。西尔弗认为,在波兰
尼关于劳动力商品化的分析中,一个不受约束的世界市场最终将被"从上而下地"
推翻,但其却忽略了工人"力量"所起的作用。② 而前文对"工人阶级形成理论"的
分析也表明,在研究劳工群体形成对劳资关系变迁的影响时,还需要考察劳工的
意识和行动所起的作用,即分析能动性层面劳工群体的形成对劳资关系变迁的

---

① (美)贝弗里·J. 西尔弗:《劳工的力量:1870 年以来的工人运动与全球化》,张璐译,北
京:社会科学文献出版社,2012 年版,第 23 页。
② (美)贝弗里·J. 西尔弗:《劳工的力量:1870 年以来的工人运动与全球化》,张璐译,北
京:社会科学文献出版社,2012 年版,第 23 页。

影响。

在分析能动性层面劳工群体的形成和劳资关系变迁之间的关联时,本书将研究"工会路线"的影响。近代以来的工人阶级虽然"以原子化的形式被整合进资本主义生产秩序",但其一直在努力"摆脱分散的状态,组织起来",而工会的产生和发展就是这种努力的表现。① 和劳工群体在劳动力市场和生产过程中形成的"结构性力量"(structural power)相对,工会的发展体现了劳工群体"结社力量"(associational power)的发展。② 因此,工会路线的形成和变动突出反映了劳工群体的认同以及集体行动的特征,其对劳资关系有着重要的影响。

(一)工会路线与劳资关系:既有研究的争论

从历史背景来看,工会的产生和资本主义两方面的变化密切相关。一方面,工人与生产工具的分离使得工人只能到市场上出卖自己的劳动力,劳资之间的分立和对立成为基本格局;另一方面,传统的社会保护机制,尤其是国家对国民的保护性政策或产业干预措施的逐步取消,使自由放任政策得到推广。在这种背景下,工人开始寻求一种结社办法,来对抗工作条件乃至生存条件的不断恶化。③ 因此,工会的产生和发展体现出工人通过寻求团结应对劳动力商品化程度提升的努力。

在工会发展的过程中,工会组织形式和活动取向的差异塑造了工会路线的差异,并对劳资关系产生了影响,其突出反映了能动性层面劳工群体的形成对劳资关系的影响。对于这一影响发生的机制,相关研究展开了争论。

在《集体行动的逻辑》一书中,奥尔森以工会为例,分析了利益集团的规模和其集体行动之间的关联,一些研究受此启发,强调了工会路线中的组织因素对劳资关系的影响。

奥尔森强调了利益集团的组织特点与其利益聚合功能之间的关联。奥尔森指出,涵盖面大的组织(如全国性工会)是"共容利益"(encompassing interest)集团,而涵盖面小的组织(如行业工会)是"狭隘利益"(narrow interest)集团。代表"狭隘利益"的集团的自身利益与社会繁荣的关系不大,因而存在强烈的激励,企

---

① 陈周旺、汪仕凯:《工人政治》,上海:复旦大学出版社,2013 年版,第 112 页。

② Erik Olin Wright, "Working-class power, capitalist-class interests, and class compromise", *American Journal of Sociology*, Vol. 105, No. 4, 2000.

③ 吴建平:《转型时期中国工会研究——以国家治理参与为视角》,北京:光明日报出版社,2012 年版,第 18 页。

图通过损害社会利益来提高自身利益。代表"共容利益"的集团的自身利益与社会繁荣密切相关,因而在争取收入再分配时比较有节制,注意减少对社会利益的危害。①

　　一些研究从奥尔森的理论出发,强调工会的组织特征决定了其利益和行为,进而影响劳资关系的发展。研究指出,组织覆盖率更高且集中化的工会是"共容利益"(encompassing interest)集团,因此其在确保经济的整体表现上是重要的利益攸关者。在全国层面上组织起来的工会会考虑国家宏观经济的稳定和增长对其利益的影响,因而会控制其属下工会的战斗性行为。② 如在一些欧洲国家,集中化的工会组织的发展构成了"阶级合作主义"制度安排的基础,并推动了劳方、资方、政府三方的合作和协调型劳资关系的发展。③ 与此同时,一些研究也发现,分散化的工会(如企业工会)是抑制冲突型劳资关系发展的组织条件,因为这些分散化的工会过于弱小而无法有效地以组织力量对抗资方和政府。而中等规模的工会(如产业工会)则被认为有很强的动机采取激烈的讨价还价行为,而且他们通常追求的是狭隘的利益,因而不利于协调型劳资关系的建立。因此,从工会的组织特征和工会的战斗性之间的关联出发,这些研究描绘了工会的覆盖率和集中程度与劳资关系冲突程度之间关联的倒 U 形曲线。④

　　以上的分析表明,相关研究从工会的组织特征和其对利益认知之间的关联出发,进而理解劳资关系差异的原因。然而,仅关注工会的组织特征无法充分说明工会对自身利益认知及其集体行动的差异。例如,日韩两国的企业工会都是分散的企业工会结构,但是两国工会的战斗性差异较大,有研究认为这和日韩两国企业工会分别强调企业内的"劳资一体"与"零和关系"的差异有关。因此,工会组织特征的类似性不一定会导致工会对利益产生类似的认知,还需要考虑工会活动取向的影响。

---

① (美)奥尔森:《集体行动的逻辑》,陈郁等译,上海:上海人民出版社,1995 年版。

② Lee Yeonho and Chung Sukkyu, "Labor and politics in East Asia: the case of failure of the encompassing labor organization in Korea", *Asian Perspective*, Vol. 32, No. 3, 2008; Lee Yoonkyung, *Militants or Partisans: Labor Unions and Democratic Politics in Korea and Taiwan*, Stanford, CA.: Stanford University Press, 2011.

③ (美)卡赞斯坦:《世界市场中的小国:欧洲的工业政策》,叶静译,长春:吉林出版集团有限责任公司,2008 年版。

④ Lee Yoonkyung, *Militants or Partisans: Labor Unions and Democratic Politics in Korea and Taiwan*, Stanford, CA.: Stanford University Press, 2011, p. 26.

另一些研究以对工会活动取向的分类为基础,将工会路线区分为不同的类型,并探讨其对劳资关系的影响。

其中,一些研究从工会活动的目标入手,强调工会路线可区分为经济工会主义、社会工会主义以及政治工会主义等不同类型。第一类工会路线是经济工会主义(economic unionism)[又称"商业工会主义"(business unionism)],采取这一活动取向的工会主要致力于通过集体谈判来增进会员的经济利益。① 第二类工会路线是社会工会主义(social unionism),坚持这一活动取向的工会不仅关心会员的经济利益,而且关注更广泛的社会、经济和政治问题,多倾向于推进社会民主主义。"社会工会主义的目标更为宽泛,基于一种社会集体主义观点,将工会不仅看作是会员利益的互助组织,更看作是一种社会组织;会员不仅是劳动者,更是公民;在多种多样的社会和政治问题中,促进所有劳动者而不仅是会员的利益,因为社会是一个整体,改善社会和改善工人状况是密切相关的。"②第三种工会路线是政治工会主义(political unionism)。采取这一活动取向的工会基本上对集体谈判不大感兴趣,并主要致力于以政治活动或社会运动来改变国家的社会经济政策。③ 这一类工会路线的发展体现了对"商业工会主义"的不满,代表了"社会工会主义"的激进化。相关研究还强调,伴随着工会路线从经济工会主义到社会工会主义,再到政治工会主义/社会运动工会主义的变动,劳资关系冲突的程度呈现出提升的倾向。

然而,对于区分工会路线的类型而言,仅仅关注工会行动的取向(经济的、政治的还是社会的)尚存在不足,因而无法充分解释劳资关系变迁的成因。例如,迈克尔·曼在研究西方各国工人运动的基础上,强调追求经济目标或是政治目标的差异并不能决定工会路线的差异,关键的是工会"对资本主义的对策"。为此,迈克尔·曼将工会的抗争形式分为竞争型、改良型和革命型三类,其中,"竞争型抗争"不改变整个资本主义制度和资本主义经济的运行规则,只试图在资本主义的框架下保护自己并争取更多的权益;"改良型抗争"旨在改良资本主义制度和资本

---

① 程延园:《劳动关系(第三版)》,北京:中国人民大学出版社,2011 年版,第 102 页。
② 刘军:《北美视角下的工会运动与新社会运动》,《浙江学刊》,2014 年第 6 期,第 131 页。
③ 程延园:《劳动关系(第三版)》,北京:中国人民大学出版社,2011 年版,第 102 页。

主义经济规则;而"革命型抗争"则以彻底打破资本主义制度和资本主义经济为目标。① 同时,迈克尔·曼将工会抗争形式的分类和斗争层面相结合,区分出六种工会路线(参见表1-3-1),从中可见,随着工会抗争形式从"竞争型"到"改良型"再到"革命型"的变化,相应的工会路线更容易导致冲突型劳资关系的出现和发展。

表1-3-1　迈克尔·曼对西方国家工会路线的分类

| 对资本主义的对策 / 斗争层面 | 竞争型 | 改良型 | 革命型 |
|---|---|---|---|
| 经济层面 | 保护主义 | 经济主义 | 工团主义 |
| 政治层面 | 共存主义 | 社会民主主义 | 马克思主义 |

资料来源:赵鼎新:《社会与政治运动讲义》,北京:社会科学文献出版社,2006年版,第143页。

(二)工会路线和劳资关系:理论假设

在既有研究的基础上,本书对工会路线的分类综合考虑工会的组织形式、活动目标以及行动方式等因素。为此,本书从"工会行动的层面和诉求"以及"工会的行动方式"两方面入手,将工会路线分为四类,即"政治斗争主义""政治的交换""经济斗争主义"和"商业工会主义"②(参见表1-3-2),并考察其对劳资关系的影响。

---

① 参见(英)迈克尔·曼:《社会权力的来源》(第二卷),陈海宏等译,上海:上海人民出版社,2007年版;赵鼎新:《社会与政治运动讲义》,北京:社会科学文献出版社,2006年版,第143页。
② 这一分类参考了铃木玲的研究,铃木玲:「戦後日本労働運動の政策志向の分析」,『生活経済政策』127号,2007年8月。

表1－3－2　本书对工会路线的分类

| 项目 | | 工会行动的方式 | |
|---|---|---|---|
| | | 重视运动的方式：工人的动员 | 重视制度的方式：上层的协商 |
| 工会行动的层面和诉求 | 国家和社会的层面／政治诉求 | Ⅰ 政治斗争主义 | Ⅱ 政治的交换 |
| | 企业和产业的层面／经济诉求 | Ⅲ 经济斗争主义 | Ⅳ 商业工会主义 |

　　从成因来看,工会路线的多样性和工会身份的多维性密切相连。在现代资本主义体制下,工会具有三个维度的身份,即市场、阶级和社会。在"市场"的维度,工会的身份是受雇者的协会,其主要关注点是制约"工资—劳动"关系:它们提供劳务并受领工资。在"阶级"的维度,工会的身份是劳工的组织,其体现了集体利益和集体身份的概念,无论工会是否支持阶级分隔和阶级反抗的意识形态,他们都无法回避作为阶级代理机构的角色。在"社会"的维度,工会还是重要的社会整合机构,其需要增进整体的社会福利和社会凝聚。①

　　现代工会的身份不只存在于某一维度上,其通常是三个维度中某两个维度的混合体,而这种混合决定了工会路线的特征。例如,在西欧各国就形成了介于市场与阶级之间的自由集体谈判的工会路线(代表国家是英国),介于市场与社会之间的社会市场的工会路线(代表国家是德国),以及介于阶级与社会之间的历史妥协的工会路线(代表国家是意大利)。② 而工会不同维度身份的结合与国家对工会的压制程度、劳动力市场的状况以及意识形态的发展密切相关。

　　在对工会路线进行分类的基础上,本书强调工会路线和劳资关系特征之间存在关联,并认为这种关联体现出能动层面劳工群体的形成对劳资关系的影响。

　　从四类工会路线的特征及其影响来看,首先,"商业工会主义"追求的是部分工人的经济利益,其"本质上是一种行业意识,而不是阶级意识……反映的是行业或产业工人观点和利益,而不是作为一个整体的工人阶级的观点和利益。它的目

---

① Richard Hyman, *Understanding European Trade Unionism：Between Market, Class and Society*, London：Sage Publications, 2001, pp. 1 – 5.

② 参见 Richard Hyman, *Understanding European Trade Unionism：Between Market, Class and Society*, London：Sage Publications, 2001.

标主要是为有组织的行业或产业工人争取更多的、本地的和现在的利益，即更高的工资，更少的工作时间，更好的工作条件，而无视这个组织外的更多的工人的福利，无视一般地考虑政治和社会问题，除非这些问题有助于该组织自身的经济目的"①，其主要"通过集体谈判的方式，来实现对劳动力市场的管制或调节"。总体而言，"商业工会主义"的工会路线降低了劳资关系中各方冲突的程度。

而"政治的交换"的工会路线最早出现在20世纪30年代的大萧条之后，在一些北欧国家，为了赢得社会改革以及提升工人的物质状况，工会宣布其采取合作的态度，从而担负起"社会责任"。在第二次世界大战后的欧洲大陆国家，这种"政治的交换"的工会路线体现为"社会伙伴关系"的发展。在20世纪50年代到70年代中期资本主义发展的黄金时期，工会频繁地和雇主组织（或直接和间接的和国家）进行协商，工会在协商中同意限制其在工资方面的要求，从而交换到补偿性的妥协（如对政策制定过程的参与）。② 因此，这一工会路线有助于工人战斗性的降低，从而推动了协调型劳资关系的发展。

与"商业工会主义"和"政治的交换"的工会路线相比，"政治斗争主义"和"经济斗争主义"的工会路线更强调以动员工人的方式追求其目标。其中，"经济斗争主义"的工会路线通过罢工等手段提出增加工资，改善工作条件，减少工作时间，保障工作安全等要求，而"政治斗争主义"的工会路线则将经济斗争和更广范围的政治斗争结合在一起，而且其通常强调在现行的政治体制外开展行动。西方早期工业化过程中出现的强调"阶级斗争"的工会路线就是"政治斗争主义"工会路线的代表，其逻辑基础包括三方面："第一，围绕工资工时的斗争将会越来越具有斗争性和怨恨性；第二，集体行动的指针将会团结越来越多的工人；第三，经济防御必然会转型为革命政治。"③而在20世纪六七十年代之后，"社会运动工会主义"在一些发展中国家不断发展，体现了政治斗争主义的工会路线的新发展。"社会运动工会主义"强调工会运动的目标在于改造现有的经济、政治制度，使之符合公正、民主的原则；此外，其强调作为社会运动的组成部分，工会、劳工运动要超越阶

① 刘军：《北美视角下的工会运动与新社会运动》，《浙江学刊》，2014年6期，第131页。
② Richard Hyman, *Understanding European Trade Unionism：Between Market, Class and Society*, London：Sage Publications, 2001, p. 51
③ Richard Hyman, *Understanding European Trade Unionism：Between Market, Class and Society*, London：Sage Publications, 2001, p. 29；吴建平：《在诸多张力之间的工会运动——对理查德·海曼的工会理想型的评述》，《中国劳动关系学院学报》，2015年第1期，第67页。

级的边界,并与其他社会群体和社会运动结成联盟,共同推动社会改革;而就工会内部的活动而言,其强调工会的力量源泉不是传统的选举政治和集体谈判,而是动员基层会员的广泛参与和实施工会内部民主。① 从以上的分析可见,相较于"商业工会主义"以及"政治的交换"的工会路线,"政治斗争主义"和"经济斗争主义"的工会路线更容易导致冲突型劳资关系的出现和发展。

本书从劳工群体形成的视角出发,强调工会路线在能动性层面塑造了劳资关系特征的形成及变迁,并得出如下的推论:"工会行动的层面和诉求"以及"工会的行动方式"的差异区分出四类工会路线,即"政治斗争主义""政治的交换""经济斗争主义"和"商业工会主义";"政治斗争主义"和"经济斗争主义"的工会路线更容易导致冲突型劳资关系的出现和发展,而"政治的交换"以及"商业工会主义"的工会路线则更有利于协调型劳资关系的出现和发展。

### 四、日韩劳资关系变迁路径差异的成因

#### (一)理论假设

在文献回顾和理论分析的基础上,本书强调结构层面和能动性层面劳工群体的形成对劳资关系有着重要的影响——劳动力商品化程度的差异在结构层面塑造了冲突型劳资关系和协调型劳资关系的差异,而不同类型的工会路线则在能动性层面塑造了冲突型劳资关系和协调型劳资关系的差异。

本书将运用以上提出的理论框架,解释日韩劳资关系在大规模冲突后变迁路径差异的形成。具体而言,这种变迁路径的差异体现为"日本劳资关系在战后初期大规模的冲突后向协调的转变"与"韩国劳资关系在民主化过程中大规模的冲突之后持续冲突"之间的差异。为此,本书选取1950—1975年日本劳资关系的变迁和1987—2008年韩国劳资关系的变迁为研究个案,并提出相关的假设。

着眼于结构层面劳工群体的形成对劳资关系的影响,本书提出如下假设。

假设1:在劳资关系领域爆发大规模的冲突后,劳动力商品化程度变动的差异塑造了日本劳资关系(1950—1975年)和韩国劳资关系(1987—2008年)变迁路径的差异。

具体而言,在劳资关系领域爆发大规模冲突后,日本劳动力商品化的程度下

---

① 余晓敏:《经济全球化背景下的劳工运动:现象、问题与理论》,《社会学研究》,2006年第3期,第201页。

降,并维持在较低的水平,从而推动了劳资关系由冲突型向协调型的转变,而韩国劳动力商品化的程度上升,并维持在较高的水平,从而导致了冲突型劳资关系的持续发展。

着眼于能动性层面劳工群体的形成对劳资关系的影响,本书提出如下假设。

假设2:在劳资关系领域爆发大规模的冲突后,工会路线变动的差异塑造了日本劳资关系(1950—1975年)和韩国劳资关系(1987—2008年)变迁路径的差异。

具体而言,在劳资关系爆发大规模冲突之后,日本主导的工会路线由政治斗争主义转变为企业工会主义,从而推动了劳资关系由冲突型向协调型的转变,而韩国主导的工会路线由政治斗争主义转变为战斗型经济主义,从而导致了冲突型劳资关系的持续发展。

(二)变量的定义

结果变量:在定义协调型劳资关系和冲突型劳资关系时,本书关注劳工与政府以及资本之间的关系,如果这种关系呈现为协调,则为协调型劳资关系,如果这种关系呈现为冲突,则为冲突型劳资关系。

就本书研究的个案而言,根据定性和定量的指标,本书将1950—1960年的日本劳资关系的特征概括为冲突型劳资关系的发展;而1960—1975年日本劳资关系的特征为协调型劳资关系的确立;1987—2008年韩国劳资关系的特征为冲突型劳资关系的持续发展(详细的指标参见本章第一节"研究对象的界定")。

原因变量:为了衡量"劳动力商品化"程度的变动,本书主要考察劳动政策和企业生产过程的变动。如果这两个领域中"自由市场"的原则得到强化,劳工受到的社会保护会相应地受到削弱,劳动力商品化的程度随之上升;反之,则劳动力商品化的程度下降。

对"工会路线"类型的判断依据上文提出的工会路线四种类型的分类(参见表1-2-1)。由于一国在同一时期存在着多种工会路线,本书将关注主导的工会路线对劳资关系特征的影响。本书在个案研究中对工会路线类型的描述采用了研究对象国惯用的名称,其名称虽然和理论框架中提出的类型稍有所不同,但呈现出类似的特征。其中日本的"企业工会主义"路线和"商业工会主义"路线的特征类似,而韩国的"战斗型经济主义"路线则和"经济斗争主义"路线的特征类似。

(三)本书的创新和不足之处

本书的创新之处体现为两方面:一方面,通过对劳动力商品化程度变动的研究,本书强调了日韩两国"自由市场"原则的不同发展方向,从而为有关东亚模式中国家与市场关系的争论提供了新的视角;另一方面,通过对工会路线和劳资关系之间关联的研究,本书的研究表明,分散化的工会组织或是工会对经济目标的追求并非协调型劳资关系发展的关键,还需要考虑工会的认同以及其在认同基础上采取行动的方式。

本书的不足之处有两方面:首先,本书关于产业结构变迁对劳资关系的影响的论述较少。本书对劳资关系的研究涉及的主要是和制造业相关的部门,但随着产业结构的变化,服务业等第三产业集中了最多的就业人口,这些产业中的劳资关系特征和制造业存在着一定的差异,本书对此关注的较少。其次,本书对于日本劳资关系的最新变化关注较少。由于本书着重关注日本劳资关系由冲突型向协调型的转变,因而对日本协调型劳资关系巩固之后的变化关注较少。虽然当前的日本劳资关系整体上仍呈现出协调的特征,但由于全球化背景下企业竞争的强化以及 1993 年以来日本政治体制的变动,日本劳资关系的运作机制出现了新变化,但本书对此的关注还不够,这也有待未来进一步研究。

## 第四节 研究意义和章节安排

### 一、研究意义

(一)理论意义

就本书研究的理论意义而言,首先,本书强调透过劳资关系这一议题理解日韩发展模式的差异,从而有助于深化有关东亚发展模式的理论研究。

20 世纪 80 年代以来,东亚经济的高速发展引起了公众和学术界的极大关注,相关研究围绕着国家和市场两者在"东亚奇迹"中所起的作用进行了激烈的争论。20 世纪 90 年代中期之前,关于东亚发展的研究在涉及劳资关系议题时,通常会得到以下的看法:对于东亚以出口导向经济为主的国家和地区而言,廉价的劳动力对确保经济的发展尤为重要,而要实现这一点就需要政府的强力规制和镇压。一方面,政府需要对工人组织自主工会和集体抗议的行为进行镇压;另一方面,政府需要促进对廉价劳工的经济剥削,以确保出口商品的生产。①

进入 20 世纪 90 年代之后,全球化扩展带来的市场竞争压力以及东亚各国和地区长期统治体制的崩溃②推动了东亚发展模式的变革。在这样的背景下,关于东亚劳资关系的研究关注以下两个突出的问题:首先,政体变迁和全球化的同步发生对东亚劳资关系的发展产生了怎样的影响。在当代东亚的政体变迁中,对劳工的政治赋权构成了其中重要的一环,但在很多情况下,对劳工的赋权和市场对效率的要求相互冲突,因此研究关注这种冲突对东亚劳资关系的影响。其次,在全球化扩展的过程中,各国的劳资关系改革究竟是向新自由主义的资本主义模式"收敛"还是呈现出"发散"的特征和多样性。因此,诸多研究关注东亚曾经成功的"非自由主义"的资本主义模式对劳资关系改革的影响。③

从以上的分析可见,由于劳资关系横跨政治和经济领域,并涉及政府、资本和劳工三方的核心利益,因而对劳资关系的研究构成了关于东亚发展模式的理论研究的重要部分。而本书的研究案例不仅分别处在东亚发展模式形成和调整的阶段(1950—1975 年的日本和 1987—2008 年的韩国),而且强调了东亚内部发展经历的多样性,因而对于从理论上理解东亚发展模式具有重要的意义。

其次,本书聚焦于劳工群体形成对劳资关系的影响,分析日韩两国劳资关系变迁路径的差异,从而为理解劳资关系理论研究领域的争论提供了一定的启示。

在不同国家政治发展和工业化的过程中,冲突型劳资关系和协调型劳资关系之间的差异普遍存在。在解释这种差异的过程中,学术界形成了几种不同的路径。"社会经济路径"(socio-economic appraoch)强调不同的经济发展战略会形成不同的社会结构,进而对劳资关系产生影响,其关注的关键变量包括社会分层(贫富差距,社会地位体系)、产业结构(一、二、三产业,进口替代和出口导向)、企业形态(大企业和中小企业、家族企业和现代企业)等方面。④"政治的路径"(political

---

① Perry, Elizabeth J., "Introduction", in Perry, Elizabeth J. ed., *Putting Class in its Place: Worker Identities in East Asia*, Berkeley, California: Institute of East Asian Studies, University of California, Berkeley, 1995, p. 1.

② 如 1987 年中国台湾地区"戒严"体制的结束,1987 年韩国军人政权的终结以及 1993 年日本自民党"一党优位制"的结束。

③ Kong Tat-Yan, "Labour and globalization: locating the Northeast Asian newly industrializing countries", *Review of International Political Economy*, Vol. 13, No. 1, 2006.

④ Lee Yoonkyung, *Militants or Partisans: Labor Unions and Democratic Politics in Korea and Taiwan*, Stanford, CA.: Stanford University Press, 2011, p. 17.

approach)则强调国家在政治上对劳工的不同应对和制度设计会导致劳资关系呈现出不同的特征,其关注的关键变量包括国家结构和政权特性(国家权力的集中程度和压制性)、公民权利安排(普选权的实施和政治参与)、国家的制度设计(联邦制和单一制,以及司法机构的地位)等方面。[①]　而近年来兴起的"工人阶级形成"的路径(working class formation approach)强调在研究劳资关系时需要关注工人的能动性,其"要求摆脱工人阶级研究中的结构—化约主义(structural-reductionist)和决定主义(determinist),而从历史主义(historicist)和建构主义(constructivist)的视角理解工人阶级的形成"[②]。

但是,在东亚劳资关系的研究中,研究采用的多是"社会经济路径"和"政治的路径",对于劳工群体的能动性关注较少。正如裴宜理所言:"对东亚劳工的研究过于强调结构性的要素,研究关注的多是政治控制、生产关系、社区组织等因素,而忽视了工人的精神特质和日常实践。"[③]本书从劳工群体形成的视角出发,并关注劳资关系差异形成的结构原因和能动性原因,从而有助于在个案研究和劳资关系理论研究的争论之间实现连接。考虑到既有的劳资关系理论多是基于西方工业化的历史,关于日韩劳资关系的研究也为我们理解劳资关系理论的争论提供了不同的视角。

(二)现实意义

就本书的现实意义而言,对日韩劳资关系的比较研究有助于更好地理解当下中国劳资关系面临的问题,并能为建设中国特色的协调型劳资关系提供启示。

改革开放以来的市场化改革对中国劳资关系的发展产生了深远的影响。一方面,国有企业的生产和管理方式在市场化的竞争中面临着变革的压力,在这些

①　陈峰:《国家、制度与工人阶级的形成——西方文献及其对中国劳工问题研究的意义》,《社会学研究》,2009 年第 5 期。"政治的路径"的代表研究可参见 Seymour Martin Lipset, "Radicalism or reformism: the sources of working-class politics", *American Political Science Review*, Vol. 77, No. 1, 1983;Collier R. B. and Collier, D. *Shaping the Political Arena: Critical Junctures, the Labor Movement, and Regime Dynamics in Latin America*, Princeton: Princeton University Press, 1991.

②　(韩)具海根:《韩国工人——阶级形成的文化与政治》,梁光严、张静译,北京:社会科学文献出版社,2004 年版,第 10 页。这一路径的代表性研究可见(英)E. P. 汤普森:《英国工人阶级的形成》,钱乘旦译,南京:译林出版社,2013 年版。

③　Perry, Elizabeth J., "Introduction", in Perry, Elizabeth J ed., *Putting Class in its Place: Worker Identities in East Asia*, Berkeley, California: Institute of East Asian Studies, University of California, Berkeley,1995,p. 2.

部门,下岗工人的消解和"社会主义工人的再造"构成了劳资关系发展所急需解决的问题。① 另一方面,在中国成为"世界工厂"的过程中,新型产业工人的规模和影响不断增大,他们提出的利益诉求和发起的集体行动给劳资关系的发展提出了新的课题。在这样的背景下,中国劳资关系中的矛盾和冲突有了一定的发展,例如,"1995 年我国劳动争议案件只有 3 万多件,而在 2006 年则达到 31 万多件,之后更是持续上升,2007 年达到 35 万件,2008 年《劳动合同法》颁布实施后更是激增到 69 万多件"②。中国社会科学院发布的《社会蓝皮书:2015 年中国社会形势分析与预测》则指出,劳动争议仍然是中国社会矛盾冲突数量最多的一个方面,领跑社会矛盾冲突排行榜。特别值得注意的是,1000 人以上的群体性劳动争议事件多发、频发,根据全国总工会的数据,2014 年前三季度这类大规模群体性劳动争议事件发生了 52 起。③ 由此可见,中国劳资关系发展的新动向要求我们理解各方间冲突发生的原因,而本书对日韩冲突型劳资关系的分析可提供比较的视角,并有助于我们吸取教训,避免劳资关系领域冲突的进一步恶化。

此外,本书关于日本协调型劳资关系的研究,也为中国建设协调型劳资关系提供了可资借鉴的经验。进入 21 世纪以来,党和国家对和谐劳动关系的发展日益重视。党的十六届六中全会首次提出了"发展和谐劳动关系"的全新论断,党的十七大报告要求"规范和协调劳动关系"。而党的十八大报告则把和谐稳定的劳动关系作为社会建设的重要内容,作为社会和谐稳定的重要基础,并提出"健全劳动标准体系和劳动关系协调机制,加强劳动保障监察和争议调解仲裁"。由此可见,建设协调型劳资关系是中国未来劳资关系发展的方向,而在实现这一目标的过程中,我们也需要积极学习和研究世界各国协调型劳资关系发展的经验。因而,本书关于日本协调型劳资关系的研究对于构建中国特色的协调型劳资关系具有一定的启示。

---

① 李静君:《中国工人阶级的转型政治》,李洁译,李友梅、孙立平、沈原编:《当代中国社会分层:理论与实证》(转型与发展,第 1 辑),北京:社会科学文献出版社,2006 年版,第 59 页。

② 《〈劳动合同法〉实施两年:劳动争议案数量仍居高不下》,《中国青年报》,2010 年 1 月 19 日,http://www.cyol.net/zqb/content/2010 – 01/19/content_3045611.htm。

③ 《劳动争议居社会矛盾冲突首位专家建议专门立法遏制群体性劳动争议多发势头》,《法制日报》,2015 年 1 月 16 日,http://www.legaldaily.com.cn/index/content/2015 – 01/16/content_5929995.htm?node = 20908。

### 二、章节安排

在以上提出的理论框架的引导下,本书将集中分析劳动力商品化程度、工会路线类型这两个变量的变动趋势,进而研究其对日韩劳资关系变迁的影响,为此,本书的内容安排如下。

第一章界定了日韩两国劳资关系在大规模冲突后变迁路径的差异,并在回顾既有研究的基础上提出理论框架和假设。本章提出了从劳工群体的形成研究劳资关系的新视角,并提出理论框架——"劳动力商品化和工会路线分别在劳工形成的结构层面和能动性层面影响了劳资关系,并共同决定了不同国家协调型劳资关系和冲突型劳资关系的差异"。在这一理论框架的基础上,本书选择日本1950—1975年劳资关系的变迁和韩国1987—2008年劳资关系的变迁为研究对象,并以劳动力商品化和工会路线为原因变量,提出了有关日韩劳资关系变迁路径差异成因的假设。

第二章以日本1950—1975年劳资关系的变迁为个案,聚焦于劳动力商品化程度的变动,分析了日本劳资关系在1960年前后由冲突型向协调型转变的结构成因。本章分1950—1960年、1960—1973年以及1973—1975年(第一次石油危机前后)三个时段,从政府劳动政策和企业生产过程两个方面研究日本劳动力商品化程度的变动,并分析劳动力商品化程度的变动和劳资关系变迁之间的关系。

第三章以日本1950—1975年劳资关系的变迁为个案,聚焦于工会路线的变动,分析了日本劳资关系在1960年前后由冲突型向协调型转变的能动性成因。本章分1950—1955年、1955—1960年,以及1960—1975年三个时段,研究了日本主导的工会路线由政治斗争主义向企业工会主义的转变,并分析了工会路线的变动和劳资关系变迁之间的关系。

第四章以韩国1987—2008年劳资关系的变迁为个案,聚焦于劳动力商品化程度的变动,分析了韩国冲突型劳资关系在1987年民主化之后持续发展的结构成因。本章分1987—1997年和1997—2008年两个时段,从劳动政策和企业生产过程的调整两个方面研究韩国劳动力商品化程度的变动,并分析劳动力商品化程度的变动和劳资关系变迁之间的关系。

第五章以韩国1987—2008年劳资关系的变迁为个案,聚焦于工会路线的变动,分析了韩国冲突型劳资关系在1987年民主化之后持续发展的能动性成因。本章分20世纪80年代末90年代初、20世纪90年代中期,以及1997—2008年三个时段,研究了韩国主导工会路线由政治斗争主义向战斗型经济主义的转变,并分析了工会路线的变动和劳资关系变迁之间的关系。

第六章对个案研究的结果进行总结,得出有关日韩劳资关系变迁路径差异成因的结论。本章还透过劳资关系议题探讨了日韩发展模式中"谋求共识"和"零和博弈"的差异。

# 第二章

## 劳动力商品化与日本劳资关系变迁的结构成因(1950—1975 年)

本章对 1950—1975 年日本劳动力商品化程度变动和劳资关系变迁之间的关联进行研究,进而分析战后日本劳资关系由冲突型向协调型转变的结构成因。本章的研究表明:在 1950 年冲突型劳资关系的高峰之后,1950—1960 年日本较高的劳动力商品化程度导致冲突型劳资关系的持续发展,而 1960—1975 年日本劳动力商品化程度大幅下降,并处于较低的水平,从而推动了协调型劳资关系的形成和发展。

从研究个案的历史背景来看,1945 年日本的战败和盟军的占领统治开启了战后日本"非军事化"和民主改革的大幕。在战后初期的改革中,权力当局和资方内部的改革派都强调改变战前劳资关系制度的必要性。在改革的过程中,日本工人发起了广泛的进攻,劳动法规和企业内部劳资双方的权力结构也发生了重大的变化——"在这个冒进时期,日本工人们赢得了生产控制、罢工胜利和组织的飞跃发展,基本建立起了工人版的日本雇佣制度"①。从改革的内容来看,战后初期的一系列劳动改革体现出各方对自由资本主义条件下的劳资关系进行改造的尝试,从而推动了劳动力商品化程度的下降。

然而,受到冷战局势的影响,美国的对日占领政策从 1948 年开始转变,以打击激进势力确保保守统治和对日本经济复兴的强调构成了这一转变的两大支柱。在劳资关系领域,1948—1950 年,占领当局和日本政府对战后初期制定的劳动法规进行了修改,工会的权利受到了更多限制;占领当局和日本政府还推动了对工厂中的共产党员以及激进的"产别会议"(全日本产业别工会会议)系统下的工会活动家的"红色清洗"。1949 年"道奇计划"实施后,企业采用强化劳动、扣减工

---

① (美)安德鲁·戈登:《日本劳资关系的演变:重工业篇 1853—1955 年》,张锐、刘俊池译,南京:江苏人民出版社,2011 年版,第 330 页。

资、裁减员工、企业倒闭等老一套办法推进"产业合理化"。① 1950年前后占领当局、政府和资方对战后初期劳动改革的一系列修正引发了激烈的冲突。与战后初期不同,1949年和1950年的每次重大斗争都以工会的失败告终,而冲突型劳资关系也构成了1950—1975年日本劳资关系变迁的起点。

以下将采用第一章提出的"劳动力商品化程度影响劳资关系类型"的理论框架,分1950—1960年、1960—1973年、1973—1975年三个时段,从劳动力商品化程度的变动入手,分析日本劳资关系由冲突型向协调型转变的结构成因,进而验证本书提出的假设。

本章的第一节将分析20世纪50年代日本政府劳动政策的调整和资方劳资关系观的变动,进而说明这一时期劳动力商品化程度居高不下的原因,本节还以就业和工资议题为个案,分析较高的劳动力商品化程度导致冲突型劳资关系的机制。第二节分析20世纪60年代日本劳动政策和企业雇佣制度调整过程中劳动力商品化程度的下降,进而说明协调型劳资关系形成和发展的机制。第三节分析1973年石油危机的冲击下日本协调型劳资关系的巩固,以进一步证明本书提出的有关劳资关系变迁的结构成因的假设。

## 第一节　劳动力商品化与冲突型劳资关系
### （1950—1960年）

虽然日本政府和资方通过20世纪40年代末和50年代初的反攻逐渐夺回了劳资关系构建的主导权,但日本50年代的劳资关系在总体上仍然呈现出冲突型劳资关系的特征。从统计数据上看,虽然20世纪50年代日本罢工的强度和规模相比于战后初期有所下降,但是在1952年和1957—1960年仍形成了冲突的高潮(参见第一章中的图1-1-1和图1-1-2)。另外,20世纪50年代爆发了数次大规模且长期的罢工,劳资双方处于激烈的争夺之中,并且都无法如其所期待的那样塑造职场。为此,本节考察20世纪50年代日本劳动力商品化程度的变动,进而研究这一时期日本冲突型劳资关系持续发展的结构成因。

---

① 杨栋梁:《国家权力与经济发展:日本战后产业合理化政策研究》,天津:天津人民出版社,1998年版,第335页。

本书认为,由于20世纪50年代日本国内在保守统治方针和经济发展战略上仍存在着严重的分歧,旨在降低劳动力商品化程度的主张影响有限,劳动力商品化的程度仍然较高。较高的劳动力商品化程度引发了劳资关系各方在就业和工资议题上的激烈冲突,进而推动了冲突型劳资关系的持续发展。

### 一、政治对立与劳动力商品化

#### (一)政治"逆流"和冲突型劳资关系

20世纪50年代是日本探索政治经济发展模式的十年。在政治上,占领统治于1952年结束,执政当局在此前后针对战后民主改革的成果发起了一系列攻击,因而也被称为政治上的"逆流"。在20世纪50年代上半期,保守和革新两大阵营的政治势力逐渐整合,并最终形成了自民党和社会党两大政党对立的"五五年体制"。但从整体上来看,这一时期的日本政治并没有真正实现稳定。围绕着对外政策和国内政治秩序的争论导致20世纪50年代下半期日本国内舆论的分裂和激烈对立,并最终引发了1960年大规模的"安保斗争"。

在20世纪50年代的政治对立和冲突中,劳工群体都是重要的行为者。一方面,在针对战后民主改革的政治"逆流"中,战后初期劳动改革的诸多成果都成为被攻击的对象。另一方面,作为革新政治势力的重要领导力量,劳工群体被卷入到一系列政治斗争中,并导致了经济斗争和政治斗争的汇合。从本书的分析框架来看,这一时期的政治对立和冲突从两个方面推动了劳动力商品化程度的提升,并导致了冲突型劳资关系的发展。一方面,政治上的对立和冲突直接推动政府对工会权利的限制,劳工失去了维护自身利益的有力手段,其在劳动力市场上的境地越发不利,劳动力商品化的程度随之上升,从而引发了劳工与国家以及资本之间的冲突。另一方面,政治上的对立和冲突也间接推动了资方对劳工的强硬立场和政府对劳资争议的强硬介入,这也导致了劳动力商品化程度的提升,并构成了冲突型劳资关系发展的基础。

从具体的历史进程来看,在20世纪50年代上半期日本政府推动"逆流"的过程中,工会的权利继20世纪40年代末后进一步受到限制。在占领统治结束前,吉田内阁对日本的治安情况深感不安,开始研究包括禁止总罢工在内的限制工会活动的法规,这导致工会在1951年11月组织了"劳斗罢工"。虽然政府延期推出法案的表态避免了罢工,但在此之后政府却立即转向加紧制定治安立法,"以防止采取武力革命路线的共产主义者的破坏活动"。1952年3月28日,内阁会议决定向国会提交《防止破坏活动法案》(简称"防破法"),这导致工会在 4—6 月发起三次大规模的反对"防破法"的罢工,参加者共计 270 万人,罢工者 68.5 人,怠工者 65 万人。① 然而,吉田内阁并未因工人的行动而改变立场,反而强化了对工人权利的限制。由于 1952 年 5 月 1 日大众的游行示威中发生了"血染五一"的事件,政府坚定了制定"防破法"和禁止总罢工法制化的决心,并增添了首相有禁止罢工命令权("紧急调整"条款)的《劳资关系调整法》。虽然工人在此后发动罢工反对法案,但"防破法"和《劳资关系调整法》都通过了修改。由于 1952 年电力和煤炭部门的大规模罢工,日本政府更加重视工会行使罢工权对社会秩序造成的冲击。吉田内阁在 1953 年初开始制定《罢工规制法》,旨在对电力和煤矿等关涉国民经济运行部门中工人的罢工权进行更加严格的规制,虽然日本工会表示强烈反对,并发起了三波大规模罢工,但最终法案还是在国会通过。②

自民党在 1955 年,的成立标志着战后日本保守统治的确立,1955—1960 年,鸠山一郎内阁和岸信介内阁采取了教员"勤务评定""警职法改正"等具有保守主义色彩的政策,这也被称为战后第二波政治"逆流"。③ 从结果来看,这一时期的政治变动导致劳动力商品化的程度仍然较高,并推动了冲突型劳资关系的持续和发展。就具体的作用机制而言,一方面,政府在政治上的转向促进了资方内部对劳工持强硬态度的势力再度集结,劳工提出的限制自由市场原则的要求被拒绝,劳动力商品化的程度仍然较高,进而导致了劳资之间冲突的激化。例如,"日经联"在 1957 年岸信介上台之后备受鼓舞,并发表声明,要求企业中的经营者对劳工的罢工行为采取强硬的立场。④ 在 1957 年钢铁部门工会要求加薪的罢工斗争中,由于政府和银行向大型企业提供了大量的罢工应对资金,各大型钢铁企业得以在劳工攻势面前团结起来,强硬拒绝工会的加薪要求。⑤ 另一方面,在政治转向保守的背景下,执政的自民党倾向于将劳资之间的冲突视为对公共安全的威

---

① (日)正村公宏:《战后日本经济政治史》,上海社会科学院世界经济研究所日本经济研究室译,上海:上海人民出版社,1991 年版,第 387 页。

② 神代和欣、连合总合生活开发研究所编集:『戦後 50 年産業・雇用・労働史』,日本労働研究机构,1995 年,第 267 页。

③ 大嶽秀夫:『戦後政治と政治学』,東京大学出版会,1994 年,第 200 页。

④ Carlile L. E. ,*Zaikai and the Politics of Production in Japan*, *1940 - 1962*, Ph. D. Dissertation, University of California, Berkeley, 1989,p. 397.

⑤ Andrew Gordon, *The Wages of Affluence*: *Labor and Management in Postwar Japan*, Cambridge: Harvard University Press, 1998, p. 120.

胁,并强力介入这一时期的劳动争议中,从而导致了冲突型劳资关系的进一步发展。① 这一时期在公共部门中发生多次大规模劳动争议,在争议过程中政府通常要求经营者中止参与罢工的工会的强力行为,并要求对参与罢工的工会成员进行处分,但结果却是工会再度发起罢工,形成了"处分和罢工的恶性循环"。如在1957 年 5 月 8 日,政府发出指示,要求对官营和公营的"三公社五现业"参与"春斗"加薪斗争强力罢工的员工进行处分,仅在"国铁"("日本国有铁道"的简称)就处分了 705 人(解雇 23 人)。"国铁"中的工会对这一处分不满,并再次发动大规模罢工,从而形成了"处分和罢工的恶性循环"。而在民间部门的企业发生劳动争议时,政府则派出大批警察介入大规模的劳资冲突,这经常造成警察和工人之间的激烈冲突,并导致罢工的长期化,如这一时期的"王子制纸争议"(1958 年)和"三池争议"中(1960 年)都出现了类似的冲突。例如,在"王子制纸争议"中,在工厂原有的工会和亲资方的第二工会发生激烈冲突的情况下,札幌地方法院于 1958年 9 月 15 日作出了排除第一工会对复工的阻碍的决议,同日 2000 余名警察进驻工厂,并和 570 余名第二工会的会员一起同第一工会及其支持者(约 2000 余人)展开了武斗,双方重轻伤者共计 60 余人。② 在"三池争议"中,1960 年 3 月第一工会和第二工会发生武斗之后,4 月 1 日,"紧急内阁会议决定投入大量武力"③。此后,"1960 年 7 月 7 日福冈地方法院判决第一工会的罢工纠察线必须拆除,政府派出了 1 万警察去三池地区,动用了在反安保运动激化时改善、强化了的装备,如装甲车、催泪弹等,对纠察线进行强制拆除。面临这一危机,为了强化当地的斗争体制,"总评"、"炭劳"从全国动员了 2 万人来加固纠察线,斗争激化了"④。

(二)自民党"修正资本主义"观的有限影响

20 世纪 50 年代的日本不仅在政治道路的选择上存在激烈的对抗和冲突,在经济发展上也面临着关键性的选择。通过"道奇计划"的实施,日本经济重新与国际市场接轨,而日本经济的存亡将最终由日本产品在国际市场上的竞争力来决定。为了提升竞争力,日本政府不得不利用市场功能。从 1950 年开始,日本政府

---

① 新川敏光:『幻視のなかの社会民主主義』,法律文化社,2007 年,第 116 頁。

② ものがたり戦後労働運動史刊行委員会:『ものがたり戦後労働運動史(5)——1955 年体制の成立から安保・三池の前哨戦へ(1955—1959 年)』,第一書林,1998 年,第 214 頁。

③ (日)升味准之辅:《日本政治史》,董果良、郭洪茂译,北京:商务印书馆,1997 年版,第1039 页。

④ (日)正村公宏:《战后日本经济政治史》,上海社会科学院世界经济研究所日本经济研究室译,上海:上海人民出版社,1991 年版,第 551 – 552 页。

已经改变了策略,从战时和战后初期的替代市场转为组织市场。① 在这一转变的过程中,如何处理劳动政策中国家和市场的关系,也构成了执政集团内部的争论焦点。从现实来看,日本劳动政策的理念在 20 世纪 50 年代前期具有较强的经济自由主义色彩,而从 20 世纪 50 年代中期开始,自民党政权内部的"修正资本主义"主张开始出现。虽然"修正资本主义"的主张有助于劳动力商品化程度的降低,但受这一时期自民党和劳工在政治上敌对关系的影响,"修正资本主义"的主张对日本劳动政策的影响较为有限,因而无法促进日本协调型劳资关系的发展。

　　20 世纪 50 年代前期执政的吉田茂被认为是经济自由主义路线的代表人物。在 20 世纪 50 年代早期的"产业合理化"运动中,日本企业为了降低生产成本而大量解雇工人。到 1953 年时,不仅完全失业者多达 53 万人,而且存在大量的短期就业和恶劣的就业状况的现象,不完全就业者更是多达 696 万人。在这样的背景下,吉田内阁不仅在政治上对工会持敌对的态度,而且采取经济自由主义的立场,强调市场在解决失业问题中的作用。例如,受吉田茂重用的劳动大臣保利茂(1950—1951 年在任)就认为,虽然"完全就业"是人们普遍追求的目标,但他反对将其设定为"政治目标"。保利茂强调,就业的增加是经济复兴的结果,因而政府应该支持民营企业的合理化,促进经济复兴。他还认为,虽然企业合理化过程会导致失业问题,但伴随着经济的发展,这一问题会逐步得到解决。因此,保利茂强烈反对工会反对合理化和企业调整的斗争,并从经济自由主义的立场出发,将反对合理化的工会势力视为实现经济复兴的障碍。而在第 5 次吉田内阁中出任劳动大臣的小坂善太郎(1953—1954 年在任)虽然认为企业解雇工人的行为应受到一定的限制,但他也强调占领统治时期政府对工会的保护过多,而现在应该削减这些保护,因此其在任内一直采取"反工会"的姿态。②

　　1955 年,鸠山一郎内阁的成立推动了日本政府对劳动政策中国家和市场关系的再定义。构成鸠山一郎内阁的主要支持者是反吉田派,虽然其中既有修正资本主义派的人士,也有和战前的国家社会主义传统接近的人士,但总体而言,他们对吉田茂的经济自由主义路线持批判的态度,并支持国家的经济计划和产业政策,

　　①　(美)高柏:《经济意识形态与日本产业政策:1931—1965 年的发展主义》,安佳译,上海:上海人民出版社,2009 年版,第 144 页。
　　②　久米郁男:『日本型劳使关系の成功——戦後和解の政治経済学』,有斐閣,1998 年,第 197頁。

在劳资关系上比吉田派更加关心就业问题。① 自民党劳动政策中的"修正资本主义"色彩突出体现在 1957 年的宪法修正案的草案中。草案中关于劳动政策和劳资关系的部分提出"企业追求的不仅仅是利润,其主要的目标应该是尽可能向大多数国民提供工作岗位,并确保他们能从工作中获得合适的报酬","劳工和资本两者都是生产所不可欠缺的要素,并且都应该受到国家的保护","应该以劳工和资本的相互理解为宗旨,并以此为生产的发展做出贡献"等观点②,由于强调对自由市场的原则加以限制,这些主张对于劳动力商品化程度的降低具有积极的作用。

在这种"修正资本主义"理念的影响下,自民党政权的劳动政策在 20 世纪 50 年代中后期发生了一定的转变。如鸠山内阁时期的劳动大臣仓石忠雄(1955—1956 年在任)在就职演说中就强调,"从大局上看劳资关系是建立在共同的利益基础之上的,政府的责任是促成劳资双方形成处理问题的惯例,并在认识到共同利益的基础上通过对话的方式解决问题"③。在这一认识的引导下,"仓石劳动政策"提出了关于就业政策的新设想。上文指出,经济自由主义者主张经济增长优先于确保就业的观点,与此不同,仓石忠雄明确强调不应放松对劳动标准法执行的规制,并强调应该同时追求经济发展和扩大就业的目标。具体而言,其提出的就业政策包括三方面内容:第一,通过协力"生产率运动"谋求经济的发展;第二,制定就业基本法,政府的经济计划有义务促进就业的最大化;第三,制定新的最低工资法。④ 因此,"仓石劳动政策"虽然强调经济增长的前提是产业合理化推动劳动条件的提升,但其仍然考虑了就业的重要性,并强调政府应该通过相关政策促进成长中的产业积极吸收剩余劳动力。而且,在 20 世纪 50 年代后期,日本政府制定了《职业培训法》,并对失业对策和失业保险制度进行了改革。由此可见,在"修正资本主义"理念的影响下,自民党追求的经济和劳动政策强调对劳工的社会保护的必要性,因而具有降低劳动力商品化程度的效应。

---

① 久米郁男:『日本型労使関係の成功——戦後和解の政治経済学』,有斐閣,1998 年,第 115 頁。

② 久米郁男:『日本型労使関係の成功——戦後和解の政治経済学』,有斐閣,1998 年,第 115 頁。

③ 久米郁男:『日本型労使関係の成功——戦後和解の政治経済学』,有斐閣,1998 年,第 115 頁。

④ 久米郁男:『日本型労使関係の成功——戦後和解の政治経済学』,有斐閣,1998 年,第 198 頁。

　　然而,如前文所述,在整个 20 世纪 50 年代,围绕政治议题的对立导致日本的劳工群体与国家以及资方存在尖锐的冲突和对抗。从对市场与国家、社会关系的认识来看,日本执政的保守精英内部存在着主张“修正资本主义”的势力,并强调国家通过社会政策介入劳动力市场的运行。① 然而,日本的执政集团在政治上普遍对工人强硬,并要求严惩工人的强力罢工行动。从结果来看,政治上的对抗使得“修正资本主义”主张对劳动政策的影响较为有限,劳动力商品化的程度仍然处于较高的水平,从而不利于日本协调型劳资关系的确立,并引发了劳工与政府和资方之间的冲突。

**二、资方的劳资关系观与劳动力商品化**

　　与劳动政策中存在两条路线对立的现象相类似,20 世纪 50 年代日本资方内部在处理劳资关系问题时也存在两条路线的对立。以“日经联”为代表的强硬派继承了 20 世纪 40 年代末 50 年代初对专属资方的“经营权”的强调,追求“自由资本主义”的路线;而温和派则继续追求具有“修正资本主义”色彩的路线,强调企业不应只追求资本的利益,并希望通过“生产率运动”实现劳资协调。然而,在 20 世纪 50 年代政治对立的环境中,资方内部的“修正资本主义”路线对劳资关系发展的影响有限,这导致劳动力商品化程度处在较高的水平,从而推动了冲突型劳资关系的形成和发展。

　　(一)“日经联”的“自由资本主义”观

　　1949 年“道奇计划”的采用使得日本必须通过参与国际贸易来平衡其国际收支。对于日本的企业而言,他们无法再靠政府的补贴维持生存,而需要在国际市场上确立自己的竞争力。因此,“道奇计划”也迫使企业微观层面的经济制度实现合理化。然而,20 世纪 50 年代初日本企业的竞争力仍然很弱。虽然朝鲜战争带来的特需在短时间内为日本经济创造了大量需求,但在这一刺激结束之后,日本经济国际竞争力的不足再度体现出来,国际收支情况由 1952 年的 1 亿美元盈余变为 1953 年 3 亿美元以上的赤字。在这一背景下,通过企业生产和经营的合理化提升日本经济的国际竞争力就显得尤为必要。②

---

① Mari Miura, *Welfare though Work: Conservative Ideas, Partisan Dynamics, and Social Protection in Japan*, Ithaca, London: Cornell University Press, 2012, p. 39.

② (美)高柏:《经济意识形态与日本产业政策:1931—1965 年的发展主义》,安佳译,上海:上海人民出版社,2009 年版,第 164 页。

在实现产业合理化的过程中,日本企业通过大量贷款引入了最先进的设备。为了在偿还大量贷款和利息的同时获得充足的利润,资方必须维持较低的劳务开支和较高的机器运转率,而这也意味着工人工作强度的提升。进一步而言,资方在劳务管理方面需要采取更加严厉的态度。例如,在生产设备变动的过程中,企业需要自如地调整员工的职务和岗位配置,重构职场,并在必要的时候通过大量削减员工数量来提升效率。因此,企业生产的合理化要求资方的强力管理,而资方对工会功能的强化也变得更加警惕。①

在这样的背景下,以"日经联"为代表的资方势力在 20 世纪 50 年代继续强调资方"经营权"的不可侵犯。随着冷战的开启,盟军总部对日本资方的结社行为由限制转为鼓励,并于 1948 年批准建立了"日经联"。1948 年 5 月"日经联"提出的《关于确保经营权的意见书》强调,日本的工会在战后侵占了本属于"经营权"的人事权和经理权,因而"经营者必须果断行使原本为经营者所有的经营权,并尽快确立能够自主的体制,而这也是唯一的自卫之道"②。在此之后,"日经联"发布了《改订劳动协议的根本方针》以及《改正劳动法律法规的相关意见》,明确了"夺回经营权的要求"。此外,"日经联"在建立之初积极介入劳动争议,为企业应对劳工运动出谋划策,从而奠定了"战斗的日经联"的名声。③

"日经联"对工会的强硬态度在 20 世纪 50 年代得到了进一步发展。1953 年4 月"日经联"第六次大会对其建立五年来工作的总结就体现了其强硬的立场。总结中强调,"战败后劳工攻势的过头导致劳资关系的均衡被完全打乱。为了应对这种局面,我们主张确立经营权,并谋求提升经营者本应有的地位。而且我们还通过修改劳动法规和改定劳动合同取得了不错的实效",其还强调"对于那些企图在行业和职场中添乱的破坏分子,我们要坚决排除,并继续为确立经营秩序而努力"。④ 具体而言,"日经联"在 20 世纪 50 年代劳资关系的变动中保持强硬和战斗的姿态。在数次大规模的劳动争议中,"日经联"都强力介入,并且在争议中协调不同企业的生产,避免企业间的相互竞争,从而确保资方在面对劳工时保持

---

① 栗田健:『日本の労働社会』,東京大学出版会,1994 年,第 102 頁。
② 兵藤釗:『労働の戦後史〈上〉』,東京大学出版会,1997 年,第 75 頁。
③ John Crump, *Nikkeiren and Japanese Capitalism*, London, New York: Routledge Curzon, 2003, p. 49.
④ 神代和欣、連合総合生活開発研究所編集:『戦後 50 年産業・雇用・労働史』,日本労働研究機構,1995 年,第 258 頁。

团结。此外,"日经联"还在政府的劳动立法过程中积极游说,以限制工会的行为,并促使资方从劳动法的修改中获得最大的利益。① 总而言之,在这一时期劳资关系的变动中,"日经联""为了强化日本产业的竞争力,通过'反工会'的立法控制工会的活动,并抑制工资的上涨"②。因此,"日经联"在劳资关系领域采取的路线具有较强的"自由资本主义"色彩。

(二)资方内部"修正资本主义"观的有限影响

战后初期资方内部提倡"修正资本主义"的代表是由大企业经理和高级职员发起成立的经济同友会(1946 年 4 月成立)。经济同友会不仅批评旧的财界认识保留了保守的资本主义体制理论,并对工会方面的"生产管理斗争"表示理解,主张通过经营协议会促进劳资间的合作。③ 然而,在 20 世纪 40 年代末激烈的劳资冲突中,经济同友会主张的影响相对有限。进入 50 年代后,"日经联"在产业合理化背景下对工会的强硬态度导致了劳资冲突的强化,并使日本劳资关系陷入困境。在这样的背景下,以经济同友会为代表的资方内部"稳健派"强调日本的科学管理必须区别于以美国为代表的泰勒式管理,并提出了有关日本企业生产和管理的新看法。

1955 年 11 月,经济同友会发表的一份文件指出:"日本企业通常将资本利润的最大化视作自己的生命,强调的是短期利润。多数企业站的不高,看的不远,忘记了肩负对社会福祉做出贡献的使命……企业既不是由资本组成,也不应只对资本利益负责。由于资本和企业都需要持续运行,所以资本和企业都必须满足雇员的福利,必须有益于一般大众。企业是生产的场所……也是就业的场所,企业提供社会福祉。科学的推动生产力不仅是生产力存在的必要条件,也是减轻雇员工作艰辛、改善其生活水平,并为社会提供价廉物美产品的途径。"④由此可见,20 世纪 50 年代经济同友会的劳资关系主张强调,资本和企业的存在不仅是为了追求利润,还担负着一定的社会责任,需要为劳动者提供社会保护,因而这一系列主张具有很强的"修正资本主义"色彩,对劳动力商品化程度的降低也具有积极的推动

① John Crump, *Nikkeiren and Japanese Capitalism*, London, New York: Routledge Curzon, 2003, p. 57.

② John Crump, *Nikkeiren and Japanese Capitalism*, London, New York: Routledge Curzon, 2003, p. 77.

③ 大嶽秀夫:『戦後日本のイデオロギー対立』,三一書房,1996 年,第 21 頁。

④ (美)高柏:《经济意识形态与日本产业政策:1931—1965 年的发展主义》,安佳译,上海:上海人民出版社,2009 年版,第 170 页。

作用。

在"修正资本主义"理念的影响下,经济同友会在20世纪50年代中期积极推动"生产率运动"的发展。经过美国政府和日本工商界领袖的讨论,并得到通产省的支持,生产率本部于1955年2月14日成立,专职实施"生产率运动"。"生产率运动"强调,"过去的合理化运动只是主张生产设备的现代化,从现在开始,要全面推行生产力,包括生产技术、生产资料、劳资关系、管理技术以及分配体系,要实施总体战略来削减成本、改善质量,推动出口并增加收入"[1]。在劳资关系方面,"生产率运动"的主张同"日经联"对"合理化运动"的推动以及对"经营权"的坚持截然不同。"合理化概念与生产率概念之间的差异在于,前者只强调了生产设备,而后者还包括工人在内。因此,生产率运动不只是设计出来提升企业的利益,而且还要通过改革资本主义制度来改善生活水平。"[2]生产率本部副会长中山伊知郎提出的"生产率运动三原则"突出体现了"生产率运动"对解决劳资冲突的手段的设想,其内容包括:"第一,促进生产率的终极目的是为了增加就业,政府与企业必须尽一切努力防止失业。第二,管理层必须按照每一企业自身的条件,就如何促进生产与工人协商。第三,推动生产率所创造的利益,必须在企业和工人之间公平分配。"[3]因此,"生产率运动"追求的目标有助于劳动力商品化程度的降低,如其普遍为劳资双方接受,将会对协调型劳资关系的发展产生较强的促进作用。

然而,在20世纪50年代政治对立的环境下,"生产率运动"的原则不仅受到了工会的质疑(如左翼的工会将其视为对工会的拉拢和分化),也无法在资方内部被普遍接受。例如,"日经联"将工会争取加薪的联合斗争(即"春斗")视为带有政治目的的斗争。在1955年"春斗"第一次发生时,"日经联"就发表声明,指责工会斗争的目的更多的是政治的而不是经济的,并对工会的斗争行为表示失望。[4]而在1956年的"春斗"中,"日经联"继续持强硬的立场,其认为工会的行为是以武力获得加薪的政治斗争,因此号召公营和民营部门的经营者不惜一切代价抵制工

① (美)高柏:《经济意识形态与日本产业政策:1931—1965年的发展主义》,安佳译,上海:上海人民出版社,2009年版,第144页。
② (美)高柏:《经济意识形态与日本产业政策:1931—1965年的发展主义》,安佳译,上海:上海人民出版社,2009年版,第172页。
③ (美)高柏:《经济意识形态与日本产业政策:1931—1965年的发展主义》,安佳译,上海:上海人民出版社,2009年版,第172页。
④ John Crump, *Nikkeiren and Japanese Capitalism*, London, New York: Routledge Curzon, 2003, p. 77.

会的行为,并要求将盈利投入到资本的投资中,以此提升生产率而非用于加薪。[1]"日经联"的这种强硬立场也获得了政府的支持。此外,20 世纪 50 年代下半期工会坚持"职场斗争",要求减轻合理化的影响,并对"经营权"加以限制。对于工会的这些行为,"日经联"也坚决进行反击。"日经联"1957 年大会通过的决议虽然强调日本经济的发展需要提高生产率,但其也呼吁政府采取措施,确保"和民主制相符的政治意识形态而非强调阶级冲突的意识形态占据主导地位"。同时,"日经联"也号召企业的经营者革新既有的人事管理系统,从而向"工人频发的联合斗争以及其他无视法律秩序的政治斗争和争议策略"发起反击。[2] 在 1957—1960 年的几次大型劳动争议中(包括 1957 年的钢铁争议、1958 年的王子造纸争议和 1960 年的三池煤矿争议),"日经联"都强力介入,并形成了地区和国家层面上"全体劳工和全体资本对决"的局面。由此可见,受 20 世纪 50 年代后期日本严重的政治对立的影响,日本劳资双方还没有在"协调型劳资关系发展的制度性途径"上达成一致,"生产率运动"因而未能产生充分的影响,其降低劳动力商品化程度的效应也无法得到充分发挥,冲突性策略成为劳资关系中各方行动的指向。

以上的分析表明,围绕着资本主义发展的模式以及市场和政治、社会的关系,20 世纪 50 年代日本政府和资方内部都存在着两种对立的理念,并在总体上呈现为"经济自由主义"和"修正资本主义"的分歧。政府内的"修正资本主义"理念强调政府以劳动政策介入劳动力市场的运作,并向工人提供就业保护;资方内部的"修正资本主义"理念强调企业发展不仅是为了追求利润,而且要实现生产和分配的均衡。因此,政府和资方内部的"修正资本主义"理念有助于劳动力商品化程度的降低,从而指出了实现劳资协调的可能路径。然而,在 20 世纪 50 年代后期日本工会与政府及资方存在严重政治对立的情况下,无论是在政府还是在资方内部,"修正资本主义"理念的影响都未能得到充分发挥,劳动力商品化的程度仍然较高,从而不利于协调型劳资关系的发展。

在上文研究的基础上,以下将聚焦于就业和工资议题,分析在这两个议题上较高的劳动力商品化程度导致劳工与政府和资方之间冲突的具体机制,进而说明日本 20 世纪 50 年代冲突型劳资关系持续发展的原因。

---

[1] Carlile L. E. ,"*Zaikai and the Politics of Production in Japan, 1940-1962*", Ph. D. Dissertation, University of California, Berkeley, 1989, p. 398.

[2] Carlile L. E. ,"*Zaikai and the Politics of Production in Japan, 1940-1962*", Ph. D. Dissertation, University of California, Berkeley, 1989, p. 398.

### 三、20 世纪 50 年代日本冲突型劳资关系的展开

上文的研究表明,在政治对立的影响下,20 世纪 50 年代日本政府和资方内部"修正资本主义"主张的发展都受到限制,"经济自由主义"理念对劳资关系的发展仍具有很强的影响力,这也导致劳动力商品化程度仍处于较高的水平,并构成了冲突型劳资关系形成和发展的重要原因。具体而言,20 世纪 50 年代日本劳动力商品化程度的提升对劳资关系的影响突出体现在各方围绕就业议题和工资议题的争议中。在争议发生的过程中,各方都提出了自己的解决方案,但由于政治上的冲突和对立,旨在推动劳动力去商品化的方案未能产生充分的影响,这导致了劳工和政府、资方之间的冲突持续发展,从而使 20 世纪 50 年代日本的劳资关系呈现出冲突型的特征。

(一)围绕就业议题的冲突

从 20 世纪 50 年代日本就业领域的变动来看,产业合理化的实施使劳动内容发生了较大变动,人员配置变化也频繁出现。在扩大市场方面存在结构性限制的产业中,由于设备的现代化和大规模化,生产变得更加集中,就业人员也大幅削减,而一些工厂的关闭导致了大量解雇和劝退等现象的出现。此外,由于日本的劳动力市场在 20 世纪 50 年代前半期还处于供过于求的状态,"大多数被解雇和被迫退职的工人,只好在更加恶劣的劳动条件下,被迫限于不稳定的就业状态"①。从统计数据上看,和战后初期相比,虽然 20 世纪 50 年代由就业议题引发的劳动争议的件数和涉及的工人数都有所减少,但仍处在较高的水平(参见图 2 – 1 – 1)。20 世纪 50 年代由就业问题引发的劳动争议的高峰出现在 1954 年和 1958 年,这与产业合理化过程中劳动力商品化程度的提升有着密切的关联。

---

① (日)正村公宏:《战后日本经济政治史》,上海社会科学院世界经济研究所日本经济研究室译,上海:上海人民出版社,1991 年版,第 382 页。

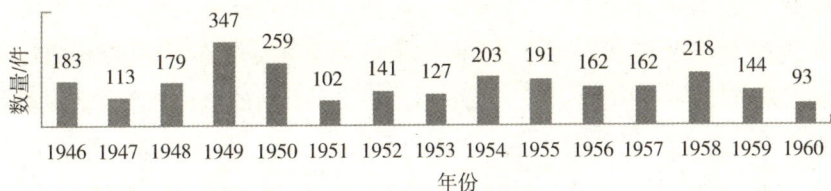

**图 2 - 1 - 1　1946—1960 年日本历年由解雇引起的劳资争议数量**

资料来源:(美)安德鲁·戈登:《日本劳资关系的演变:重工业篇 1853—1955 年》,张锐、刘俊池译,南京:江苏人民出版社,2011 年版,第 393 页。

　　1954 年前后由就业问题引发的劳动争议既和产业合理化的推进有关,也和朝鲜战争特需消退之后日本经济的困境有关。一方面,产业合理化过程中快速的技术引进使得大公司维持现有工人水平,甚至减少了雇员数量,如"1954 年,多数产业内的合理化运动以裁剪员工人数、延长劳动时间、增加每一个工人的生产任务为特征"。更为重要的是,"促进生产率不仅没有改善工人的生活质量,而且导致了大批工人失业,仅(1954 年)3 月份就有 84 万人失业。产业合理化运动创造了大量的失业"①,因而 20 世纪 50 年代上半期的经济复苏并未增加就业机会。另一方面,在朝鲜战争特需消退之后,日本在 1954 年因为国际收支状况恶化而主动对经济进行了一次调整,企业经营在经济紧缩的条件下陷入困境,并使工人的就业面临挑战。这一年的解雇问题引发了大规模劳动争议和罢工,其中 1954 年尼崎制钢的冲突具有代表性。在钢铁企业合理化的过程中,作为中等企业的尼崎制钢进行合理化的时间较晚,其在和已经进行合理化的大型钢铁企业的竞争中处于劣势,并出现了大量赤字。尼崎制钢工会的势力一直较为强大,其在 1954 年向企业经营者提出了加薪的要求。在工会的要求面前,经营者却向工会提出合理化方案,其强调"为了获得重建企业的贷款,工资要下降 15%"。工会对合理化方案不满,并采取了强硬的对抗态度。而资方则更进一步,宣布要裁减 40% 的人员,这导致工会的不满,并发起了大规模的罢工。在这一过程中,企业因为得不到银行的贷款而倒闭。最终,工会在 77 天的罢工后决定中止罢工,并承认解雇全体人员和

---

① (美)高柏:《经济意识形态与日本产业政策:1931—1965 年的发展主义》,安佳译,上海:上海人民出版社,2009 年版,第 175 页。

解散工会的结局。①

　　而在 20 世纪 50 年代末,由就业问题引发的劳动争议和日本产业结构的转型密切相关。从 20 世纪 50 年代中期开始,日本经济出乎意料的增长使产业结构发生了比预料还要快的变化,这导致了一些产业的夕阳化。为了调整国际收支,政府在此时采取了金融紧缩政策,从而给这些夕阳产业带来了很大的打击。1958 年,日本经济经历了"锅底萧条",纤维、海运、煤炭等产业陷入了严重的困境,企业只好裁减人员,并向政府求助。如在纤维产业,新的合成纤维的登场把原来的化学纤维产业逼到了困境,企业不得不缩小生产规模和削减雇佣人员,如 1958 年 1 月,5 家化学纤维公司就解雇了 6503 人。② 而在 20 世纪 50 年代末日本劳资关系发展的过程中,煤炭产业中由就业调整引发的劳动争议对劳资关系构成的冲击最为强烈。

　　日本煤炭产业的合理化和对煤炭工人的大量解雇从 20 世纪 50 年代上半期就已经开始。三井矿山工会在 1953 年就曾发起 113 天的罢工,反对资方的解雇命令。这次罢工获得了胜利,公司最终明确表态撤销解雇。然而,到了 20 世纪 50 年代末期,随着经济的高速增长和"油主炭从"时代的到来,煤炭业成为无可挽救的夕阳产业。1959 年,日本政府决定在煤炭业彻底推行合理化政策,实行关停并转,并计划在全行业裁减矿工 10 余万人。在三井矿业公司的三池煤矿,资方单方面决定裁员 2000 人,这遭到了工人的坚决抵制。此后,资方以"妨碍生产"为名解雇所有工会活动积极分子,并于 1960 年年初封闭煤矿,三池煤矿工会进而宣布无限期罢工。在罢工的过程中,三池煤矿工会和试图恢复生产的第二工会发生了激烈冲突。工会和资方的对峙以及工会内部的冲突愈演愈烈,政府不得不派出数万名警察,并与工人形成了对峙。最终,直到池田勇人内阁成立后,经过劳动大臣亲自居间斡旋,三池工会和资方在 1960 年 11 月才就工人的安置达成协议。③ 由产业合理化而引发的三池争议持续一年多,从而成为战后日本历史上规模最大的劳动争议。

　　以上的分析凸显了 20 世纪 50 年代日本的产业合理化对工人就业保障的冲击,在解决争议的过程中,资方推动的产业合理化强调提升市场竞争力,从而使工人保障就业的诉求无法得到满足,劳动力商品化的程度仍处于较高的水平,冲突

---

①　栗田健:『日本の労働社会』,東京大学出版会,1994 年,第 119 - 122 頁。

②　(日)正村公宏:《战后日本经济政治史》,上海社会科学院世界经济研究所日本经济研究室译,上海:上海人民出版社,1991 年版,第 524 页。

③　(日)升味准之辅:《日本政治史》,董果良、郭洪茂译,北京:商务印书馆,1997 年版,第 1038 - 1040 页。

型劳资关系的困境难以解决。

(二)围绕工资议题的冲突

20 世纪 50 年代产业合理化的推进也导致围绕工资的劳动争议频繁发生(参见图 2 - 1 - 2)。由于这类争议牵涉到大量工人的切身利益,从而呈现出大规模的特征。从冲突的原因来看,关键的对立在于"工会按照工人的实际生活开支,提出了支付保障基本生活的工资。而经营者则主张按对生产所做的贡献大小支付工资",进而形成了"所谓保障基本生活原则和市场经济原则之间的冲突"①。因此,这一时期日本工会促进工资结构调整的努力具有推动劳动力商品化程度降低的效应,而这和资方以工资结构合理化促进产业合理化的诉求之间存在着深刻的矛盾。

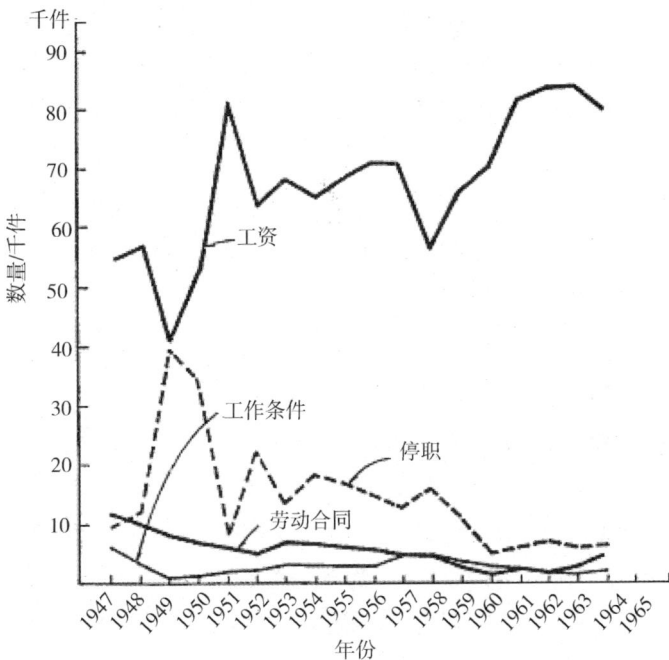

图 2 - 1 - 2　1947—1965 年日本劳动争议成因的分类

资料来源:Okochi, Kazuo, Bernard Karsh and Solomon B. Levine, eds., *Workers and Employers in Japan: The Japanese Employment Relations System*, Tokyo: University of Tokyo Press, 1973, p. 316.

———————————

①　(日)正村公宏:《战后日本经济政治史》,上海社会科学院世界经济研究所日本经济研究室译,上海:上海人民出版社,1991 年版,第 384 页。

在战后初期的劳资冲突中,电力部门的日本电气产业工会经过两个多月的罢工,与经营者方面在1946年12月22日签订了结束罢工的协议,最终达成的协议规定了电气行业的民主化以及保障生活的最低工资制等内容。日本电气产业工会通过斗争达成的工资体系迅速普及开,并被称为"电产型工资体系"。对于战后日本劳资关系的发展而言,"电产型工资体系"的重要意义体现在两方面:一方面,以往由经营者方面随意规定的工资,经过交涉得到了明确的标准化、体系化;另一方面,在工资的构成中,与能力工资、职务工资等"按照工作"决定的部分相比,其更重视年龄工资、家属津贴等保障生活需求的部分。生活需求保障工资使得缺乏特别技能、工作经验年数少的工人也能获得维持最低生活所需的工资。通过在加薪中考虑年龄、年资和家庭规模等因素,这一工资体系保障了处在不同人生阶段的工人的生活需求工资。日本工会将"电产型工资体系"称为"社会主义工资",因为其按需变化,依照的是"工人的逻辑而非资本家的逻辑"①,这也突出体现了战后初期日本工会通过工资结构调整改造资本主义体制的努力,其对于劳动力商品化程度的降低具有重要的意义。

在20世纪40年代末和50年代初政府和资方向工会发起的反攻中,战后确立的工资体系成为被攻击的目标。1949年4月,"日经联"发布意见书,号召摒弃生活工资概念,而其目标是将工资与公司效益和产能收益而非生活水平挂钩。到20世纪50年代初,普通日本工人的生活水平还相当低,甚至还未恢复到战前的水平,这也推动工会继续要求大幅加薪。在这一过程中,工人要求大额的基础加薪加上定期加薪;而资方更倾向于定期加薪——"基础加薪"要求的是增加一个公司的工资总量,其能够提高起薪水平,并且提高了整个工资构成;而定期加薪只意味着每个工人按约定比例增加,整个工资结构维持不变,其幅度通常较小。因此"基础加薪"的弦外之音是"生计",而定期加薪则不是。②

20世纪50年代日本劳资双方在工资结构上的分歧突出体现在"总评"和"日经联"提出的两份工资纲领中。1952年2月召开的"总评"第三次大会提出了《工资纲领草案》,其强调"战后工会的最大使命就是解决工资,实现与人的尊严相符合的工资",而且"要彻底根绝低工资制度,必须依靠统一战线的力量,与顽固维持

---

① （美）安德鲁·戈登:《日本劳资关系的演变:重工业篇1853—1955年》,张锐、刘俊池译,南京:江苏人民出版社,2011年版,第362页。

② （美）安德鲁·戈登:《日本劳资关系的演变:重工业篇1853—1955年》,张锐、刘俊池译,南京:江苏人民出版社,2011年版,第372页。

这一制度的各种政治势力做不懈的斗争"。就当下斗争的目标而言,其提出了五方面的要求:

①能维持"健康和文化生活"的工资水平＝最低收入额为 7 万日元;②立即恢复战前的工资水平＝实际收入额平均为 2.5 万日元;③以日用实物方式来计算实际工资;④以保障最低生活为基础的合理的工资比率——打破职务上的等级制;⑤全部实行八小时工作制。①

因此,"总评"的工资纲领不仅要求大幅加薪,还要求工资结构的改革(体现为上述第三点)。具体而言,其拒绝将消费者价格指数(CPI)作为计算工资要求的指标,而是提出一个自己计算的最低生活费,以更为准确地反映工人的消费模式和需求,因而这种新式算法产生的工资被称为"购物篮公式"。② "购物篮公式"的提出表明,"总评"期望工资不只是考虑工人的表现和企业支付能力,而是应该将工人的生活需求全面地纳入,因此这种关于工资结构的设想对劳动力商品化程度的降低具有重要的意义。

在"总评"提出工资纲领后,"日经联"发表抵制"购物篮公式"的言论。1953年,资方提出《基本工资意见》游说议员,强调工资必须反映企业经营状况和工人效率。1954 年 2 月,"日经联"更是明确提出了"工资三原则",其内容包括:

①工资的制定必须反映一个公司的支付能力;②工资的制定必须与国家经济需求一致;③工资的制定必须支持强大的私有企业制度的发展。③

从"日经联"的"工资三原则"可见,"对于志在实现产业合理化的资方而言,按照市场经济的原则,确立经营管理中的领导权和决定权,维持合理的工资水平和工资体系,是实现企业增长,在竞争中立于不败之地的必不可少的前提"④。资方的这一考虑和日本工会以工资结构改革推动劳动力商品化程度下降的期望存在着较大的张力,从而引发了 20 世纪 50 年代初期围绕工资议题的劳资冲突。

在 20 世纪 50 年代初围绕工资议题而发生的劳资冲突中,电力部门的冲突具

① (日)正村公宏:《战后日本经济政治史》,上海社会科学院世界经济研究所日本经济研究室译,上海:上海人民出版社,1991 年版,第 389–390 页。
② (美)安德鲁·戈登:《日本劳资关系的演变:重工业篇 1853—1955 年》,张锐、刘俊池译,南京:江苏人民出版社,2011 年版,第 373 页。
③ (美)安德鲁·戈登:《日本劳资关系的演变:重工业篇 1853—1955 年》,张锐、刘俊池译,南京:江苏人民出版社,2011 年版,第 373 页。
④ (日)正村公宏:《战后日本经济政治史》,上海社会科学院世界经济研究所日本经济研究室译,上海:上海人民出版社,1991 年版,第 384 页。

有较大的代表性。如前文所言,在战后初期,日本电气产业工会曾提出了以工人生活需求为基础的"电产型工资",并且一直是日本劳动运动中一支重要的力量。在1952年春和资方的交涉中,日本电气产业提出修订基本工资,其要求将生活保障工资(本人工资、家族工资)和技术工资(能力工资、连续工资)相加为基本工资,并提出了大幅加薪的要求(增加的比例为56%,金额为7205日元)。经营方虽同意增加950日元工资(增加比例为7.4%),但要求以改变职务等级制,实现工资体系合理化为前提,同时劳动时间必须从每周38.5小时增加到42小时。日本电气产业工会彻底拒绝了经营者的提案,而中央劳资纠纷调解委员会的调停案也被劳资双方拒绝。最终,日本电气产业工会从9月16日开始罢工,并在此后的3个月内共举行了16次切断电源罢工和停电罢工(总计为470小时)。① 这一次大罢工对经济社会的运转产生了很大的冲击,政府也劝告劳资双方重新交涉。最终,由于不同电力公司工会之间的分裂,日本电气产业工会提出的统一交涉、统一工资的主张失败,并不得不同意中央劳资纠纷调解委员会提出的斡旋案。长达90天的大罢工以日本电气产业工会的失败而告终,而电力行业工人不得不接受修正后的"电产工资"结构,在工资中增加了公司评价系数的分量。

从整体上看,20世纪50年代初的工资纠纷结果是资方获胜,资方逻辑、反映支付能力的工资战胜了劳方逻辑和根据需求的工资。在这样的情况下,在从1955年开始的行业统一加薪斗争("春斗")中,"总评"支持一种新的加薪策略。"总评"要求在加薪时保证一个额度或者比例的最低值(称为"统一加薪"),然后增加一项根据主观评价得出的附加份额(称为"α加薪"),但不要偏离事先决定的平均值,工会将这一加薪方式称为"统一加薪+α"公式。通过设定"统一加薪"的额度,"总评"希望防止不同职阶的收入分配导致的工资差距扩大。② 如果这种加薪方式顺利实施,工人在面对市场竞争时将获得一定的保护,这将推动劳动力商品化的程度的显著下降和协调型劳资关系的确立。然而,由于煤炭、铁路运输部门的工会在20世纪50年代末的"春斗"中发挥主导作用,政府和资方积极对抗工会加薪和政治斗争结合的倾向。因此,20世纪50年代末的历年"春斗"中爆发了大规模的劳动争议,"总评"通过"统一加薪+α"方式统一加薪要求的目标也未得到

---

① (日)正村公宏:《战后日本经济政治史》,上海社会科学院世界经济研究所日本经济研究室译,上海:上海人民出版社,1991年版,第394页。

② 神代和欣、连合総合生活开発研究所编集:『戦後50年産業・雇用・労働史』,日本労働研究機構,1995年,第282页。

充分实现。

以上分析了 20 世纪 50 年代日本劳资关系变动过程中各方围绕工资议题的冲突。从分析中可见,工会在工资结构改革中提出了确保生活需求以及缩小工资差距的要求,其对于降低劳动力商品化的程度具有重要的意义。然而,工会提出的方案遭到了政府和资方的否定,劳动力商品化的程度仍然较高,进而构成了这一时期冲突型劳资关系持续发展的原因。

## 第二节　劳动力商品化与协调型劳资关系
### （1960—1973 年）

第一节从劳动力商品化程度的变动入手,分析了 20 世纪 50 年代日本冲突型劳资关系持续发展的结构动因。从分析中可见,虽然 20 世纪 50 年代日本政府和资方内部都存在着"修正资本主义"的主张,并提出了降低劳动力商品化程度的方案,但政治的对立使得这一主张的影响较为有限,劳动力商品化的程度仍然较高。从结果来看,较高的劳动力商品化程度导致劳资关系中各方在就业和工资等议题上展开激烈的对抗和冲突,从而构成了这一时期日本冲突型劳资关系的结构成因。

在战后初期和 20 世纪 50 年代冲突型劳资关系的发展过程中,政府和资方逐渐确立了相对于劳工群体的主导权,但是大规模的劳资冲突给日本的政治经济造成了严重的冲击,这也迫使政府和资方反思处理劳资关系的方式。进入 20 世纪 60 年代之后,在政府和资方进行反思的同时,自民党社会基础的动摇和劳动力市场的紧张推动了劳动政策与企业雇佣制度的调整。劳动政策的调整使 20 世纪 50 年代执政集团内部产生的"修正资本主义"主张得以充分发挥影响,而企业雇佣制度的调整推动企业内部"技能形成""就业保障"和"工资保障"三者之间形成良性循环。这两方面的调整共同推动了劳动力商品化的程度下降到较低的水平,从而构成了日本协调型劳资关系形成和发展的结构原因。

### 一、劳动政策调整与劳动力商品化

(一)劳动政策调整的背景

在 1960 年"安保斗争"终结之后,池田勇人内阁成立。与吉田茂和岸信介执政时期相比,池田内阁处理劳资关系的目标和手段都有独特之处。从政治上看,虽然池田勇人重视日美同盟,对左翼运动持强硬态度,但"池田并没有向岸那样在意识形态方面倾向于右翼",他提出"将用宽容与忍耐精神进行对话,实行议会主义"。因此,池田勇人在意识形态方面采取了谦让姿态,努力稳定民心,慎重避免造成左右对立的发言,而是以经济增长政策来获得国民的支持,谋求自民党政权的稳定。① 池田勇人在政治上的这种"低姿态"也促成了20世纪60年代自民党劳动政策对政治上吸纳劳工的强调。

如前文所述,20世纪50年代日本的执政集团倾向于将劳资纠纷视为公共安全问题,但是劳资冲突造成的巨大经济损失及其对政治稳定的冲击迫使日本政府认识到这种对抗战略的高成本。进入20世纪60年代之后,自民党不仅认识到劳资合作在促进生产率方面的重要性,并开始将这个问题视为社会政策的重要一环。在池田内阁长期出任劳动大臣的石田博英在1963年发表了《保守党的视野》一文,其中强调"保守派的当务之急是通过采纳劳工宪章而将政策转移到保护雇员利益上来",同时自民党"在涉及劳资关系的问题上,采取中立立场,应该通过调节对立利益来集中体现国家的利益"。② 石田博英的表态体现出了自民党劳动政策在1960年之后的转变。在应对劳动争议时,自民党的态度和20世纪50年代相比也变得更加温和。如在1964年"春斗"中,为了实现公营部门的大幅加薪,"总评"计划以"公劳协"("公共企业体等工会协议会"的简称)为中心动员380万人参加大规模罢工。为了避免大罢工给社会造成冲击,政府方面和工会进行了对话。池田首相和"总评"议长太田熏在4月16日进行了会谈,并确定今后决定公共部门的加薪幅度时将参照民间部门加薪的情况,最终大罢工中止,公营部门"加薪斗争和人员处分之间的恶性循环"也被打破。③

自民党劳动政策的调整不仅由于其吸取了20世纪50年代日本冲突型劳资关系的教训,也建立在其对自身社会基础变动的分析之上。在建党之初,自民党的社会基础主要是农民和中小工商业者。20世纪50年代后期开始的高速经济增

---

① (日)正村公宏:《战后日本经济政治史》,上海社会科学院世界经济研究所日本经济研究室译,上海:上海人民出版社,1991年版,第549页。

② (美)高柏:《经济意识形态与日本产业政策:1931—1965年的发展主义》,安佳译,上海:上海人民出版社,2009年版,第206页。

③ (日)升味准之辅,《日本政治史》,董果良、郭洪茂译,北京:商务印书馆,1997年版,第1145页。

长推动了工业化和城市化的发展,从而对自民党的社会基础造成了冲击。1963年石田博英在《保守党的视野》一文中就对自民党的未来表示出了悲观的态度。在石田博英看来,城市化的发展将导致自民党得票率的下降和社会党得票率的上升,他预测社会党的得票率在1968年就会超过自民党。从现实的发展来看,虽然社会党取代自民党成为执政党并未成为现实,但自民党的总体支持率和其在工人中的支持率在20世纪60年代呈现出不断下降的趋势,这也强化了自民党在政治上吸纳劳工群体的政策。如在1969年自民党第22次大会的报告中,时任自民党干事长的田中角荣就强调,"众所周知,现在城市地区的多党化现象在不断发展,而本党的得票率也处在停滞的状态",因此其呼吁,为了推动自民党的前进,就必须认识到"工会成员并不是和我们对立的力量,而是重要的伙伴"。①

(二)劳动政策调整与劳动力商品化程度下降

对于1960年之后日本劳资关系的发展而言,自民党劳动政策在政治目标上的转向产生了双重的影响:一方面,其为协调型劳资关系的发展创造了有利的政治环境;另一方面,这种转向也使得20世纪50年代执政集团内部产生的"修正资本主义"主张得以充分发挥影响,并产生了较强的劳动力去商品化效应。而较低的劳动力商品化程度在结构层面推动了日本协调型劳资关系的发展。

1960年"安保斗争"的终结和池田内阁的上台标志着战后日本从"政治季节"向"经济季节"的转变,保守政权的注意力从"政治主义"转向了"经济主义"。虽然这种转变在对外政策的层面可被视为吉田茂"经济主义"的复活,但对劳资关系的发展而言,这种转变并不意味着转向吉田茂时期的"自由资本主义",而是为"修正资本主义"主张发挥影响提供了有利的政治环境。

在1960年后自民党政策重点转向"经济主义"的过程中,"国民收入倍增计划"的推行构成了重要的一环,其不仅对日本经济的整体运转产生了积极的效应,也对劳资关系的发展产生了积极的影响。首先,"收入倍增计划"的提出推动劳动政策的焦点转移到经济方面,如石田博英就指出,"相较于罢工和劳动运动,劳动政策的焦点应该更多地放在工资和就业方面"。其次,"收入倍增计划"的提出改变了日本国民对于政治和经济的认知。"收入倍增计划"的重要来源之一是池田勇人在就任首相之前提出的"月薪倍增论",其突出的特点在于强调分配应和生产

---

① 久米郁男:『日本型劳使関係の成功——戦後和解の政治経済学』,有斐閣,1998年,第151页。

的增长同步发展。因此,"收入倍增计划"所承诺的"平等主义的增长模式"在工人中间形成了对经济增长前景的信赖感,其不仅推动了企业层面的劳资和解,也强化了工人集团对于执政者的支持。① 此后,自民党于1966年提出了著名的《劳动宪章》,其继续发展了"收入倍增计划"的思想,并体现出较强的"修正资本主义"色彩。《劳动宪章》强调,"人生的意义在于通过劳动获得尊严和喜悦",因此,国家的基本责任在于"保障所有的国民能够从事和其能力及愿望相符的职业,并提供机会,使其能力得以充分发挥",而劳动政策的目标应该是"实现完全就业、提升劳动条件、完善社会保障"。《劳动宪章》认为,这些劳动政策目标的实现"可以提升大众的购买力,并带来没有恐慌的稳定经济增长"。由此可见,自民党的《劳动宪章》强调对劳工经济需求的满足和国民经济增长之间不存在根本性的矛盾,从而突出了"亲劳工路线的正当性"(这在当时也引起了自民党内一部分人的不满)。②

"修正资本主义"政策理念的影响突出体现在产业政策的发展中。从20世纪50年代中后期开始,日本的产业政策强调重新界定比较优势,在"修正资本主义"理念的影响下,这一指向在20世纪60年代得到了进一步的发展,并推动了劳动力商品化程度的下降。

虽然1960年池田内阁的建立标志着日本的发展主义向"贸易型"的转变,但有关日本产业政策的新构想从20世纪50年代中后期开始逐渐形成。上文在分析20世纪50年代上半期吉田内阁的劳动政策时曾指出,当时"政府的产业政策仍然将廉价劳动力视为日本的比较优势,主张通过解雇工人和削减工人来降低生产成本"。这种产业政策的推行不仅引发了劳资之间在就业议题上的冲突,而且无助于日本产品质量的提升,妨碍了日本企业与国外竞争对手展开竞争。但从20世纪50年代中后期开始,日本开始重新审视出口产品的比较优势,并为产业政策设定了两个目标:实现国际经济收支平衡和实现充分就业。1956年日本政府发布的经济白皮书,标志着日本产业政策导向的重大转变。白皮书强调,为了促进出

---

① (日)正村公宏:《战后日本经济政治史》,上海社会科学院世界经济研究所日本经济研究室译,上海:上海人民出版社,1991年版,第550页。

② 久米郁男:『日本型労使関係の成功——戦後和解の政治経済学』,有斐閣,1998年,第149页。

口,日本必须发展建立在生产技术基础上的比较优势,其关键则在于依靠技术创新。① 进入 20 世纪 60 年代之后,伴随着贸易自由化的发展,日本的产业政策强调对资本密集型产业重点支持,希望以此升级日本经济产业结构,并在一些选定的战略性产业中建立自己的竞争优势。从结果来看,"凭借积极的设备投资,日本经济的比较优势结构迅速转化为以高附加价值生产领域为核心的结构形式"②。

在从 20 世纪 50 年代中期开始的产业政策转变过程中,日本政府意识到,"与属于一国自然禀赋的廉价劳动力和自然资源的比较优势不同,生产技术的比较优势只有通过有目的的努力才能达到。而为了获得这种优势,日本政府不仅应该为私营企业提供可以用于生产设备投资和技术改造的政府贷款,而且必须支持或发起企业层面上的制度改革,以使日本的管理环境更有利于创新的实现"③。由此可见,日本产业政策对比较优势的重新定义构成了企业改善内部劳资关系的重要动力,因为"在技术创新范式的启发下,日本人用一种全新的战略计划观代替了短期效应。这种观点强调的是企业能否在长期内赢得生产技术的竞争,以及企业能获得多少市场份额,而不是强调企业在一年之内能获取多少利润"④。从结果来看,"创新的需要迫使双方(企业经营者和工会)放弃了相互对抗的策略",并通过发展长期的协作关系促成技术的创新,而这也是促成企业内部劳资双方在"终身雇佣"等议题上达成妥协的重要原因之一。由此可见,日本产业政策对比较优势的重新界定重塑了企业内部对于利润来源的界定——强调劳资双方长期合作的理念逐步取代了"用企业短期利润来衡量效益"的主张,自由市场的原则相应地被削弱,并产生了较强的劳动力去商品化效应,从而构成了协调型劳资关系确立和发展的结构原因。

因此,在 20 世纪 60 年代政治形势和社会结构变动的影响下,自民党政权的劳动政策发生了重大的转向,政府内部的"修正资本主义"主张得以充分发挥影响。而且,在"修正资本主义"主张的影响下,日本产业政策对比较优势的重新界

① (美)高柏:《经济意识形态与日本产业政策:1931—1965 年的发展主义》,安佳译,上海:上海人民出版社,2009 年版,第 206 页。

② 桥本寿朗、长谷川信、宫岛英昭:《现代日本经济》,戴晓芙译,上海:上海财经大学出版社,2001 年版,第 60 页。

③ (美)高柏:《经济意识形态与日本产业政策:1931—1965 年的发展主义》,安佳译,上海:上海人民出版社,2009 年版,第 166 页。

④ (美)高柏:《经济意识形态与日本产业政策:1931—1965 年的发展主义》,安佳译,上海:上海人民出版社,2009 年版,第 167 页。

定推动了劳动力商品化程度的下降,从而推动了协调型劳资关系的确立和发展。

以上的研究表明,1960 年之后日本政府对劳工的政治吸纳和产业政策对比较优势的再定义产生了较强的劳动力去商品化效应。但也应看到,日本劳动力商品化程度的下降主要不是由社会福利供给中的"大政府"推动的。与欧洲社会民主主义国家以政府提供福利,从而推动劳动力去商品化的模式不同,日本政府的社会福利支出较低,并呈现出"小政府"的特点。① 相反,日本政府做了很大的努力,鼓励私有企业建立解决收入分配与工作稳定的计划,从而将社会福利的功能私有化。② 因而,虽然上文着重从劳动政策和产业政策变动的效应等方面分析了高速增长时期日本劳动力商品化程度降低的原因,但"在日本经济高速增长期的社会福利模式中,直接影响工人经济利益的不是公共部门或政府办的社会福利计划,而是终身雇佣、年功序列型工资和以企业为单位的工会等私有部门的制度"③。因此,要充分理解劳动力商品化程度的下降和协调型劳资关系发展之间的关联,就必须深入日本企业内部,理解企业内雇佣制度的调整在劳动力商品化程度下降过程中起到的作用。

## 二、企业雇佣制度调整与劳动力商品化

1960 年之后日本政府对劳工的政治吸纳和产业政策对比较优势的再定义,为劳动力商品化程度的下降创造了有利的条件,但和欧洲通过福利国家构建推动劳动力去商品化的经验不同,日本主要是通过企业内福利的提供推动劳动力去商品化的发展。上一节的研究表明,日本产业政策对比较优势的重新界定重塑了企业内部对利润的看法,强调长期合作的理念逐步取代了"用企业短期利润来衡量效益"的主张,从而构成了企业层面劳动力去商品化发展的重要推动力。以下将着眼于日本企业雇佣制度在 1960 年之后的调整,分析日本较低的劳动力商品化程度得以实现的微观机制,进而理解日本协调型劳资关系确立和发展的结构成因。

---

① 桥本寿朗、长谷川信、宫岛英昭:《现代日本经济》,戴晓芙译,上海:上海财经大学出版社,2001 年版,第 55 页。
② 新川敏光:『幻視のなかの社会民主主義』,法律文化社,2007 年,第 113 页。
③ (美)高柏:《日本经济的悖论:繁荣与停滞的制度性根源》,刘耳译,北京:商务印书馆,2004 年版,第 153 页。

(一)企业雇佣制度的调整

上文关于 20 世纪 50 年代日本劳资关系的研究表明,虽然资方内部支持"修正资本主义"理念的势力强调企业生产的合理化需要考虑劳工的利益,但政治上的对抗导致这一主张并未产生充分的影响,劳资双方在就业和工资等议题上存在激烈的冲突。然而,劳资之间冲突强度的提升也迫使企业吸取教训,并进行相应的调整。"从第二次世界大战结束起到 60 年代初,围绕着人员裁减问题出现了数次大纠纷。结果,那些与大纠纷有关系的企业不仅受到直接经济损失而且不得不承受社会形象受损造成的巨大成本负担,所以不得不为回避损失而拼命努力。"[①]1963 年"日经联"大会通过的决议就体现了日本资方对劳资冲突的反思,其强调,"在战后过去的 18 年中,劳资双方共同经历了阶级冲突、政治斗争,以及对工会的偏见给劳资关系问题和社会秩序带来的混乱……为了履行促进稳定和提高社会福利的使命,我们必须坦诚地重新审视我们已经犯下的过错。劳资双方都应当认识到民主和独立的价值,并承担起各自的责任。为了满足时代的需求,我们应当互相协作,寻求劳资之间的和平、企业的繁荣以及国民经济的发展"[②]。对于日本企业雇佣制度的调整而言,日本资方的反思构成了重要的背景。

在资方积极吸取劳资冲突教训的同时,高速成长带来的日本劳动力市场结构的转变,也推动资方积极调整雇佣制度。在战后初期的日本,由于复原、撤还、征用解除等原因,劳动力一直处于过剩状态,加之受战争影响,许多设备遭到破坏。到 1955 年年末为止,劳动力超过需要仍是日本经济的基本状况。但在 1960 年前后,这种情况发生了变化,开始出现人手不足。[③] 据统计,"1955 年至 1965 年中学毕业生的招工倍率从 1.1 倍上升至 3.7 倍,高中毕业生的招工倍率从 0.7 倍快速上升至 3.0 倍。年轻劳动力严重短缺现象的加剧,使年轻人成为炙手可热的'金蛋'"[④]。劳动力市场的紧张促使资方改变其在劳资关系议题上的强硬态度,并采取了一系列将工人稳定在企业内部的举措,从而推动了协调型劳资关系的发展。

---

① 今井贤一、小宫隆太郎主编:《现代日本企业制度》,陈晋等译,北京:经济科学出版社,1995 年版,第 245 页。

② (美)高柏:《经济意识形态与日本产业政策:1931—1965 年的发展主义》,安佳译,上海:上海人民出版社,2009 年版,第 207 页。

③ (日)安场保吉、猪木武德编:《日本经济史 8:高速增长》,连湘译,北京:生活·读书·新知三联书店,1997 年版,第 18 页。

④ 桥本寿朗、长谷川信、宫岛英昭:《现代日本经济》,戴晓芙译,上海:上海财经大学出版社,2001 年版,第 64 页。

因此,进入 20 世纪 60 年代后,日本资方对劳资冲突教训的反思和劳动力市场的结构转变同时发生,从而推动了企业雇佣制度的调整,而这些新的措施对劳动力商品化程度的降低起到了积极的作用。日本劳动力商品化程度降低的微观机制在企业内就业问题解决方式的调整上得到了充分体现。

上一节的研究表明,日本企业在 20 世纪 50 年代产业合理化的过程中,采取了大量解雇的方式,从而引发了劳资之间激烈的冲突。相较而言,1960 年之后由解雇引起的劳资纠纷的数量变动不大,并保持在相对较低的水平。尤其值得注意的是,虽然 20 世纪 60 年代开始的贸易自由化给日本的大企业带来了较强的竞争压力,并推动其采取生产和经营的合理化,但大企业中因解雇而引起的劳资纠纷的数量快速下降,并维持在很低的水平(相关的数据参见表 2 - 2 - 1)。

表 2 - 2 - 1　日本 1955—1975 年由解雇引起的劳动争议统计数据

| 年份 | 解雇引起的纠纷总数 | 大公司（雇员5000人以上）的纠纷数量及比例（%） | 年份 | 解雇引起的纠纷总数 | 大公司（雇员5000人以上）的纠纷数量及比例（%） |
|---|---|---|---|---|---|
| 1955 | 191 | 21（11.0） | 1966 | 147 | 4（2.7） |
| 1956 | 163 | 19（11.7） | 1967 | 113 | 1 |
| 1957 | 162 | 14（8.6） | 1968 | 110 | 1 |
| 1958 | 218 | 10（4.6） | 1969 | 86 | 1 |
| 1959 | 144 | 14（9.7） | 1970 | 106 | 1 |
| 1960 | 93 | 5（5.4） | 1971 | 105 | 1 |
| 1961 | 117 | 3（2.6） | 1972 | 135 | 3（2.2） |
| 1962 | 137 | 8（5.8） | 1973 | 173 | 0 |
| 1963 | 93 | 6（6.5） | 1974 | 124 | 1 |
| 1964 | 111 | 8（7.2） | 1975 | 135 | 3（2.2） |
| 1965 | 137 | 4（2.9） | | | |

资料来源:(美)安德鲁·戈登:《日本劳资关系的演变:重工业篇 1853—1955 年》,张锐、刘俊池译,南京:江苏人民出版社,2011 年版,第 393 - 394 页。

除去劳动力市场短缺带来的压力,对解雇纠纷造成的损失的考虑也是企业确保员工就业的重要动机。一方面,战后日本法院围绕着大量裁减人员的案件曾作过许多裁决。通过这些判例,限制"解雇权滥用"的法理得以确立,它规定雇主即使在"通常解雇"的场合也必须明确说明"正当的理由"。而且,在 1960 年之后,关于雇佣保障的法律规制得到了强化。① 如果法院认定企业滥用解雇权,则解雇无效,而且被解雇的工人可以返回工作单位。在多数国家,法院只是要求企业对被解雇工人提供经济上的补偿,但在日本,法院却可以认定解雇无效。② 因此,法律的限制使大量解雇在日本变得更加困难,并更加容易引发劳资之间的长期纠纷。如表 2 – 2 – 2 所示,大约一半与工作有关的纠纷持续时间都超过一个月(这一比例远超过其他类型的劳资纠纷)。"工人可能做出的抵制使裁员在日本变成了不受欢迎甚至是不理智的选择。"另外,由于法律规定企业需要为被解雇的工人支付大量的安置费,企业在解雇议题上也变得更加慎重。③

表 2 – 2 – 2　日本劳动争议持续的时间

(1962—1963 年,1976—1982 年)

| 年份 | 由解雇引起的纠纷得以解决的总数 | 久拖未决的解雇纠纷(31天以上)的数量及比例 | 得以解决的各类纠纷的总数 | 所有久拖未决的纠纷所占比例(%) |
|---|---|---|---|---|
| 1962 | 135 | 54(40.0%) | 1667 | 20.5 |
| 1963 | 92 | 38(41.3%) | 1383 | 19.5 |
| — | — | — | | |
| 1976 | 108 | 64(59.2%) | 7895 | 26.0 |
| 1977 | 102 | 58(56.9%) | 5945 | 19.5 |
| 1978 | 114 | 58(50.9%) | 5324 | 20.2 |
| 1979 | 77 | 46(59.7%) | 3912 | 15.4 |
| 1980 | 99 | 47(53.9%) | 4253 | 16.8 |
| 1981 | 91 | 49(53.9%) | 7545 | 8.1 |
| 1982 | 102 | 57(55.9%) | 7310 | 8.3 |

资料来源:(美)安德鲁·戈登:《日本劳资关系的演变:重工业篇 1853—1955 年》,张锐、刘俊池译,南京:江苏人民出版社,2011 年版,第 394 – 395 页。

因此,在 1960 年之后,人们熟知的以长期雇佣为特点的"终身雇佣制"在日本企业内部逐渐建立起来。"企业除了在面临极度的经营困难外,绝不随意解雇或

① 今井贤一、小宫隆太郎主编:《现代日本企业制度》,陈晋等译,北京:经济科学出版社,1995 年版,第 244 页。

② Mari Miura, *Welfare though Work: Conservative Ideas, Partisan Dynamics, and Social Protection in Japan*, Ithaca and London: Cornell University Press, 2012, p. 22.

③ (美)安德鲁·戈登:《日本劳资关系的演变:重工业篇 1853—1955 年》,张锐、刘俊池译,南京:江苏人民出版社,2011 年版,第 392 页。

临时解雇其'正式'录用的从业员",而是倾向于通过内部劳动力市场的运作,"以改变雇员工种或调换雇员工作岗位进行内部调整"。① 另外,在日本企业内部,和"终身雇佣制"相匹配的有关工资、培训和工会的制度也相继确立,从而构成了日本独特的企业雇佣制度,道尔称之为"组织导向型"的雇佣制度,以区别于英国的"市场导向型"雇佣制度(参见表2-2-3的总结)。② 可以认为,通过20世纪60年代后企业内"福利阶级合作主义"(welfare corporatism)的发展,自由市场的原则在日本企业的运行过程中受到限制,日本的劳动力商品化程度因而得以维持在较低的水平,从而在结构层面推动了协调型劳资关系的确立。

表2-2-3  道尔对日本和英国企业雇佣制度差异的总结

| 日立公司 | 英国电气公司 |
|---|---|
| 终身雇佣 | 工作调转很多 |
| 工龄加人事考核的工资制度 | 以市场为基础的工资制度 |
| 企业内部的履历 | 非受控的自主性和流动性的履历 |
| 企业内训练 | 由公共机构进行训练 |
| 企业别工会 | 行业或工种别工会 |
| 高水平的企业内福利 | 依赖于社会保障 |
| 企业意识的培养 | 专业意识、职业意识、地域意识、阶级意识上的优越感 |

资料来源:今井贤一、小宫隆太郎主编:《现代日本企业制度》,陈晋等译,北京:经济科学出版社,1995年版,第243页。

以下将分析日本企业雇佣制度各构成要素之间的互补性,进而揭示日本较低的劳动力商品化程度的微观成因,并分析其对协调型劳资关系确立所产生的影响。

(二)企业雇佣制度调整和协调型劳资关系

在20世纪50年代中期开始的经济高速增长中,日本通过大量引入美国的设备导入了"大量生产方式",并推动了石化、电子和汽车行业中大企业的发展。快速增长的生产规模不仅产生了大量劳动力需求,也改变了生产过程中的技能要

---

① 今井贤一、小宫隆太郎主编:《现代日本企业制度》,陈晋等译,北京:经济科学出版社,1995年版,第2页。
② 可参见道尔对日本和英国企业的比较研究,Dore,R.,*British Factory-Japanese Factory*,Berkeley:University of California Press,1973.

求。由于"大量生产方式"强调以设备投资推动生产,并大量引入自动化生产,"大企业需要的劳动力类型从传统的熟练技能工变为非熟练工"。在生产流水线上工作的工人各自从事特定的工作,任务也变得标准化了。而新的生产设备的引入意味着企业需要大量非熟练工和少量的高技能工人。①

为了应对生产技能的变动,日本企业最初采用了大量使用临时工的方式满足新增加的用工需求。"在 1955 年后的发展大潮中,几乎所有大公司都雇佣了很多新工人,他们的薪水很低,签订三个月到一年的临时合同,之后由国内公司决定是否续签。""在 1960 年左右,对所谓临时工人的使用达到了一个高峰","1959 年到 1961 年,这些临时工人达到峰值,大约占制造业工人总数的 8%,而将近占所有人数在 500 人以上公司总共人数的 12%"。② 临时工的大量使用构成了企业应对市场变动的"缓冲器",他们不仅薪水低,而且可被轻易解雇。因此,从企业雇佣制度的特征来看,日本劳动力商品化的程度在 1960 年之前仍然较高。

在 1960 年前后,日本的劳动力市场出现了短缺的现象,企业大量招募不具备熟练技能的初高中毕业生进入工厂工作。而工人在劳动力市场上的有利地位决定了"应届毕业生不会选择签署临时合同"③,因而临时工的比例大幅下降。"到 1960 年代末,职工总数在 1000 人以上的公司中,男性临时工占所有男性雇员的比例下降到大约 4%;到 1970 年代末,这个数字为 1.6%(只有 3.7 万人)。"④因此,在 1960 年后日本的大企业中,企业不得不通过招募非熟练工人(主要是年轻工人)作为正式工人的唯一来源。

在劳动力市场结构发生变化的同时,日本产业政策的重点也转向以技术创新形成比较优势。为了在市场竞争中取得优势,企业就必须向新招募的非熟练工人提供充足的培训,"以长期连续雇佣为基础,对第一线工人广泛、深入地进行技能开发的熟练形成体系得到了进一步的完善",并形成了独具特色的"在岗培训"

---

① IDO Masanobu, *Divide and Rule: The Italian and Japanese Labor Movements After the Oil Crisis*, Ph. D. Dissertation, Chicago University, 1998, p. 129.

② (美)安德鲁·戈登:《日本劳资关系的演变:重工业篇 1853—1955 年》,张锐、刘俊池译,南京:江苏人民出版社,第 399 页。

③ 桥本寿朗、长谷川信、宫岛英昭:《现代日本经济》,戴晓芙译,上海:上海财经大学出版社,2001 年版,第 64 页。

④ (美)安德鲁·戈登:《日本劳资关系的演变:重工业篇 1853—1955 年》,张锐、刘俊池译,南京:江苏人民出版社,第 401 页。

(on the job training)体系。① 日本企业内的"在岗培训"不但高度普及,还特别强调"岗位轮换制"的重要性。"职工自进入企业后,不是接受单一岗位的技能培训,而是在整个职业生涯中,先后经历数个工作岗位,接受不同岗位的技能培训","这种轮岗不仅促使职工技能结构呈现为复合型,极大地扩展了职业技能的广度,还形成了强大的内部劳动力市场"。②

日本建立在技能培训基础上的内部劳动力市场推动了劳资双方在企业内部形成了长期的合作关系。一方面,"(由于)晋升职务从企业内部产生,所以相应岗位所需的技能也必须在企业内部通过培训和实践形成。由此企业既高度重视岗位培训的效果,也重视职工间竞争与合作关系的建立,建立了立足于长期视点的促进职工竞争意识的评价管理体制"③。另一方面,日本企业内部劳动力市场确立过程中"企业专用技能"(firm specific skills)的形成也推动了长期雇佣关系的发展。

"企业专用技能"的"专用性"是指"职工技能的发挥需要在特定组织结构内通过组织特有的流程以及职工间的合作关系来实现",因而,"在进行人力资本投资、学习技能的阶段所产生的投资成本,不是由职工一方来承担,而是由职工和企业共同承担。企业和职工为了获得投资的收益,更倾向于维持双方的合作关系,即保持持续的雇佣关系"。④ 进一步而言,由于企业在工人的技能形成中投入了大量的成本,当经济萧条、企业开工不足时,企业倾向于以雇员在内部劳动力市场的流动的方式进行调整。企业通常会对工人进行岗位上的转移安置,并提供相关的技术培训,或是把员工派往子公司或协作企业。因此,1960 年之后日本企业内部劳动力市场的发展推动了技能形成和就业保障之间的良性循环。从统计数据上看,1960 年之后,日本企业中长期雇佣的员工所占的比例不断上升(参见图 2 - 2 - 1 中"工作 15 年以上"的工人的比例上升),而且工人在同一企业中平均工作的年数也不断增加(参见图 2 - 2 - 2)。

---

① 桥本寿朗、长谷川信、宫岛英昭:《现代日本经济》,戴晓芙译,上海:上海财经大学出版社,2001 年版,第 65 页。

② 王彦军:《日本劳动力技能形成研究:基于人力资本理论的分析》,长春:吉林人民出版社,2010 年版,第 82 页。

③ 王彦军:《日本劳动力技能形成研究:基于人力资本理论的分析》,长春:吉林人民出版社,2010 年版,第 83 页。

④ 王彦军:《日本劳动力技能形成研究:基于人力资本理论的分析》,长春:吉林人民出版社,2010 年版,第 106 页。

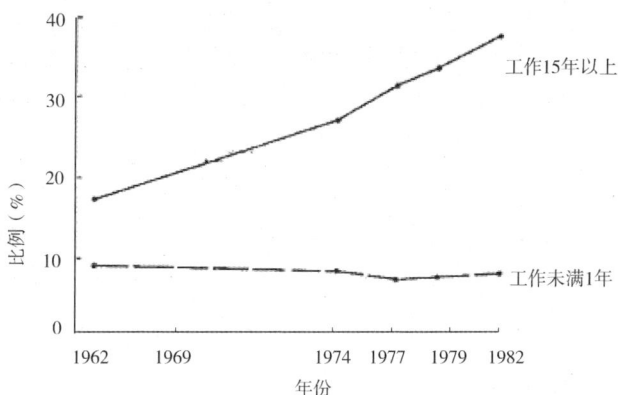

**图 2 - 2 - 1　日本企业内长期员工和短期员工的比例**

"长期员工"指在同一家企业连续工作 15 年以上者,"短期员工"指在同一家企业连续工作未满 1 年者。图中反映的只是男性的数据。

资料来源:小池和男:『仕事の経済学』,東洋経済新報社,1998 年,第 42 頁。

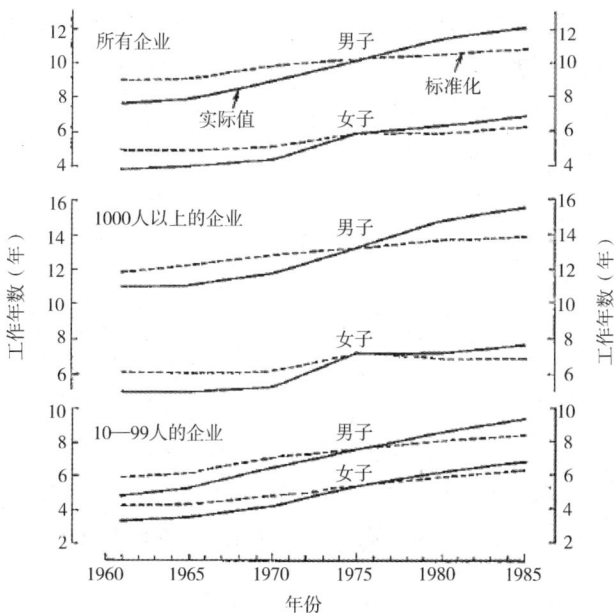

**图 2 - 2 - 2　日本企业内工人平均工作年数的推移**

"标准化"指排除工人年龄变动因素后的数据;1970 年及其之前的数据不包括服务业,但包括兼职工人;1975 年以后的数据包括了服务业,但将兼职工人排除在外。

资料来源:小野旭:『日本の雇用慣行と労働市場』,東洋経済新報社,1989 年,第 115 頁。

以上的分析表明,日本企业内部技能培训的发展推动了企业内部劳动力市场的形成,劳资之间的长期合作取代了对短期利润的追求。这一转变使得工人在市场情况波动时也较不易为外部市场所取代,雇佣关系中的自由市场原则被限制,日本劳动力商品化的程度因此居于较低的水平,从而推动了协调型劳资关系的确立和发展。

与此同时,日本企业内部的技能形成也推动了工资结构产生较强的劳动力去商品化效应。小池和男的研究表明,虽然"在岗培训"并非日本企业的特殊现象,但和其他国家的工人相比,日本的蓝领工人在入职后会在一个比较大范围的岗位内先后从事不同的工作,并在此基础上形成技能。由于比较大范围的"资历"有助于工人更深刻地理解各个生产设备和生产环节之间的相关关系,因而日本工人不仅具备重复性工作的能力,还具备处理工作中的变化和异常的能力。① 从结果来看,日本企业内"在岗培训"的特征使得蓝领工人的技能得以随工作年限的增加而不断提升。"由于在很多企业中,正式的工人技能考核程序已经被纳入到企业传统的内部晋升体系之中"②,日本蓝领工人的工资水平也随着技术的积累而逐步上升。与此同时,虽然日本的资方在战后初期和 20 世纪 50 年代曾坚决反对"生活需求工资"的原则,但由于工会的压力和劳动力市场结构的转变,在 1960 年之后,资方在确定工人工资水平时也考虑到了"一个人一生中各个时段的需求增长","在工资方面,不仅中间管理层,而且包括体力劳动者在内,都可根据家庭生活费的升高逐渐向上调整工资"。③

在"生活需求工资原则"和企业内技能形成的共同作用下,日本蓝领工人的工资能在相当长的时间内随着年龄的增加而不断上升,而且其上升的幅度也较大(尤其是在大企业中)。与之相对,欧洲国家蓝领工人的工资虽然在年轻时上升较快,但 30 岁之后上升的幅度较小(参见图 2-2-3)。统计数据也表明,日本蓝领工人的工资随年龄增加的曲线和日本及欧洲国家白领工人工资随年龄增加的曲线较为类似(参见图 2-2-4)。考虑到这些现象,小池和男认为日本企业内存在

---

① 马骏:《日本企业人力资源管理概论:序章》,http://wenku. baidu. com/link？url = Amicb44_43dgylofZRRvnAc04 - 2FZpjDfhhH74rCayVUARP9WatMDfISsSDv1TdAXze5ZyW7GlijHr1j0JhGLXQrw4EXBD5ml3jaT_E0_zm。

② (美)凯瑟琳·西伦:《制度是如何演化的:德国、英国、美国和日本的技能政治经济学》,王星译,上海:上海人民出版社,2010 年版,第 153 页。

③ 今井贤一、小宫隆太郎主编:《现代日本企业制度》,陈晋等译,北京:经济科学出版社,1995 年版,第 243 - 244 页。

着"蓝领的白领化"的现象。① 究其原因,日本企业内工人技能伴随年龄的增长以及与年龄相关的"生活需求工资"原则得到了较好的结合,年功序列工资与技能获取之间存在着重要的链接。② 从结果来看,这种结合不仅确保了工人在整个工作生涯中都会不断地提高其生产能力,也使"生活需求工资"具有的劳动力去商品化效应得以发挥作用(参见上一节对"生活需求工资"的分析),而这正是年功序列制工资制度得以促进日本协调型劳资关系发展的关键所在。

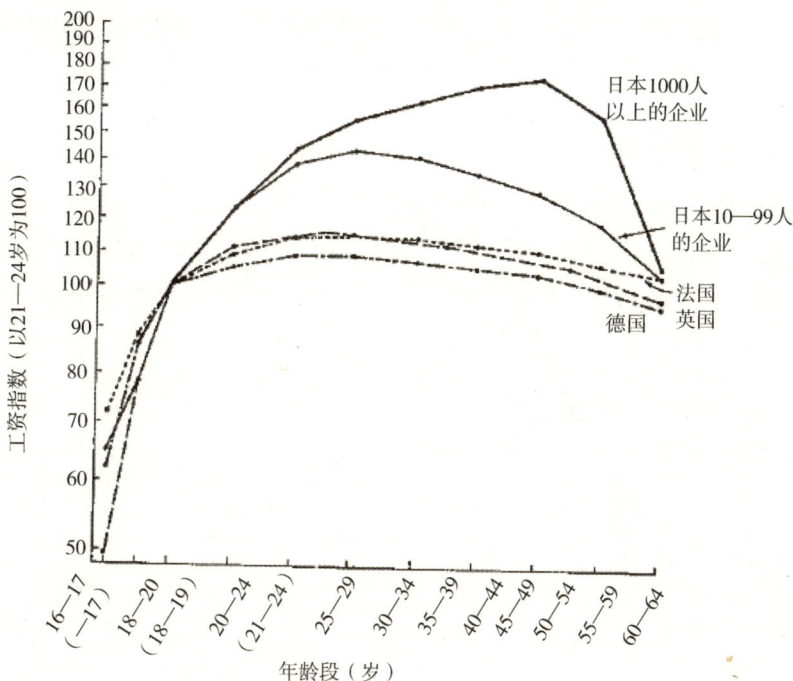

**图 2 - 2 - 3　1972 年和 1976 年日本和欧洲国家不同年龄工人的工资比较**

**(蓝领,男性,制造业)**

英国为全部产业,其他国家为制造业;日本、法国、德国的企业规模为 10 人以上,英国为所有企业;括号中的年龄代表日本的分类。

资料来源:小池和男:『仕事の経済学』,東洋経済新報社,1998 年,第 26 页。

以上的分析表明,进入 20 世纪 60 年代后,在资方吸取劳资冲突教训以及劳动

---

①　小池和男:『仕事の経済学』,東洋経済新報社,1998 年,第 28 页。

②　(美)凯瑟琳·西伦:《制度是如何演化的:德国、英国、美国和日本的技能政治经济学》,王星译,上海:上海人民出版社,2010 年版,第 153 页。

力市场结构变化的背景下,日本企业采用"在岗培训"的技能培训方式提升企业的竞争力。日本企业内技能形成的特殊方式推动了内部劳动力市场的发展,"终身雇佣制"和"年功序列制工资"的原则得以确立;另外,日本企业所执行的技能获取方式,也需要工资随着工人工龄增加而提高的薪酬制度以及终身雇佣制作为保障。① 因此,在 1960 年之后日本高速经济增长的过程中,日本企业内部"技能形成""就业保障"和"工资保障"三者之间形成了良性循环,自由市场的原则受到限制,从而使劳动力商品化的程度处在较低的水平,并构成了日本协调型劳资关系发展的结构原因。

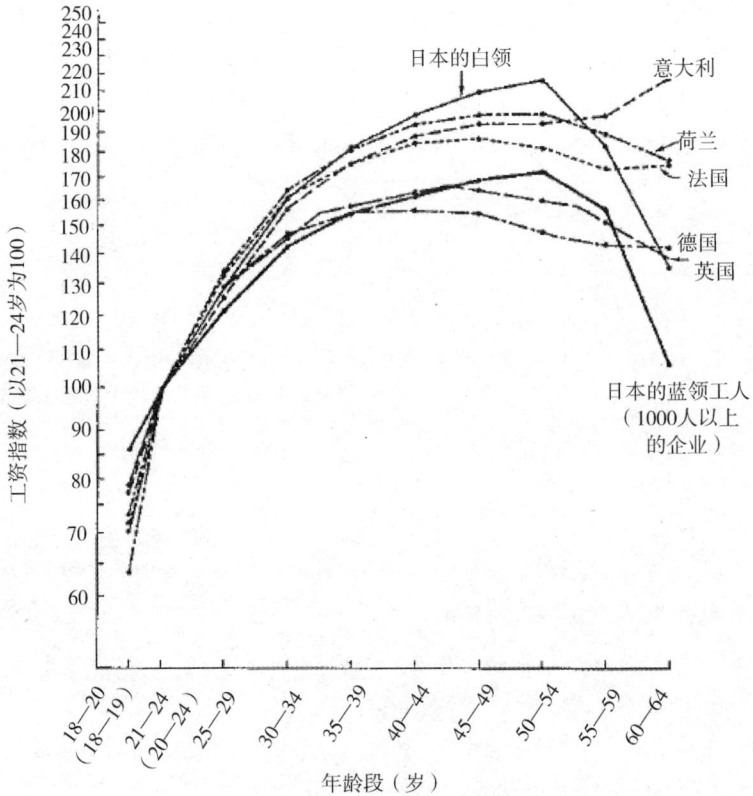

图 2-2-4　1972 年和 1976 年日本和欧洲国家不同年龄工人的工资比较

(白领,男性,制造业)

资料来源:小池和男:『仕事の経済学』,東洋経済新報社,1998 年,第 28 頁。

---

① (美)凯瑟琳·西伦:《制度是如何演化的:德国、英国、美国和日本的技能政治经济学》,王星译,上海:上海人民出版社,2010 年版,第 153 页。

# 第三节　石油危机与协调型劳资关系的巩固
# （1973—1975 年）

## 一、第一次石油危机的冲击

在 20 世纪 60 年代日本经济高速增长的过程中,劳动力商品化程度的降低构成了日本协调型劳资关系发展的结构原因。在这一时期,日本的失业率降低,工资增长也较快。但是,从 20 世纪 60 年代后期开始,日本的通货膨胀率不断攀升,工人的实际提薪率则在不断下降,企业的利润空间也在不断缩小,日本国内维持高速增长的条件受到了冲击。由于工人对经济表现的不满,从 20 世纪 60 年代末开始,日本劳动争议的强度和数量均有所上升(参见表 2－3－1 的数据)。在国内经济增长面临限制的同时,国际经济环境的冲击也对日本协调型劳资关系的发展构成了挑战。一方面,由于“尼克松冲击”后的汇率上调及 1973 年 2 月浮动汇率的实施,布雷顿森林体系下的固定汇率制寿终正寝。汇率的上升对日本的出口构成了极大的挑战。另一方面,1973 年 10 月爆发的石油危机和全球性通货膨胀极大地冲击了日本的经济。1974 年日本经济首次创下战后负增长的纪录,失业率也有所上升。

表 2－3－1　1968—1981 年日本加薪和劳动争议的相关数据

| 年份 | 春季提薪率（％） | 实际提薪率（％） | 被雇者人均劳动损失日数（日/人） | 年份 | 春季提薪率（％） | 实际提薪率（％） | 被雇者人均劳动损失日数（日/人） |
|------|------|------|------|------|------|------|------|
| 1968 | 13.60 | 8.30 | 0.09 | 1975 | 13.10 | 1.30 | 0.22 |
| 1969 | 15.80 | 10.60 | 0.11 | 1976 | 8.80 | −0.50 | 0.09 |
| 1970 | 18.50 | 10.80 | 0.12 | 1977 | 8.80 | 0.70 | 0.04 |
| 1971 | 16.90 | 10.80 | 0.18 | 1978 | 5.90 | 2.10 | 0.04 |
| 1972 | 15.30 | 10.80 | 0.15 | 1979 | 6.00 | 2.40 | 0.02 |
| 1973 | 20.10 | 8.40 | 0.13 | 1980 | 6.74 | −1.26 | 0.03 |
| 1974 | 32.90 | 8.40 | 0.27 | 1981 | 7.68 | 2.78 | 0.01 |

资料来源:桥本寿朗、长谷川信、宫岛英昭:《现代日本经济》,戴晓芙译,上海:上海财经大学出版社,2001 年版,第 136 页。

在通货膨胀加剧的情况下,日本的工会在1973年和1974年提出了大幅加薪的要求,并获得了成功(1973年和1974年春季加薪斗争获得的加薪幅度分别为20.1%和32.9%)。对此,日本的政府和资方表现出了不安,并要求工会限制加薪的要求。他们不仅提出了指导加薪幅度的上限,并强调有必要通过引入"收入分配政策"结束大幅加薪和通货膨胀之间的恶性循环。最终,1975年加薪的额度被限制在13.1%,大大低于工会要求的25%~30%的加薪幅度,而大幅加薪的趋势在此后也不复存在。虽然日本经济在20世纪70年代初经历了来自国内外的挑战,工人的大幅加薪也被否定,但相较于其他国家,日本的失业率变动较小,而且劳资冲突的数量和强度在危机之后也大幅下降。

### 二、协调型劳资关系的巩固

在20世纪70年代内外部经济变动的冲击下,日本协调型劳资关系经受住了危机的冲击,并得到了进一步发展(正是在这一时期,由于日本经济在石油危机中的较好表现,日本协调型劳资关系的特征才逐步受到了世界的关注)。就其原因而言,本书认为,虽然这一时期日本也面临着劳动力商品化程度提升的强大压力,但高速增长时期形成的雇佣制度仍然发挥了重要的作用,并在经济危机的冲击下得到了新的发展。因此,日本劳动力商品化的程度仍然得以维持在较低的水平,并构成了协调型劳资关系进一步巩固的结构原因。

从政府的制度安排来看,虽然社会党在全国选举中对自民党的压力在20世纪70年代初已经下降,但是无特定政党支持层的增加以及地方革新自治体的出现进一步推动了自民党对劳工的政治吸纳。1973年自民党的运动方针强调了运用具体的劳动政策争取劳工群体支持的重要性,其指出"工人、白领和他们的家庭成员占到了全体国民的80%。虽然参与工会的工人仅占三分之一,但他们并不一定就支持左翼政党。我们的政策活动要将促进双休日、延长退休年龄、提升劳动者的财产、参与工作的青年女性的福利等方面整合起来,这样就能和劳动者产生新的接触"[1]。在田中内阁上台之后,其在有关劳工的政策制定过程中积极吸收工会的参与,并强调推出福利政策,解决日本政治经济面临的问题。在通货膨胀和石油危机的冲击下,日本政府对1975年的春季加薪斗争提出指导意见,要求将

---

① 久米郁男:『日本型労使関係の成功——戦後和解の政治経済学』,有斐閣,1998年,第151頁。

加薪比例限制在 15% 以下,而作为补偿,政府的高层领导(如三木武夫首相、福田赳夫副首相)多次和工会领导对话,承诺政府将采取政策以抑制物价上涨。① 从结果来看,虽然 1975 年春季加薪斗争的幅度大幅下降到 13.1%,但政府也兑现了通货膨胀率下降的承诺,消费者指数的上升幅度也下降到 10.4%,从而保障了工人实际工资的上升。不仅如此,政府还积极保护工人的就业条件。在石油危机之后,日本政府制定了《就业保险法》(1975 年),希望通过支付"就业调整保证金"的制度防止萧条行业的雇主解雇剩余劳动力。该法规定了"就业调整保证金"的支付条件,要求雇主必须与代表半数以上员工的工会签订书面协定,制定出短期歇业、雇员外派、再训练时间、相关劳动者人数、休业期间收入补偿等条约。②

从企业层面的调整来看,在危机的冲击下,"日经联"提出了工资变动的"生产率基准原理",其认为日本工人在高速增长中要求的加薪幅度过高,从而导致了通货膨胀的发生。对于未来加薪的原则,"日经联"强调名义工资的提升率要控制在劳动生产率上升的范围之内,以确保工人的利益和抑制通货膨胀。③ 在就业方面,虽然"减量经营"导致日本企业内的剩余劳动力大量增加(1975 年第四季度时达到了 239 万人,占制造业劳动力数量的 20.7%),但失业率上升的幅度较小,这和企业在采取解雇手段时的谨慎态度直接相关。根据日本劳动省对 1973 年之后三次危机时期(分别为 1974 年 1 月—1975 年 3 月的第一次石油危机,1980 年 2 月—1981 年 5 月的第二次石油危机,1985 年 10 月—1986 年 8 月的日元升值萧条)日本企业采取的就业调整手段的统计,采用手段的频率从高到低依次为:①限制加班或缩短工时;②削减、停止中途招工;③调换工作岗位、外派;④对临时工、季节工、计时工停止签订新的合同或是解雇;⑤临时歇业、暂时放假;⑥停止或削减对应届毕业生的录用;⑦募集自愿退职者和解雇(第一次石油危机期间日本企业采取的就业调整手段也呈现类似的排序,可参见图 2 - 3 - 1)。

---

① 久米郁男:『日本型労使関係の成功——戦後和解の政治経済学』,有斐閣,1998 年,第 166 頁。

② 今井贤一、小宫隆太郎主编:《现代日本企业制度》,陈晋等译,北京:经济科学出版社,1995 年版,第 245 页。

③ 兵藤釗:『労働の戦後史〈下〉』,東京大学出版会,1997 年,第 288 頁。

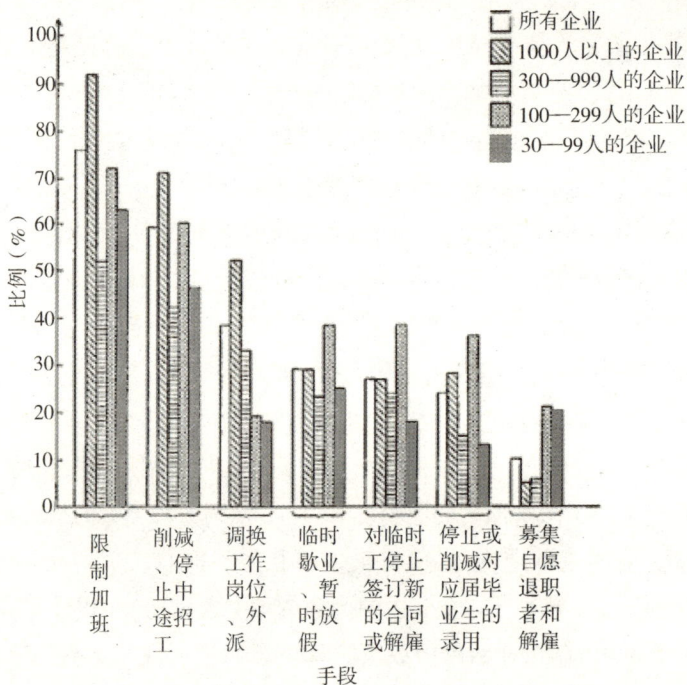

**图2-3-1 第一次石油危机后日本企业雇佣调整的手段**

调查的时间为1975年4—6月(此时正处在第一次石油危机后的雇佣削减过程中),调查的对象为制造业企业,企业的选择为多选。

资料来源:中条毅、菊野一雄编著:『雇用制』,中央经济社,1988年,第103页。

进一步分析企业主要采用的三类就业调整手段,则会发现,高速增长时期日本企业内"技能形成""就业保障"和"工资保障"三者之间形成的紧密互补关系塑造了企业对就业调整手段的使用(以下分析所使用的数据可参见图2-3-1)。①就"员工录用的削减和停止"而言,可分为中途招工和新毕业生招工两类,而中途招工的削减和停止的比例明显高于新毕业生。另外,除去"劳动时间的调整"外,"中途招工的削减和停止"是最为常用的手段(这在1000人以上的大企业中尤为明显,采用的频率达到了70%以上)。究其原因,停止中途招工不仅不会对长期雇佣的契约造成破坏,而且不存在着回收技能培训成本的问题。而停止和削减新毕业生的招募既不利于企业内部的技能传承,而且会破坏和企业所在的地方社会的关系,所以其被采用的频率较低(采用的频率只有20%的水平)。②由于考虑到对长期就业契约的破坏,无法收回技能培训成本以及和解雇相伴的处理费用等问题,日本企业在 20 世纪 70 年代调整就业规模时,对正式员工较少采用"自愿退职和解雇",但对临时工的解雇则更为频繁(后者的采用频率是前者的 3 倍)。③为了维持企业现有人员的就业,企业会将多余的人员在内部调换岗位或外派到子公司(在 1000 人以上的大企业中的采用频率超过了 50%)。①

由此可见,即使是在 20 世纪 70 年代内外危机迫使企业调整雇佣制度的情况下,日本企业也较少在自由市场原则的指导下大量解雇工人,而是尽量确保工人的就业,这和高速增长时期形成的雇佣体制密切相关。从结果来看,"小心翼翼地利用如此温和的雇佣调整政策的结果,石油危机后因人员裁减与经营合理化而引发严重劳资纠纷的企业,只有佐世保重工一家。同时法院也没有做出过剩余人员裁判无效的判决"。②

以上对 20 世纪 70 年代石油危机冲击下日本劳资关系的发展进行了分析。从分析中可见,虽然政府和资方对工资的上涨施加了限制,但作为交换,政府制定收入政策以抑制通货膨胀,并对解雇行为施加了限制,而资方也尽量确保企业内正式工人的就业。③ 因此,对自由市场原则的限制在 20 世纪 70 年代石油危机的冲击下仍然得以维持,劳动力商品化的程度保持在较低的水平,从而使协调型劳资关系得到进一步巩固。而 1973—1975 年也成了日本战后劳资关系发展中的第二个分水岭(1960 年为第一个分水岭),在此之后,日本劳资冲突的数量、规模和强度都大幅下降(相关数据见图 1-1-1、图 1-1-2 和图 1-1-3),日本协调型劳资关系在经受住危机的挑战后得到进一步的巩固和发展。

本章分 1950—1960 年、1960—1973 年、1973—1975 年三个时段,研究了日本劳动力商品化程度的变动和劳资关系变迁之间的关联。研究结果表明,在 20 世纪 50 年代,日本政府和资方内部围绕着资本主义发展的模式存在着理念的对立,并在总体上呈现为"经济自由主义"和"修正资本主义"的分歧。然而,在 20 世纪 50 年代日本工会与政府和资方存在严重政治对立的情况下,强调保护劳工利益的"修正资本主义"理念对劳资关系的影响较为有限,因而不利于劳动力商品化程度

---

① 中条毅、菊野一雄编著:『雇用制』,中央经济社,1988 年,第 105－106 页。

② 今井贤一、小宫隆太郎主编:《现代日本企业制度》,陈晋等译,北京:经济科学出版社,1995 年版,第 250 页。

③ IDO Masanobu, *Divide and Rule*: *the Italian and Japanese Labor Movements after the Oil Crisis*, Ph. D. Dissertation, Chicago University, 1998, p. 160.

的降低。20 世纪 50 年代较高的劳动力商品化程度引发了就业和工资议题上各方的激烈冲突,从而推动了这一时期冲突型劳资关系的发展。

由于 1960 年之后政府对劳资冲突教训的反思以及自民党政权社会基础的动摇,日本政府内部的"修正资本主义"主张得以充分发挥影响,产业政策对比较优势的重新界定也得到了进一步的发展。强调劳资双方长期合作的理念逐步取代了"用企业短期利润来衡量效益"的主张,从而推动了劳动力商品化程度的下降。同时,在资方吸取劳资冲突教训以及劳动力市场结构发生变化的背景下,日本企业内部劳动力市场在 1960 年之后经济高速增长的过程中逐渐形成,并实现了"技能形成""就业保障"和"工资保障"三者之间的良性循环,从而使劳动力商品化的程度处在较低的水平。20 世纪 60 年代后日本较低的劳动力商品化程度推动了日本协调型劳资关系的形成。在 20 世纪 70 年代中期石油危机的冲击下,日本虽然也面临着劳动力商品化程度提升的巨大压力,但高速增长时期形成的雇佣制度仍然发挥了重要的作用,并在经济危机的冲击下得到了新的发展,日本劳动力商品化的程度得以维持在较低的水平,从而推动了协调型劳资关系的进一步巩固。

因而,本章的研究表明,1960 年前后日本劳动力商品化的程度下降,并维持在较低的水平,这一变化在结构层面推动了日本劳资关系在 20 世纪 50 年代大规模的冲突之后走向协调。本章的研究证明了本书提出的"劳动力商品化程度的变动在结构层面塑造了劳资关系的变迁"的假设。

# 第三章

# 工会路线与日本劳资关系变迁的能动性成因 (1950—1975 年)

本章对 1950—1975 年日本工会路线的变动和劳资关系变迁之间的关联进行研究,进而分析日本劳资关系由冲突型转变为协调型的能动性成因。本章的研究表明:在 1950 年前后大规模的劳资冲突爆发后,1950—1960 年日本主导的工会路线经历了从政治斗争主义向经济与政治斗争相结合的变动,冲突型劳资关系因而持续发展;而 1960—1975 年日本主导的工会路线经历了从政治斗争主义向企业工会主义的转变,从而推动了协调型劳资关系的发展。

从研究个案的历史背景来看,在战后初期民主改革形成的有利环境中,日本工会针对资本和国家权力发起的攻势达到了高峰,以共产党和"产别会议"为代表的革命的工会路线的影响也快速上升。在企业内部,一些工会在 1946 年发起了"生产管理斗争",要求工人亲自管理工厂企业。"生产管理斗争"直接挑战了资方的"经营权",具有革命性的意义。在政治领域,共产党和"产别会议"强调工人运动要为实现"民主革命"这一政治目标而动员群众。与之相对,"总同盟"("日本工会总同盟"的简称)反对通过政治总罢工推翻政府以及用暴力手段夺取政权。另外,"总同盟"还在 1946 年年底和"经济同友会"等组织成立了经济复兴会议,强调通过制度内的参与实现劳资协调和经济复兴的目标。

在 1947 年"二·一大罢工"中止之后,"产别会议"内部虽一度出现了批判政治斗争主义的声音,但最终还是表明了继续斗争的决心。而"总同盟"在谴责政府的同时也认为"极左分子造成政治罢工的事实是引起混乱的原因",并表明"今后将向加强我国工人运动健全化的方向前进"。[①] 然而,"总同盟"期望通过经济复兴会议实现"政治性劳资协调"的努力在 1948 年 5 月宣告失败。

---

① (日)正村公宏:《战后日本经济政治史》,上海社会科学院世界经济研究所日本经济研究室译,上海:上海人民出版社,1991 年版,第 158 页。

　　与此同时,"产别会议"内部的一部分成员于 1948 年 2 月结成了"产别民主化同盟"(简称"产别民同"),主张同"与共产党的派系活动绑在一起的左翼主义"诀别,并成为实至名归的"工会会员的工会"。① 在此之后,"总同盟"推动的"工会民主化运动"和"产别民同"等工会组织共同构成了"民同运动",并与"产别会议"形成对抗。在 1949 年"道奇计划"实施之后,这两条相对抗的工会路线展开了激烈的角逐。此后,"产别会议"的势力不断下降,众多加盟工会相继脱离,而"民同运动"在占据优势的情况下开始推动劳动运动战线的统一。在盟军司令部的支持下,新的全国工会组织"总评"于 1950 年成立,"总评"强调排除"共产党对工会的支配和暴力革命的方针",并成为"自由民主的工会"集结的基础。因此,在 1950年前后日本冲突型劳资关系达到高峰的过程中,工会路线也经历了巨大的变动,具有革命性质的政治斗争主义路线遭受沉重打击,而这也构成了 1950 年后日本工会路线变动的起点。

　　以下将采用第一章提出的"工会路线类型和劳资关系类型存在关联"的理论框架,分 1950—1955 年、1955—1960 年、1960—1975 年三个时段,从工会路线的变迁入手,分析日本劳资关系由冲突型转向协调型的能动性成因。

　　本章的第一节分析 20 世纪 50 年代前半期"总评"的左转及其政治斗争主义的发展,并考察这一工会路线导致冲突型劳资关系发展的三个领域;第二节分析 20 世纪 50 年代后半期"太田—岩井路线"指导下"总评"将经济斗争与政治斗争相结合的工会路线,并分析其导致冲突型劳资关系发展的机制;第三节考察 1960—1975 年企业工会主义影响的上升,以及其取代"总评"的"阶级主义"成为主导的工会路线的过程,进而分析企业工会主义对日本协调型劳资关系发展产生的影响。

## 第一节　政治斗争主义与冲突型劳资关系(**1950—1955 年**)

### 一、"总评"的成立和"左转"

(一)"总评"的成立

在盟军司令部的支持下,"总评"于 1950 年成立,"总评"建立时提出的运动路

---

　　①　兵藤釗:『劳働の戦後史〈上〉』,東京大学出版会,1997 年,第 87 頁。

线和战后初期激进的工会路线存在较大的差别。1950 年 3 月"总评"成立筹备大会上通过的大会宣言强调,"我们同一切反动势力作斗争,同时排除被革命风潮迷惑的极左工人运动,为确立民主的工人运动基础进行艰苦的斗争",其还表示,今后要排除"极左与极右",推进工人运动的民主化,同吉田反动内阁做斗争。①1950 年 7 月 12 日,"总评"成立大会召开,大会通过的宣言和基本纲领继承了筹备大会宣言的精神,强调"排除日本共产党对工会的支配及其暴力革命方针,建立自由民主的工人统一战线"。尤其值得注意的是,"总评"强调对工人经济利益的追求有其限度,其提出"劳动者的各项要求要在国民经济力允许的范围内提出,并要在经济建设计划下推进。违背经济建设、故意破坏经济稳定与社会繁荣的破坏性极左工人运动,一概不能容忍"②。由此可见,和战后初期相比,冷战局势的加剧和经济复兴的启动推动了日本工会路线的转变,其不再强调以阶级斗争的方式开展政治斗争,而是希望作为合法的成员参与经济复兴的进程。

日本工会路线的这种转变也反映了当时普通工人的心态变化。在战后初期,"产别会议"提出了以共产党的强力影响推动资本主义经济重构的构想,日本的普通工人虽然对此表示反对,但仍然采取了大规模罢工的手段。在"道奇计划"实施之后,资方提出了经济重建计划,并强调疏远政治化的工会运动,这使普通工人充满了挫折感和无力感。③ 在这样的背景下,"总评"提出的新工会路线得到了普通工人的支持。再加上占领当局推动"红色清洗","总评"在建立之后得到了快速的发展。在成立一年之内,"总评"属下的工会会员数就占到了全部工会会员数的一半以上(1950 年 6 月日本工会会员的总人数为 577.4 万,其中总同盟占 14.5%,"产别会议"占 5%。一年后的 1951 年 6 月底,工会会员的总人数为 568.7 万,其中"总评"占 51.4%,总同盟占 5.5%,而"产别会议"只占 0.8%)。④

"总评"的建立得到了占领当局的支持,并得到了较快的发展,和战后初期相比,这一时期日本的工会路线也有了新的变化。一方面,"总评"的成立体现了占领当局重构日本劳资关系的新构想,其不仅要求驱逐共产党等左派势力的影响,

---

① 兵藤钊:『労働の戦後史〈上〉』,東京大学出版会,1997 年,第 96 頁。
② (日)正村公宏:《战后日本经济政治史》,上海社会科学院世界经济研究所日本经济研究室译,上海:上海人民出版社,1991 年版,第 302 頁。
③ 栗田健:『日本の労働社会』,東京大学出版会,1994 年,第 89 頁。
④ ものがたり戦後労働運動史刊行委員会:『ものがたり戦後労働運動史(3)——総評の出発から労闘ストへ(1950~1952 年)』,第一書林,1998 年,第 71 頁。

也要求企业内部劳务管理的正常化,而其所构想的工会近似于"御用工会"。另一方面,以"日经联"为代表的经营者团体在"总评"成立前后强调维护"经营权",其发起了"职场防卫运动",并提出了《新劳务管理决议》,希望限制工会对企业经营的影响。在执政当局和资方的限制和规定下,企业工会主义的路线在20世纪50年代初期浮现,其主张和特征体现为以下几方面:①企业工会的功能只局限在经济方面,在工资交涉中,工会提出的要求必须考虑企业的支付能力;②以企业层面的劳资交涉为一般惯例,产业层面劳资交涉的影响下降;③企业内的劳资交涉要考虑到企业的实际情况,交涉主要是集中于工会干部,但由于工会干部的判断标准和资方的同质性很强,这种交涉经常退化为"密室谈判"。① 因而,与战后初期工会重构企业内部生产秩序的努力相比,20世纪40年代末和50年代初企业工会的功能出现了倒退,呈现出"御用工会"的倾向。进入20世纪50年代之后,日本工会的一些人士对企业工会功能的倒退表达了强烈的不满,并提出了重构企业工会的诉求,在这一过程中冲突型劳资关系进一步发展。

(二)"总评"的"左转"和政治斗争主义

"总评"在占领当局的支持下成立,其对阶级斗争的工会路线加以否定,并提出了积极参与经济复兴进程的愿望。然而,20世纪50年代初期政治形势的变动推动了"总评"的左转,其开始采取政治斗争路线,这也导致了日本冲突型劳资关系的发展。

1950年前后日本国内围绕外交问题的争论触发了"总评"路线的转变。在"总评"成立前不久,朝鲜战争爆发,而此时"总评"明确表示"反对北朝鲜军队的侵略行为、支持联合国的基本方针和行动"。由于朝鲜战争的影响,"重新武装日本和对日媾和这两个密切相关的问题也同时提到了日本人民面前"②,而日本社会的和平运动也掀起了高潮。在这样的背景下,1951年1月召开的社会党第七次大会通过了"和平四原则",要求"全面媾和、坚持中立、反对军事基地,反对重整军备"。在这样的背景下,"总评"内部出现了激烈的争论,"民同右派"倾向于支持"国际自由工联",偏向以美国为首的西方阵营,支持"单独媾和论",而"民同左派"则支持"和平四原则"。最终,在1951年3月召开的"总评"第二次大会上,

---

① 栗田健:『日本の労働社会』,東京大学出版会,1994年,第93-96頁。
② (日)小山弘健、清水慎三编著:《日本社会党史》,上海:上海人民出版社,1973年版,第98頁。

"民同左派"支持的高野实当选为事务局长,从而确立了"民同左派"在"总评"内的主导权,而"总评"也逐渐脱离美国的控制向左倾斜。对于"总评"的这一变化,高野实将其生动地形容为"孵的是鸡,却变成了鸭"。①

转向之后的"总评"提出了其应成为有别于美国、苏联两大集团的"第三势力论",在国内则强调"(劳工)和总资本的对决"。1952年7月召开的"总评"第三次大会否决了"总评"加入"国际自由工会联盟"的议案,其提出的新一年度的运动方针包括"打破低工资的现状,确立最低工资制和社会保障制度""自主贸易,经济自立""夺回劳工的基本权利,反对弹压性的法规""拥护和平宪法,反对再军备,民族独立""产业别工会的单一化,总评机构的充实"等方面的内容。② 在这次大会上,"总评"决定,"为了向国会大量输送坚持和平四原则、反对两条约的工会出身候选人,将与左派社会党为中心的各政党紧密合作,进行选举斗争",表明了全面支持"左社"的态度。③ 在此之后,"总评"更进一步,其在1953年提出日本工人运动的任务是"站在反对一切战争政策、坚持中立的立场上,促进和平国民之间的友好和团结,拥护基本人权",其将以中国、苏联为中心的社会主义各国视为"和平势力",并认为国际、国内范围内"和平势力"对"战争势力"的斗争成为工会运动方针的基调。④ 在此之后,"第三势力论"转变成为"和平势力论",而这也标志着"总评"的进一步左转。

"总评"在20世纪50年代上半期的左转推动了其将政治斗争和劳资关系领域的活动相结合,并强调大众运动的作用。在这一过程中,"总评"重视工会作为大众的阶级组织所能发挥的作用,强调工会和反对旧金山体制的市民运动相结合,形成了强有力的"反体制型国民势力"。在这一路线的影响下,"总评"在劳资关系领域发起斗争,体现出和执政当局推动的"逆流"政策进行对决的姿态,并希望在各基层工会和国民的广泛支持下恢复工会运动的独立性。⑤

---

① 华桂萍:《护宪和平主义的轨迹:以日本社会党为视角》,北京:人民出版社,2005年版,第172页。

② ものがたり戦後労働運動史刊行委員会:『ものがたり戦後労働運動史(4)——電産・炭労ストから春闘のはじまりへ(1952—1955年)』,第一書林,1998年,第33–34頁。

③ 华桂萍:《护宪和平主义的轨迹:以日本社会党为视角》,北京:人民出版社,2005年版,第177页。

④ 华桂萍:《护宪和平主义的轨迹:以日本社会党为视角》,北京:人民出版社,2005年版,第179页。

⑤ 栗田健:『日本の労働社会』,東京大学出版会,1994年,第96頁。

"总评"在工资问题上展开的斗争突出体现了其将政治斗争和劳资关系斗争相结合的倾向。1952年"总评"的春季斗争方针提出了改革工资体系的目标。在这一年工资斗争的过程中，"总评"将争取加薪的斗争和反对"破防法"的斗争相结合，并发动了大规模的罢工。同年6月召开的"总评"第三次大会提出了《工资纲领草案》，其强调"战后工会的最大使命就是解决工资，实现与人的尊严相符合的工资"，而且"要彻底根绝低工资制度，必须依靠统一战线的力量，与顽固维持这一制度的各种政治势力做不懈的斗争"。[①] 不仅如此，"总评"在争取工资结构改革的斗争中还提出了考虑工人生活需求的"购物篮公式"，希望以此减轻工资对于企业支付能力的依赖。由此可见，"总评"发动工资斗争不仅出于经济利益的考虑，而且具有很强的政治色彩。一方面，"总评"希望以工资斗争激活工会维护工人利益的功能，并强调通过工资斗争超越企业工会的限制，推动工会运动的统一斗争。另外，通过强调工资结构中生活需求的作用，"总评"力图推动工资斗争成为"大众运动"，而不局限于对狭隘的经济利益的关注。

## 二、政治斗争主义与冲突型劳资关系

第二章的研究表明，在20世纪50年代上半叶，吉田内阁不仅推动"政治逆流"，对工会的权利施加限制，而且秉持"自由资本主义"路线，较少考虑产业合理化对工人生活的冲击。在产业合理化推行的过程中，以"日经联"为代表的资方强硬派在劳务管理方面的态度更加强硬。在敌对的劳资关系环境中，"总评"在事务局长高野实的领导下开展了大规模的斗争，其突出体现为产业统一斗争、职场斗争和地域斗争的发展，这一时期"总评"的路线也因此被称为"高野路线"。在20世纪50年代上半叶，以政治斗争主义为特征的"总评""高野路线"得到了较快发展，从而推动了这一时期日本冲突型劳资关系的发展。

（一）产业统一斗争的发展

为了超越企业工会的限制，"总评"内的"高野路线"强调以产业工会发展实现工人阶级在更大范围内的团结。在开展产业统一斗争的过程中，日本的工会和资方展开了激烈的争夺和冲突。

作为"总同盟"内部左派的代表，高野实在"总评"建立之前，就提出应以新成

---

① （日）正村公宏：《战后日本经济政治史》，上海社会科学院世界经济研究所日本经济研究室译，上海：上海人民出版社，1991年版，第390页。

立的"总评"为舞台推进产业工会的重组,并使"总评"成为各产业工会的联合体。在其看来,重组后的产业工会应将产业条件和劳动条件相似的工会集合起来,从而避免企业工会沦为"御用工会"的危险。1951 年召开的"总评"第二次大会确定了组织强化方针,强调以产业工会发展推动劳工的"阶级团结"。在会后,高野实更进一步强调了产业工会不能仅限于成为各企业工会的集合体,而应该成为单个工会成员的集合体,而且单个的产业工会要力争在全产业获得"单一的交涉权",对此高野实称之为"(工会)组织的革命"。1952 年 7 月召开的"总评"第三次大会也将"产业工会的单一化"作为其基本的课题。①

围绕着发展产业工会这一目标,这一时期的劳资关系发展中爆发了一系列争议和冲突,"总评"也介入其中,并与政府和资方产生了激烈的冲突,其中较有影响的有 1952 年的"电产、炭劳争议"以及 1953 年的"日产争议"。

在电力部门,第二次世界大战时期形成的电力行业的国家统一管理体制在战后被重塑,1951 年电力行业的经营体制一分为九。而"电产"("日本电气产业工会"的简称)在各电力公司成立之后仍希望维持以往的劳资交涉方式,以"电产"作为电力行业工会的代表和"电气事业经营者会议"进行统一的交涉。而在煤炭行业,经过重组,"炭劳"("日本煤矿工会"的简称)作为产业的单一工会于 1950 年 4 月成立,并加入"总评",其不仅拥有多达 30 万的工会会员,而且具有很强的战斗性。在成立之后,"炭劳"要求改变煤炭行业分企业的劳资交涉方式,要求进行产业层面的统一交涉。因此,"电产"和"炭劳"都是"总评"提出的产业统一交涉的忠实支持者。1952 年,围绕着增加工资的议题,"电产"和"炭劳"都在产业层面组织了和资方的统一交涉,但是资方在工会的压力面前表现得十分强硬,其不但拒绝了加薪的要求,而且提出了人员合理化的反要求,这也导致"电产"和"炭劳"发起了长时间的罢工。面对"电产"和"炭劳"组织的罢工,"日经联"采取了强硬的立场,其认为对罢工是否采取"坚决的态度"将会决定"劳资关系能否正常化",因此在争议进行的过程中,资方主张各个企业分头进行交涉。而"总评"则将"电产、炭劳争议"视为"劳工和资本的总对决"。②

然而,在罢工持续的过程中,"电产"和"炭劳"属下的企业工会陆续退出统一罢工,并和企业的经营者进行个别交涉。最终,"电产争议"在持续 90 天后以"电

---

① 兵藤钊:『労働の戦後史〈上〉』,東京大学出版会,1997 年,第 102 頁。

② 兵藤钊:『労働の戦後史〈上〉』,東京大学出版会,1997 年,第 103 頁。

产"的失败而告终,而"炭劳"争议也在持续 63 天之后结束。从结果上来看,不但工会提出的统一交涉、统一工资的斗争目标未能实现,而且产业工会自身的发展也遭受打击。如在电力部门,以"电产争议"为契机,出现了各工会脱离"电产",组织企业工会的趋势,"电产"也最终于 1956 年解体。① 正如学者所言,工会在"电产、炭劳争议"中的失败反映出"总评"发展产业工会的构想无法越过企业的限制。而"电产、炭劳争议"后企业层面交涉方式进一步确立,从而成为战后日本企业工会发展过程中的重要分水岭。②

(二)"职场斗争"的发展

在推动产业层面的工会统一斗争的同时,"总评"强调开展"职场斗争",从基层开始对企业工会进行改造,并希望以此推动工会运动的再生。然而,在资方强调维护"经营权"的背景下,"职场斗争"引发了劳资之间的激烈争夺和冲突。

20 世纪 50 年代开展的"职场斗争"强调,企业工会需要强化其自身的组织力量,以抵御产业合理化过程中对工人利益的侵害。此外,"职场斗争"要求变革职场秩序。如"三池煤矿工会"在"职场斗争"中强调,通过推动"职场管理制度"的民主化消除管理机构"封建的色彩",并实现职场中"劳资间的对等"。而"北陆铁路工会"在"职场斗争"过程中强调先在基层通过交涉解决各职场的要求,无法解决的问题再转移到工会上层;同时,工会通过集体协商的方式,将基层职场取得的成果在企业中普遍化。通过"职场斗争","三池煤矿工会"和"北陆铁路工会"等工会不仅取得了一定的物质成果,还推动了职场的民主化。③

然而,由于资方对"经营权"的强调,在 20 世纪 50 年代上半叶工会推动"职场斗争"的过程中爆发了激烈的劳资冲突,其中 1953 年的"日产争议"具有很强的代表性。1953 年 5 月,汽车行业的全日本汽车行业工会工会在日产、丰田和五十铃这三家企业中的分会发动要求加薪的斗争。但是在 7 月开始的罢工中,丰田工会和五十铃工会都陆续退出,只有全日本汽车行业工会日产分会继续坚持。全日本汽车行业工会日产分会的坚持和其在企业中的强力存在密不可分。在 1949 年 10 月日产进入无合同状态后,日产工会还保持着强大的实力,其组织职场委员会开展日常的工会活动,并强化了"职场斗争",强调工会在达成和劳工相关的协议和

---

① 久米郁男:『労働政治——戦後政治のなかの労働組合』,中央公論新社,2005 年,第 164 頁。

② 新川敏光:『幻視のなかの社会民主主義』,法律文化社,2007 年,第 90 頁。

③ 兵藤釗:『労働の戦後史〈上〉』,東京大学出版会,1997 年,第 109 – 112 頁。

决定中具有重要作用。与之相对,"日经联"反复要求日产的经营者对职场委员会的活动和"职场斗争"加以限制。由于日产经营者对工会的态度并不十分强硬,其一直被"日经联"和其他资方团体批判。但在 1953 年的罢工中,日产经营者表现出了强硬的姿态,其拒绝了工会提出的加薪要求,并提出了限制工会权力的要求——其不仅要求企业员工不得在工作时间进行工会活动,而且要求企业的课长不得加入工会。① 对此,日产工会表示了强烈不满,其认为企业的行为打破了双方在工会活动问题上形成的惯例,侵害了工会的既有权利。

日产经营者在应对工会"职场斗争"时的强硬姿态得到了"日经联"的支持。"日经联"不仅对日产经营者的强硬姿态给予了很高的评价,还动员财界力量,向日产提供资金支持,并确保日产的市场份额不因罢工而遭受损失。② 得到强力支持的日产经营者则以封闭工厂对抗罢工,并设置了高大的混凝土路障,阻拦第一工会会员进入工厂。此外,日产的经营者还组织了亲资方的"第二工会",与其合作恢复生产。在罢工的过程中,第一工会(全日本汽车行业工会日产分会)的成员与企业的管理人员、第二工会的成员及警察发生了激烈冲突,还出现了第一工会的干部遭逮捕的事件。③

最终,由于工会成员大量流向新成立的第二工会,第一工会不得不全面撤回增加工资的要求,并结束长达百日的罢工。而在罢工结束之后,公司对参与罢工的部分工会成员给予了包括解雇在内的处分,这也使得第一工会受到了很大的打击,第二工会虽然在生产重启时仍是少数派,但其在半个月之内就成为多数派。在 1953 年的争议之后,日产内部协调的劳资关系逐渐确立,而第一工会也最终在1956 年解散。④

"日产争议"的发生及第一工会的失败表明,对于志在确立职场秩序,实现经济复兴的日本资方而言,工会发起的"职场斗争"对经营权构成了挑战,因而需要加以限制。⑤ 1953 年 1 月,"日经联"通过的《有关劳动合同基准的方案》就强调,

---

① 栗田健:『日本の労働社会』,東京大学出版会,1994 年,第 112 頁。
② 栗田健:『日本の労働社会』,東京大学出版会,1994 年,第 114 頁。
③ 神代和欣、連合総合生活開発研究所編集:『戦後 50 年産業・雇用・労働史』,日本労働研究機構,1995 年,第 268 頁。
④ 黒田兼一:『戦闘的労働運動の衰退と協調的労使関係の成立—自動車産業の場合』,堤矩之、浪江朧編:『日本の労務管理と労使関係』,法律文化社,1991 年,第 75 頁。
⑤ 神代和欣、連合総合生活開発研究所編集:『戦後 50 年産業・雇用・労働史』,日本労働研究機構,1995 年,第 270 頁。

企业和工会是完全不同的社会领域,工会不能干预企业的经营。虽然其强调劳资双方是对等的社会关系,但却指出双方的关系要以经营者(资方)在企业内的管理权为前提,企业是专属于经营者的"私人的领域","经营权"具有不可侵犯性。[1]由此可见,日本工会发起的"职场斗争"和"日经联"将企业视为经营者"专有领域"的主张之间存在着严重的对立,而这种对立是20世纪50年代上半叶日本冲突型劳资关系发展的重要原因。

(三)地域斗争的发展

在政治斗争主义的影响下,"高野路线"将劳资关系领域的斗争和地方社会的斗争相结合,以对抗保守的政治体制。在1954年前后,"总评"在劳动争议中采用了"举家举街斗争"的战术,从而使这一时期的劳动争议具有大众斗争的特征,并推动了冲突型劳资关系的发展。

1953年朝鲜战争停战之后,日本经济陷入了困境,日本政府为此提出了以产业合理化强化经济的国际竞争力、推动经济自主发展的构想。与此同时,在1953年1月艾森豪威尔出任总统后,美国大力强化军事同盟体制,要求日本迅速扩充军备,并提出按照《安全共同法》与日本缔结"共同防御协定"(Mutual Security Agreement,MSA),促使日本更积极地承担起重整军备的义务。"总评"认为以上两方面动向存在关联,并指出这一时期劳资间矛盾的根源在于日本政府采取的军事政策,其认为"引进MSA援助的重整军备经济,公然通过给予军需工业特权的设备现代化政策,大举推行资本的系列重组和产业结构内的重组。为此对工人运动进行法西斯式的镇压,强制推行紧紧束缚每一个劳动者的低工资政策"[2]。就问题的解决之道而言,"总评"指出,为了制止加薪的停滞不前和防止大规模的解雇,工会应联合农民、商人和中小企业者,组织国民运动,以实现向和平经济的转变。为此,高野实在1954年召开的"总评"大会上强调,应展开"劳动计划"斗争,并以"举家举街斗争"的方式推动大众斗争的展开。[3]

第一章的研究表明,在朝鲜战争特需消退后,1954年前后日本的企业经营陷入困境,而解雇问题也引起了大规模的劳动争议和罢工。在这一系列劳动争议和罢工中,诸多工会采用了高野实提出的"举家举街斗争"战术,从而使劳动争议呈

---

① 栗田健:『日本の労働社会』,東京大学出版会,1994年,第108頁。
② 华桂萍:《护宪和平主义的轨迹:以日本社会党为视角》,北京:人民出版社,2005年版,第179–180页。
③ 兵藤釗:『労働の戦後史〈上〉』,東京大学出版会,1997年,第115頁。

现出大规模的特征,其中具有代表性的案例是"室兰制钢争议"。在日钢室兰工厂,1954 年企业因为钢铁行业的不景气而大幅解雇人员,对此工会表示反对,并发动了罢工。在罢工的过程中,日钢室兰工会不仅取得了同一地区内其他企业工会的支持,并且发动日钢室兰工人住宅区的主妇和青年组织起来,进行斗争的宣传。此外,"总评"和"钢铁劳联"("日本钢铁行业工会联合会"的简称)等外部组织也介入罢工,并成立了"日钢室兰共同斗争委员会",其开展的活动包括:①向一般的工会成员进行反对解雇的启蒙宣传;②在家庭内进行启蒙宣传,并有组织的将家庭内的日常问题提出,在道和市的层面得到解决;③经常性地召开共斗会议;④和一般的市民联手推动共斗会议的发展。由此可见,工会在"室兰制钢争议"中将工人的就业问题与家庭生活和地域生活联系起来,并发动家庭成员和地方的广大市民参与斗争,因而被视为"举家举街斗争"的代表。另外,"总评"在"室兰制钢争议"中也积极募捐资金,为参与罢工的工人提供生活资金。①

由此可见,在推行"举家举街斗争"的过程中,"总评"关注的不仅是劳资之间存在的对立和斗争,而且希望通过工人阶级内部以及工人和大众的共同斗争超越企业工会的局限,将工人、工人的家庭成员以及地方社会的市民共同组织成强有力的政治集团,从而打破产业合理化产生的政治经济条件。② 虽然"总评"的这一斗争方式有助于工会在劳动争议中获得更多的支援,但其对政治目标的强调也导致了企业工会内部的分裂和冲突。如在"室兰制钢争议"中,第二工会在成立之后发起了进攻,力图攻破第一工会和其他支援工会的活动家组成的共同斗争委员会。在斗争中,工人社区内包括儿童在内的家庭成员也被卷入其中,并造成很多轻重伤员。而第一工会会员的家属则攻击第二工会会员的家属是"叛徒",整个地区陷于相互憎恨的漩涡之中,甚至出现第一工会担任一定行政职务的会员被说服参加第二工会后自杀的悲剧。③ 因此,在企业对工人生活具有决定性影响的背景下,"总评"以大众斗争解决劳资之间冲突的斗争策略存在一定的风险,而且也推动了冲突型劳资关系的持续发展。

以上的分析表明,在 20 世纪 50 年代上半期政治"逆流"和产业合理化的不利

---

① 『総評四十年史』編纂委員会:『総評四十年史第一卷(通史)』,第一書林,1993 年,第 159 頁。

② 栗田健:『日本の労働社会』,東京大学出版会,1994 年,第 128 頁。

③ (日)正村公宏:《战后日本经济政治史》,上海社会科学院世界经济研究所日本经济研究室译,上海:上海人民出版社,1991 年版,第 407 页。

环境中,"左转"的"总评"在劳资关系领域采取了"政治斗争主义"的路线。以高野实为代表的"总评"领导层希望通过产业统一斗争、职场斗争、地域斗争的方式克服企业工会在组织上的弱点,并通过大众动员和斗争的方式,以政治斗争的目标引导劳资关系领域的斗争。

从斗争的成果来看,"总评"的斗争在政治领域取得了较大的进展。在 20 世纪 50 年代上半叶的选举中,由于得到"总评"的强力组织支持,左派社会党的势力快速上升(参见表 3 - 1 - 1),当选议员中工会成员出身的议员人数也大幅增加,而且能否得到"总评"的推荐在很大程度上决定了革新势力的候选人能否当选(参见表 3 - 1 - 2)。就其原因而言,"总评"的政治斗争主义因其对"护宪和平"方针的强调而得到了都市中市民和学生的支持。①

表 3 - 1 - 1　20 世纪 50 年代前半期左右派社会党的选举表现

| 项目 | 分裂时 | 1952 年 | 1953 年 | 1955 年 |
| --- | --- | --- | --- | --- |
| 左派社会党 | 29 席 | 60 席 | 66 席 | 67 席 |
| 右派社会党 | 16 席 | 56 席 | 73 席 | 89 席 |

资料来源:岡田一郎:「社会党改革論争と労働組合」,社会政策学会編:『社会政策学会誌』第 10 号,法律文化社,2003 年,第 209 頁。

然而,在劳资关系领域,以"高野路线"为代表的政治斗争主义的工会路线陷入了困境。一方面,由于偏重于政治斗争,"总评""对政府和资方所采取的一系列促进经济复兴的举措不够重视,并对先端产业和企业内的经济复兴投资给予了过度的政治解释,从而在提出经济要求和进行经济斗争方面处于落后的地位"②。另一方面,这一时期诸多大规模的劳资冲突都以工会的失败而告终,工会对政治斗争的强调不仅推动资方严厉处分参加罢工的工会成员,而且第二工会的出现也导致了工人内部的对立和冲突。在劳动争议过后,一些大企业内亲资方的第二工会提出了"既爱工会,也爱企业"的口号,从而决定了"总评"发动的超越企业工会限制的大众运动无法取得突破。例如,高野实推动的"劳动计划"斗争无法渗透到

---

① 岡田一郎:「戦後日本における労組と政党」,『筑波法政』31 号,2001 年 9 月,第 152 頁。
② 清水慎三:「戦後労働組合運動史序説」,清水慎三編著:『戦後労働組合運動史論——企業社会超克の視座』,日本評論社,1982 年,第 17 頁。

大企业的工人内部,参加者只有一部分"失业者、短工和中小企业工人"。① 因而,到了 20 世纪 50 年代中期,以"高野路线"为代表的政治斗争主义的工会路线面临着变革的压力。

表3－1－2　1955 年总选举中得到和未得到"总评"推荐的候选人的当选率

| 项目 | 总评推荐的候选人 | | | 未得到总评推荐的候选人 | | |
|------|----------|----------|----------|----------|----------|----------|
| | 候选人数 | 当选人数 | 当选率(%) | 候选人数 | 当选人数 | 当选率(%) |
| 左派社会党 | 124 | 89 | 73.5 | — | — | — |
| 右派社会党 | 74 | 53 | 71.6 | 48 | 14 | 29.2 |
| 劳农党 | 7 | 4 | 57.1 | 9 | 0 | 0 |
| 平均值 | 202 | 146 | 72.3 | 57 | 14 | 24.6 |

资料来源:岡田一郎:「社会党改革論争と労働組合」,社会政策学会編:『社会政策学会誌』第 10 号,法律文化社,2003 年,第 210 頁。

## 第二节　经济政治斗争相结合与冲突型劳资关系
## （1955—1960 年）

### 一、对政治斗争主义路线的修正

（一）"全劳"的社会民主主义路线

工会内部对"总评"政治斗争主义路线的批判,从"总评""左转"之时就已出现。在 1951 年"总评"第二次大会决定推动争取和平的国民运动之后,构成"总评"主力的"民同"("民主化同盟"的简称)内部发生了分裂,反对高野实等左派的势力结成了"民劳研"("民主劳动运动研究会"的简称),而左派则形成了"工人同志会"。"总评"内部左右派之间的分歧不仅源于对外政策上的主张差异,也源于对工会运动路线的不同看法。

1952 年,"总评"发动了大规模的争取加薪斗争,并发表了《工资纲领草案》,在斗争中"总评"强调要将争取加薪的斗争和阻止战争及再军备的斗争结合起来。

---

①　兵藤釗:『労働の戦後史〈上〉』,東京大学出版会,1997 年,第 119 頁。

对此"全织同盟"("全国纺织行业工会同盟"的简称)、"海员工会"等属于"民劳研"("民主主义劳动运动研究会"的简称)系统的四家产业工会发表了批判声明,其认为"总评"的运动路线将经济斗争作为政治斗争的工具,并且过于偏向政治斗争,因而偏离了"总评"成立时的基本纲领。1953 年 2 月,以上四家工会联合"总同盟"及各工会中的右派,成立了"民劳联"("全国民主主义劳动运动联络协议会"的简称)。在 1953 年"总评"第四次大会上,高野实强调开展"MSA 之下的劳动运动",并提出"总评"要成为"和平势力"(而非中立于美国、苏联的"第三势力")。"民劳联"旗下的工会认为"和平势力"的提法"将工会当成了政治斗争行动的部队",并且提供了"共产党势力活跃的舞台",这些工会因此退出了"总评",并在 1954 年和"总同盟"共同组成了新的全国工会组织"全劳"("全日本劳动组合会议"的简称)。①

　　1954 年 4 月召开的"全劳"成立大会通过了《全劳宪章》,其中规定了组织的目的,强调以产业民主推动产业发展和劳资协调(如"促进经济的自立、发展以及产业的民主化""推动工人组织参与产业和企业内的决策"等条款),此外其还强调以制度内的方式推动工人的政治参与(如"在议会内外开展合法的政治活动"等条款)。② 而在成立后,"全劳"积极回应日本经营者发起的"生产率运动",虽然"全劳"系的工会对"日经联"仍然有所警戒,但其在原则上还是表明了和"生产率运动"协作的立场。1955 年 7 月召开的"全劳"第二次大会提出了其参加"生产率运动"的五个条件,其中包括切实改善工人生活水平,政府和资方在合理化过程中采取稳定就业的措施,承认工会的积极发言等方面的内容,从而呈现出"以劳资协调推动生产率提升"的特征。③ 但是,此时"全劳"的路线和日后日本出现的强调劳资一体和劳资协作的企业工会主义仍有一定的差别,其仍对劳资间的阶级关系保持警戒,如其强调"经营者对私人利润的追求和垄断的经济力量的支配与垄断将会形成为少数人服务的政治",并指出"社会正义无法以资本主义的方式实现,而是应该通过追求民主的社会主义社会才能实现"。而就解决劳资冲突的方案而言,虽然"全劳"提出以产业工会发展实现阶级团结,但是其也认为工会的任务应该限制在经济斗争方面,而追求政治的改善则要通过议会进行。由此可见,"全

---

① 兵藤釗:『労働の戦後史〈上〉』,東京大学出版会,1997 年,第 115 頁。
② ものがたり戦後労働運動史刊行委員会:『ものがたり戦後労働運動史(4)——電産・炭労ストから春闘のはじまりへ(1952—1955 年)』,第一書林,1998 年,第 172 頁。
③ 新川敏光:『幻視のなかの社会民主主義』,法律文化社,2007 年,第 96 頁。

劳"追求的工会路线强调制度内参与,具有社会民主主义的特征。①

(二)"总评"内部的"太田—岩井"路线

在"总评"内右派反对"高野路线"的政治斗争主义,进而退出"总评"的同时,构成"总评"左派的"工人同志会"内部也出现了争论。在"工人同志会"内部反对"高野路线"的势力看来,以"举家举街"方式展开的地域斗争偏离了工会的功能。他们认为,"总评"应该更注重产业工会的发展,并通过经济斗争获得工人的支持。例如,反对"高野路线"的代表人物太田薰就认为,高野实对资本力量的估计过低。太田薰强调,为了避免工会组织的毁灭,工会在面对资本的攻击时应采取"退却"的态度。1954 年,太田薰所属的"合化劳联"("合成化学行业工会联合"的简称)在其代表大会上通过了决议,其中指出"虽然和广大市民联合进行共同斗争很有必要,然而如果超出工会的组织力量和工会组织的界限强行发动运动,将会给敌人提供挑拨离间的机会","强化劳动战线的方法在于重视工会自身的作用","当下要实现强化总评的目标,第一步就是以加薪斗争为支柱推动共同斗争"。②

在 1954 年召开的"总评"第五次大会上,反高野派打算拥立太田薰为事务局长,但高野实在选举中战胜了太田薰。在 1955 年召开的"总评"第六次大会上,由于高野实的主动辞职,反高野派拥立的岩井章当选为事务局长(并一直连任到1970 年),而太田薰也在 1958 年当选为"总评"的议长(并一直连任到 1966 年)。太田薰和岩井章的上台成了"总评"路线的转折点,两者共同推动的"太田—岩井路线"取代了"高野路线",成为 20 世纪 50 年代后期和 20 世纪 60 年代"总评"的指导路线。"太田—岩井路线"在关注经济斗争的同时仍然强调政治斗争,并部分继承了高野时期的运动遗产,从而不同于"全劳"的社会民主主义路线。③ 由于加入"总评"的工会会员人数占了全部工会会员人数的 50% 以上(1959 年这一比例为 50.6%,而"全劳"只占 11.7%),"太田—岩井路线"成为 20 世纪 50 年代后半期日本主导的工会运动路线,从而推动了日本冲突型劳资关系的发展。

---

① 新川敏光:『幻視のなかの社会民主主義』,法律文化社,2007 年,第 97 頁。
② ものがたり戦後労働運動史刊行委員会:『ものがたり戦後労働運動史(4)——電産・炭労ストから春闘のはじまりへ(1952—1955 年)』,第一書林,1998 年,第 188 頁。
③ 清水慎三:「総評三〇年のバランスシート」,清水慎三編著:『戦後労働組合運動史論——企業社会超克の視座』,日本評論社,1982 年,第 322 頁。

### 二、"太田—岩井路线"与冲突型劳资关系

"总评"的"太田—岩井路线"是 20 世纪 50 年代中后期和 20 世纪 60 年代日本主导的工会运动路线,其虽然强调工会运动应重视工人的经济利益,但主张的并非是强调"劳资协调主义"的企业工会主义。考虑到日本企业工会的强大力量,"太田—岩井路线"提出在企业工会的基础上实现工会运动的阶级化。因此,"太田—岩井路线"虽然肯定了企业工会的现实存在,但对"企业意识"则加以否定,并希望通过超越企业工会的行动实现工人阶级的团结。① 为此,在 20 世纪 50 年代后半期,"总评"在劳资关系领域推动旨在追求加薪的"春斗"("春季加薪斗争"的简称)和旨在重塑工会组织的"职场斗争",并将这些斗争与反对第二波"逆流"和"反安保"的政治斗争相结合。"总评"追求的经济斗争和政治斗争相结合的工会路线构成了这一时期冲突型劳资关系发展的重要原因。

（一）政治对立和"春斗"的经济斗争主义

从 1955 年起,太田薰领导了各企业联合要求加薪的春季斗争(被称为"春斗"),此后"春斗"的规模不断扩大(参加的工会会员数从 1955 年的 70 万人增加到 1959 年的 240 万人),而"总评"也确立了其在"春斗"中的领导地位。按照"总评"的看法,"春斗"的功能在于从"量"上改造企业工会。太田薰将"春斗"形容为工会"手拉着手在黑夜里前进",因而是"弱者的联合"。②

从"春斗"发生的背景来看,"在主要按企业组织工会的日本,由于工资交涉实际上是在企业内部进行的,所以,产业组织和全国中央组织的影响有一定的限度"③。另外,虽然单个的企业工会希望通过罢工争取加薪,也知道"一举行罢工就能达到要求",但是其"也会由于担心自己的企业失去本身的市场后会不会落后于别的企业,最后自己的工资会不会由此不能提高而胆怯"。④ 市场竞争的分割使得企业工会的交涉无法产生令人满意的交涉结果。而"春斗"希望通过开展"产

---

① 清水慎三:「総評三〇年のバランスシート」,清水慎三编著:『戦後労働組合運動史論——企業社会超克の視座』,日本評論社,1982 年,第 334 页。
② （日）升味准之辅:《日本政治史》,董果良、郭洪茂译,北京:商务印书馆,1997 年版,第 1143 页。
③ （日）正村公宏:《战后日本经济政治史》,上海社会科学院世界经济研究所日本经济研究室译,上海:上海人民出版社,1991 年版,第 419 页。
④ 太田薰语,转引自（日）升味准之辅:《日本政治史》,董果良、郭洪茂译,北京:商务印书馆,1997 年版,第 1143 页。

业层面的统一工资斗争"改变这一情况,"产业层面"意味着在市场中相互竞争的各企业工人能够实现合作,而"统一"则意味着有计划地同步推行斗争;"工资斗争"意味着优先考虑工会成员的经济利益。①

从"春斗"发挥作用的具体机制来看,首先,"把同一产业系统要求增加工资的幅度统一起来,统一交涉时间,由实力强的企业工会决定增资幅度";其次,"实力强的企业工会提出增资'幅度'后,其他各产业、各企业的经营者和工会就会参照这一幅度,试探适当的妥协标准"。② 因此,"总评"希望"春斗""对无能力搞罢工的中小企业和未参加工会的工人能产生相当的影响",从而实现全面增加工资。③

"春斗"的开展体现了"太田—岩井路线"指导下的"总评"对工人经济利益的重视。但从 20 世纪 50 年代后期"春斗"的结果来看,不仅加薪的幅度较为有限(参见表 3 - 2 - 1),而且不同规模的企业间工资水平的差距并没有显著缩小(参见表 3 - 2 - 2)。

表 3 - 2 - 1　1956—1960 年"春斗"的表现

| 年份 | "春斗"争取到的加薪额度(元) | 加薪的比例(%) |
|------|------------------------|------------|
| 1956 | 1063 | 6.3 |
| 1957 | 1518 | 8.6 |
| 1958 | 1050 | 5.6 |
| 1959 | 1281 | 6.5 |
| 1960 | 1792 | 8.7 |

资料来源:Haruo Shimada, "Japanese labor's spring wage offensive and wage spillover", *Keio Economic Studies*, Volume 7, No.2, 1970, p.36.

---

① 栗田健:『日本の労働社会』,東京大学出版会,1994 年,第 131 页。
② (日)正村公宏:《战后日本经济政治史》,上海社会科学院世界经济研究所日本经济研究室译,上海:上海人民出版社,1991 年版,第 419 页。
③ 岩井章:《我的工运之路》,尤祖德等译,北京:中国工人出版社,1992 年版,第 47 页。

表 3 - 2 - 2　1954—1960 年日本不同规模企业的工资差距

| 年份 | 500 人以上的企业 | | 100—499 人的企业的工资指数 | 30—99 人的企业的工资指数 |
| --- | --- | --- | --- | --- |
| | 工资指数 | 工资额度（日元） | | |
| 1954 | 100.0 | 19594 | 77.6 | 59.9 |
| 1955 | 100.0 | 20723 | 74.3 | 58.5 |
| 1956 | 100.0 | 23273 | 72.1 | 56.1 |
| 1957 | 100.0 | 24550 | 70.8 | 56.0 |
| 1958 | 100.0 | 25106 | 69.7 | 54.7 |
| 1959 | 100.0 | 26906 | 69.6 | 56.1 |
| 1960 | 100.0 | 28690 | 70.7 | 58.8 |

　　资料来源：ものがたり戦後労働運動史刊行委員会：『ものがたり戦後労働運動史(5)——1955 年体制の成立から安保・三池の前哨戦へ(1955—1959 年)』，第一書林，1998 年，第 205 頁。

　　不仅如此，这一时期的"春斗"还伴随着大规模的劳动争议，未能促成协调型劳资关系的发展。就其原因而言，一方面，在选择实力强的工会作为"春斗"的领军工会时，这一时期的"总评"通常选择公共企业中的工会（如铁路和煤炭产业），并倾向于将"春斗"和其他领域的劳资斗争及政治斗争相结合。[①] 然而，加薪斗争和政治斗争的结合导致了政府和资方的态度强硬，其不仅导致"春斗"在争取作为其他工会参考的加薪"幅度"上很难取得令人满意的结果，并经常引发激烈的劳资冲突。如在 1957 年的"春斗"中，处于领军地位的"公劳协"属下的工会纷纷提出"为增薪 2000—3000 日元和为确立 8000 日元为最低工资制而斗争"，因而"1957 年春斗被称为'高原斗争'，是以一线工人罢工最为著名"。[②] 在这一年"春斗"的过程中，针对工会要求最低工资而举行的罢工，"国铁"当局决定停发罢工工人的工作津贴，工人对此不满，又发起新一轮罢工。在"春斗"结束后，政府发出指示，要求处分官营和公营的"三公社五现业"参与"春斗"强力罢工的员工，仅在"国铁"就处分了 705 人（解雇 23 人）。这种处分导致了工人的不满，结果则是工会再

---

　　① 兵藤釗：『労働の戦後史〈上〉』，東京大学出版会，1997 年，第 131 頁。
　　② 岩井章：《我的工运之路》，尤祖德等译，北京：中国工人出版社，1992 年版，第 49 頁。

度发起罢工,形成了"处分和罢工的恶性循环"。① 最终,工会为了保存组织,使更多的人免除处分,也不得不做出暂时退让的决定。

另一方面,由于这一时期资方着力推进产业合理化,因而其强调资方在企业中的主导权,并对工会发动的加薪斗争持较为强硬的态度。如在1956年的"春斗"中,"日经联"继续持强硬的立场,其认为工会的行为是以武力获得加薪的政治斗争,号召"公营和民营部门中的经营者不惜一切代价坚决抵制工会的行为",并要求企业将盈利投入到资本的投资中,以此提升生产率,而不仅仅是加薪。② 在这样的背景下,"总评"以加薪斗争推动产业层面工会统一的目标和资方的目标存在着对立,不仅"总评"推动工会统一斗争的目标较难实现,其还经常和资方发生大规模的冲突。如在1957年争取加薪的斗争中,钢铁劳联将罢工的决定权集中到产业工会中,在五大钢铁公司和资方统一交涉,并提出加薪和退休金的要求。但是资方以"钢铁行业业绩恶化以及钢铁行业工资水准已高于其他行业"为由,提出了"零加薪"的方案。"钢铁劳联"对此表示不满,并发动了全行业的11波大规模罢工,但在几大钢铁企业中,罢工最终还是以"零加薪"而结束。不仅如此,"钢铁劳联"集中罢工决定权的努力也宣告失败,数家大企业的工会在罢工后期宣布退出统一罢工,从而导致了钢铁劳联的"组织崩溃"。③

(二)"职场斗争"的高潮

以上的分析表明,"总评"希望通过"春斗"推动企业工会"量"的改变,而同一时期"总评"对"职场斗争"的重视则体现了其在"质"上重塑企业工会的努力。

虽然"职场斗争"起始于20世纪50年代上半期,但是50年代劳资关系和工会的发展使得50年代后期的"职场斗争"具有了新的特征。在20世纪50年代上半期爆发的一系列大规模劳动争议中,工会相继败北,而且工会自身的发展也面临着困境。以第二工会形式出现的工会导致了工会的分裂,而且工会和一般会员之间的联系也不断弱化。"总评"认为工会失败的原因在于企业工会的弱点,因此需要创设新的组织,避免工会的分裂。为此,"总评"追求工会组织相对于企业而

---

① ものがたり戦後労働運動史刊行委員会:『ものがたり戦後労働運動史(5)——1955年体制の成立から安保・三池の前哨戦へ(1955—1959年)』,第一書林,1998年,第141頁。

② Carlile L. E., *Zaikai and the Politics of Production in Japan*, *1940-1962*, Ph. D. Dissertation, University of California, Berkeley, 1989, p. 398.

③ 久米郁男:『労働政治——戦後政治のなかの労働組合』,中央公論新社,2005年,第185 - 187頁。

言的自立,而"职场斗争"就是实现企业工会组织转变的重要过程。从1956年开始,"总评"就组织委员会对"职场斗争"的实践进行探讨和总结,并在1958年提出了《组织纲领草案》(以下简称《草案》)。《草案》指出,日本工会在劳资争议中失败的根源在于企业工会的弱点,而"职场斗争"的发生正是因为企业工会缺乏真正的民主。因此,要使企业工会真正变得独立自主,就需要阶级斗争的意识形态,并形成新的政治集团。① 由此可见,《草案》构想的是"以工人为职场的主人公",其希望将企业的管理功能排除在工会之外,从而推动真正的工会的发展,而"职场斗争"则是瓦解经营者以工会作为管理机构意图的关键。② 由于"总评"内部的分歧,《草案》最终并未通过,但其提出的主张推动了"总评"及其属下工会的"职场斗争"。

受到20世纪50年代后期第二波政治"逆流"和产业合理化的影响,资方针对"职场斗争"的成果发起了反攻,进而引发了劳资之间围绕"职场斗争"的激烈冲突。如在"职场斗争"据点之一的北陆铁道工会,从1958年开始,资方的态度开始变得强硬,其认为工会的"职场斗争"阻碍了"提升生产率的合理化"。在1959年年末工会向资方提出"职场斗争"的要求时(包括缩短劳动时间,修改劳动合同等要求),资方对其全面拒绝,并提出限制工会权利的反要求(如限制就业时间的工会活动),这引发了工会长达40天的罢工。③ 而在长期坚持"职场斗争"的三井三池煤矿,资方从1956年开始强调"反思劳务对策"。此后,在"日经联"的支持下,资方开始向工会取得的"职场斗争"成果发起反击。三井矿山的资方认为,在能源革命和煤炭产业合理化的背景下,三池工会的"职场斗争"导致了"低效率和高工资",其强调的首要目标是排除职场中的活动家,并恢复职场的运行规律。④ 在1959年开始的"三池争议"中,三井矿山的资方提出了第二次合理化方案,其直接侵蚀了工会通过"职场斗争"取得的诸多成果(如资方要求大幅削减工资,减少福利相关支出,排除工会的生产第一线斗争)。另外,在三池煤矿指名劝退的1492人中,"包括很多活动家、社会党员、共产党员。显然,公司方面的目标之一,是削弱工会的影响",这导致了工会的强烈反对,工会从1960年1月开始进行"解雇奉

---

① 兵藤釗:『労働の戦後史〈上〉』,東京大学出版会,1997年,第209頁。
② 栗田健:『日本の労働社会』,東京大学出版会,1994年,第143頁。
③ 大嶽秀夫:『戦後政治と政治学』,東京大学出版会,1994年,第208頁。
④ 兵藤釗:『労働の戦後史〈上〉』,東京大学出版会,1997年,第218頁。

还罢工"。① 为了支持三池工会的长期罢工,"总评"和"炭劳"向其提供资金,并送去组织干部。此后,资方为了分化开展无限期罢工的工会,拼命拉拢新成立的第二工会,并取得了相当的成效,而"全劳"和民社党也对第二工会与资方的合作表示支持。工会内部的分裂成了三池工会斗争败退的重要原因,而三池煤矿工会的败退也标志着职场斗争据点的崩溃,"总评"不得不调整路线。②

(三)经济斗争和政治斗争的结合

在推动"春斗"和"职场斗争"的同时,20 世纪 50 年代后期的"总评"也积极介入反对保守政治和对外政策的政治斗争,动员大众参与其中,并将其与劳资关系领域的经济斗争相结合。

在当时"总评"的领导人看来,开展和平运动和民主运动是"总评"的核心任务之一,其提出"在斗争中不能把要求、口号挂在口头上,要组织群众活动、游行、静坐和罢工"③。在 20 世纪 50 年代后期的"反对军事基地斗争""反对(教师)勤务评定斗争"和"反对修改警职法斗争"中,"总评"都动员大批工会会员参与其中,并赢得了"昔有陆军、今有总评"的名声。在这一时期,最具代表性的斗争是 1959—1960 年的"安保斗争"。

由于美国、日本政府从 1958 年开始商讨修改"美日安保条约",1959 年 3 月 28 日,以社会党和"总评"为核心的"阻止修改日美安全条约国民会议"(以下简称"国民会议")成立。此后,为了阻止"安保条约"的修改,国民会议在 1 年 3 个月中组织了 23 次大规模的统一行动,在全国各地进行集会和示威。在统一行动的后期,有实力的工会还组织了定时罢工,"国铁"也大量停止运行。④ 在"安保斗争"的过程中,"总评"召开的第十二次大会决定,将一切斗争的重点放在打破"安保条约"体制的方针上,为此必须形成广泛的国民统一战线。⑤ 因此,"总评"积极推动"安保斗争"和劳资关系领域的经济斗争相结合。如 1959 年 4 月 15 日,"国

---

① (日)正村公宏:《战后日本经济政治史》,上海社会科学院世界经济研究所日本经济研究室译,上海:上海人民出版社,1991 年版,第 526 页。

② (日)升味准之辅:《日本政治史》,董果良、郭洪茂译,北京:商务印书馆,1997 年版,第 1040 页。

③ 岩井章:《我的工运之路》,尤祖德等译,北京:中国工人出版社,1992 年版,第 60 页。

④ (日)正村公宏:《战后日本经济政治史》,上海社会科学院世界经济研究所日本经济研究室译,上海:上海人民出版社,1991 年版,第 518 页。

⑤ 华桂萍:《护宪和平主义的轨迹:以日本社会党为视角》,北京:人民出版社,2005 年版,第 188 页。

民会议"第一次全国统一行动和"春斗"第六次统一行动同时举行。尤为值得注意的是，"总评"在这一时期推动"三池争议"和"安保斗争"的结合。曾参与"三池争议"的"总评长期政策委员会"事务局长清水慎三等人认为，"三池斗争是在跟'安保斗争'结合的过程中扩大和计划起来的"，而且两者有效地结合在一起，"在'安保斗争'处于低潮时，三池斗争支撑了它，而当三池斗争处于困境时，'安保斗争'掩护了它"。① 具体而言，在 1960 年 1 月三池工会宣布无限制罢工后，"总评"就强调，"煤炭工会的成败将直接左右安保斗争和春斗，从长期来看将决定日本劳动运动的方向"。"总评"还向三池工会提供资金，并送去组织干部。② 在 3 月三池煤矿内部的第一工会和第二工会发生激烈冲突，政府进而投入大量警力后，"炭劳"内的一部分人准备接受斡旋案。由于此时正值"安保斗争"进入高潮期，"与安保结合"的口号振奋了活动家们的精神，太田熏也在"炭劳"召开的临时大会上吹响进军的号角，这也导致斡旋案为工会所拒绝。6 月召开的"炭劳"大会则强调"安保与三池一体"，并散发了书有"岸倒台之日即三池胜利之日"的传单。③ 然而，随着 1960 年 6 月"新安保条约"的通过，"安保斗争"消沉，而三池斗争也面临孤立化的困境，"炭劳"不得不在 9 月接受斡旋案。

本节的分析表明，虽然"太田—岩井路线"强调工会的经济斗争功能，希望以此突破企业工会的限制，但在五十年代后期日本国内政治对立的背景下，"总评"积极发动工会会员参与政治斗争，并将其与劳资关系领域的经济斗争结合起来，呈现出"动员型工会主义"（mobilizational unionism）的特征④，并在能动性层面推动日本冲突型劳资关系的发展。

1960 年"安保斗争"和"三池争议"的相继失败标志着战后日本政治和工会路线的重大转折。一方面，"安保斗争是'战后型'反体制斗争的一次最大也是最后

---

① （日）小山弘健、清水慎三编著：《日本社会党史》，上海：上海人民出版社，1973 年版，第212 页。

② 神代和欣、连合総合生活开発研究所编集：『戦後 50 年産業・雇用・労働史』，日本労働研究機構，1995 年，第 71 頁。

③ （日）升味准之辅：《日本政治史》，董果良、郭洪茂译，北京：商务印书馆，1997 年版，第1040 页。

④ Carlile L. E., "Sohyo versus Domei: competing labour movement strategies in the era of high growth in Japan", *Japan Forum*, Vol. 6, No. 2, 1994, p. 149.

的斗争",在此之后,经济的高速增长使国民生活和国民的意识都发生了变化。①
另一方面,对于工会运动而言,"三池斗争"的失败意味着战斗的工会运动在民营
部门中最后据点的失败,也成了工会运动"右倾化"的一个重要契机。② 在这样的
条件下,"总评"面临着变革工会路线的压力,支持劳资协调和企业工会主义的工
会路线也得到了发展的机会。1960 年之后工会路线的一系列变动也推动了日本
协调型劳资关系的确立。

## 第三节 企业工会主义与协调型劳资关系
### (1960—1975 年)

前两节的分析表明,在 20 世纪 50 年代中期前后,"总评"的运动路线经历了
从强调政治斗争主义的"高野路线"向强调经济斗争与政治斗争相结合的"太田—
岩井路线"的转变。虽然 20 世纪 50 年代中期成立的"全劳"强调以社会民主主义
解决劳资关系中的矛盾,但在这一时期的工会运动中"总评"居于主导地位,而"总
评"对工会政治斗争的强调推动了冲突型劳资关系的持续发展,各方的冲突也在
1960 年的"安保—三池斗争"中达到高潮。

"安保 - 三池斗争"的结束标志着日本工会路线的转变。"总评"不仅在政治
斗争中败退,也未能通过"春斗"实现经济斗争的预期目标,其不得不转变路线。
与此同时,池田勇人执政后自民党政权的政策调整推动了强调劳资协调的工会路
线的发展。由于 20 世纪 60 年代初"总评"的路线调整,"春斗"在 20 世纪 60 年代
之后得以发挥更大的作用,并奠定了日本协调型劳资关系的基础,"总评"的影响
力也有所提升。然而,从 20 世纪 60 年代中期开始,由于"总评"应对社会变动的
不力,以及资方对企业内秩序的精心塑造,民间部门工会的企业工会主义对"总
评"的"阶级主义"路线构成了强有力的挑战。这一时期工会路线的变动推动了
"春斗"的变化和政治联盟的重构,从而在能动性层面塑造了日本协调型劳资关系
的形成。在 1973 年的石油危机之后,企业工会主义的影响力通过 1975 年"春斗"

---

① (日)正村公宏:《战后日本经济政治史》,上海社会科学院世界经济研究所日本经济研究
室译,上海:上海人民出版社,1991 年版,第 545 页。
② 平井陽一:「三池争議とは」,『大原社会問題研究所雑誌』631 号,2011 年 5 月,第 15 页。

的调整得到进一步的发展。而构成"总评"主要支持力量的官营和公营部门工会虽然发起了"为争取罢工权的罢工",但却遭到失败,"总评"在工会运动中的主导地位在此后逐渐衰落。因此,1975年前后企业工会主义主导地位的巩固,推动了日本协调型劳资关系的最终确立。

## 一、"总评"的路线调整与协调型劳资关系

### (一)"总评"的路线调整

"总评"的路线调整起始于"安保–三池斗争"的过程中。在1959年的参议院选举中,和"总评"联系紧密的社会党败退,党内的一些人士(主要是由西尾末广领导的"西尾派")将失败的原因归结为党过多地受到"总评"的影响,未能采取国民政党的立场,而是采取了阶级政党的立场。① 最终,对"总评"和社会党的斗争路线不满的"西尾派"退出社会党,并在1960年1月成立民主社会党。"西尾派"在20世纪50年代后期的劳动争议中就曾联合"全劳"对抗"总评"②,在民主社会党建立的过程中,"总评"属下的一些工会受到"全劳"的影响而分裂,"总评"的组织基础也被动摇。③

在这样的背景下,"总评"在1960年1月发表了《日本的工会主义》的文件,对其斗争路线进行了一定的反思。这一文件认为,日本工会运动"在一些较难开展活动的企业内回避了斗争,而是用企业外的政治斗争代替了工会运动"。因此,其提出"当下劳动运动的课题在于克服工会'弱组织'的不足",主要的方式是"关注工资、工作条件等'工人的切身要求',推进组织的建设"。不过,在"安保斗争"激烈化的环境中,其仍然强调实现经济要求必须伴随政治斗争。④

"安保—三池斗争"的失败进一步推动了"总评"的路线调整。太田薫在安保斗争结束后强调,反美斗争并非最重要的任务,工会应该关注大多数工人切身和实际的要求。而在"三池争议"失败后,"炭劳"提出了"政策转换斗争"的新路线。"炭劳"指出,在应对产业合理化的过程中,工会要在考虑工人"共同要求"的基础

---

① 兵藤釗:『労働の戦後史〈上〉』,東京大学出版会,1997年,第230頁。
② (日)小山弘健、清水慎三编著:《日本社会党史》,上海:上海人民出版社,1973年版,第203頁。
③ ものがたり戦後労働運動史刊行委員会:『ものがたり戦後労働運動史(6)——安保と三池の決戦から同盟、JCの結成へ(1959—1964年)』,第一書林,1999年,第86頁。
④ 兵藤釗:『労働の戦後史〈上〉』,東京大学出版会,1997年,第230頁。

上赢得国民的同感和支持,并以此推动政府煤炭政策的转变,进而阻止"以解雇推动产业合理化"的现象再次发生。"总评"对"炭劳"采取的"政策转换斗争"给予了肯定,并希望以此推动劳资双方的"事前协议制",在产业合理化政策的计划阶段进行协商,进而推动工会的斗争和国民利益的结合。在以"政策转换斗争"推动反合理化斗争的过程中,分散进行的"职场斗争"的局限性体现出来。这进一步要求工会"将职场的要求集约起来,并在地方和中央的层面进行统一斗争",以此获得全面的劳动合同,并对局部的劳动条件进行规制。①

在这样的背景下,1962 年召开的"总评"大会提出了《组织方针方案》,以取代流产的《组织纲领草案》。《组织方针方案》虽然肯定了《组织纲领草案》对工会组织建设的意义,但其也指出,"三池争议"的经验表明,《组织纲领草案》可能会使工会陷入"职场斗争第一主义"。② 为此,《组织方针方案》提出以"职场活动"取代"职场斗争",其认为"把劳动三权委让于职场组织脱离了工会运动,应把职场活动的目标放在与本部协商制定劳动合同和细则以及监督合同是否得到遵守"。同时"职场活动""必须重视产业统一斗争并在这种斗争中开展"。③

由此可见,在"安保—三池斗争"遭遇挫折的背景下,"政策转换斗争"和《组织方针方案》的提出体现了"总评"路线的调整。一方面,在进行反合理化斗争的过程中,"总评""不再以'绝对反对'的立场在局部进行抵抗",而是希望推动构成产业合理化根源的政策发生转变,并以此阻止"解雇和劳动强度的提升"。④ 更为重要的是,"总评"更加强调以产业统一斗争推动大幅加薪,"春斗"也因此在 20 世纪 60 年代之后发挥了更大的作用。而从结果来看,"春斗"的发展不仅使"总评"的影响力在 20 世纪 60 年代前期得到提升,也推动了日本劳资关系从冲突型向协调型的转变。

(二)"春斗"的发展和协调型劳资关系

上一节的研究表明,20 世纪 50 年代后期"总评"的"太田—岩井路线"提出以"春斗"推动"产业层面的统一工资斗争",进而克服企业工会在集体行动中的弱点。然而,从 20 世纪 50 年代后期"春斗"的成果来看,不仅其争取到的加薪幅度

---

① 兵藤钊:『労働の戦後史〈上〉』,東京大学出版会,1997 年,第 223 页。
② 兵藤钊:『労働の戦後史〈上〉』,東京大学出版会,1997 年,第 234 页。
③ (日)升味准之辅:《日本政治史》,董果良、郭洪茂译,北京:商务印书馆,1997 年版,第 1143 页。
④ 兵藤钊:『労働の戦後史〈上〉』,東京大学出版会,1997 年,第 235 页。

较为有限,而且不同规模企业间工资水平的差距并未显著缩小。此外,"总评"还将"春斗"和政治斗争相结合,从而使这一时期的"春斗"伴随着大规模的劳动争议,未能促成协调型劳资关系的发展。进入20世纪60年代之后,由于日本政治经济条件的变化以及"总评"斗争策略的调整,"春斗"取得了成功。"春斗"的成功不仅提升了"总评"的影响,也奠定了日本协调型劳资关系的基础。

就"春斗"发展的政治经济背景而言,池田内阁在1960年提出的"收入倍增计划"至关重要。"收入倍增计划"强调快速的经济增长导致了不同部门间收入差距的扩大,并有可能导致社会的紧张。因此,消除日本经济中的"二元结构"也就成了日本政府劳动政策的重要课题①,其和"春斗"追求的目标存在着共同之处。就企业层面的背景而言,一方面,日本企业在经济高度增长的过程中转向了以技术创新获得比较优势,企业生产率和国际竞争力随之提升,而企业也具备了支付加薪的能力;另一方面,在劳动力市场紧张的背景下,为了确保劳动力的充足供给和在求职者中间赢得较好的名声,日本企业也有充分的意愿参考"春斗"所达成的增资"幅度"。②

在这样的背景下,"总评"在20世纪60年代调整了"春斗"的策略。"春斗共斗委员会"提出了"大幅加薪"的口号,在1963年更是提出了"实现欧洲水准的工资"的目标,并强调通过"春斗"强化产业工会的作用。"总评"虽进一步确认了以产业统一斗争获得大幅加薪的重要性,但也明确了其和企业斗争之间的关系。如太田熏在1961年就强调,日本的工人虽能有力推动安保斗争,但却无法以同样的战斗方式推动工资斗争,因而日本工会存在着"企业内弱,企业外强"的问题。这虽然会让人得出"企业工会靠不住,还是要靠产业工会"的看法,但否定企业工会是不行的,还是有必要立足于企业工会展开斗争。在太田熏看来,有必要让企业工会的成员意识到,"其他企业都加薪了,自己的企业加薪也不会破坏企业的竞争力",并在此基础上推动产业统一斗争的进行。③

由于企业工会的影响力很强,20世纪60年代日本的工资交涉以企业层面的交涉为主,但参加"春斗"的产业工会的数量也在不断增加。1960年参加"春斗"的民间产业工会为26个(其中"总评"下属的为17个,"中立工会联络会议"下属

---

①　兵藤钊:『労働の戦後史〈上〉』,東京大学出版会,1997年,第136頁。

②　Haruo Shimada, "Japanese labor's spring wage offensive and wage spillover", *Keio Economic Studies*, Volume 7, No. 2, 1970, p. 36.

③　兵藤钊:『労働の戦後史〈上〉』,東京大学出版会,1997年,第136頁。

的为 9 个),而到 1964 年,参加"春斗"的民间产业工会达到了 41 个(其中"总评"
下属的为 23 个,"中立劳联"下属的为 18 个)。不仅如此,在对"春斗"方式持批判
态度的"全劳"内部,参加"春斗"的产业工会也从 1960 年的 3 个增加到 15 个("春
斗"规模扩大的情况可参见表 3 - 3 - 1)。

表 3 - 3 - 1　1956—1965 年参与"春斗"的工会成员的比例

| 年份 | 参与春斗的工会成员数占<br>全体工会成员数的比例(%) | 参与春斗的工会成员数占<br>全体被雇佣者数的比例(%) |
|---|---|---|
| 1956 | 25.45 | 9.63 |
| 1957 | 28.93 | 10.25 |
| 1958 | 30.15 | 10.70 |
| 1959 | 34.31 | 11.80 |
| 1960 | 39.98 | 13.43 |
| 1961 | 36.45 | 12.31 |
| 1962 | 45.62 | 16.47 |
| 1963 | 55.49 | 20.10 |
| 1964 | 53.49 | 19.29 |
| 1965 | 48.31 | 17.53 |

资料来源:Haruo Shimada,"Japanese labor's spring wage offensive and wage spillover",*Keio Economic Studies*,Volume 7,No.2,1970,p.36.

在"春斗"影响不断扩大的同时,"总评"也对"春斗"中政治斗争和经济斗争
相结合的策略进行了一定的调整,这种调整突出地体现在其对领军工会的选择
上。上一节的研究表明,20 世纪 50 年代后半期"总评"通常选择公共企业中的工
会作为加薪斗争的领军工会,进入 60 年代之后,"总评"则强调以重化学工业和钢
铁企业中的工会为"春斗"中的领军工会。因为"以历来采取的由私铁和没有罢工
权的公劳协(公共企业体工会协调会)所属单产作据点的方式,只能得到由中劳委
或公劳委(公共企业体等劳动委员会)出面仲裁而是工资少量增加的结果,所以要
把据点放在担负着高速增长任务的支柱产业中的'战斗性强'的重化学工业单产,

摆出即将进行'强烈罢工'的架势,以实现大幅度提高工资的目的"①。

与此同时,"总评"也积极推动公营部门的工人分享"春斗"的成果。在 1964 年的"春斗"中,"公劳协"摆出半日罢工的架势,但经过池田首相和太田熏的会谈,达成了有关公共部门在加薪中参照民间部门成果的协定。会谈的文件确定:"(1)缩小公共企业体与民间企业的工资差距,是公劳委在处理工资问题时当然应该考虑的法律上的义务,所以要通过公劳委的调停方式,使劳资双方努力正确解决;(2)要尊重公劳委的决定。"在这次会谈之后,不仅公营部门的工人得以获得和民间部门工人同样水平的加薪幅度,而且由于政府把提高工资水平纳入收入倍增计划,"总评"的"春斗"成为政府公认的每年行事。② 随着"春斗"影响范围的扩大,"总评"在工会运动和国家政治中的影响在 20 世纪 60 年代前期也不断扩大。

从结果来看,由于民间部门领军工会的强有力作用,进入 20 世纪 60 年代之后,不仅"春斗"中的加薪幅度大增,而且加薪的分散系数也显著下降,从而实现了"统一斗争"的目标(参见表 3-3-2)。在这一过程中,"春斗"的组织逐渐稳固,每年的运动也更加常规化;斗争的性质更偏向于经济方面,虽然政治目标会经常被添加到斗争的诉求中,但他们的角色更多是附带性的。③

因此,在 20 世纪 60 年代日本劳资关系的发展中,"春斗"的制度化具有重要的意义——对于罢工权受限的公营部门工会而言,他们可以从每年的"春斗"中受益,从而避免了"罢工和处分之间的恶性循环";而对于民间企业的工会而言,"春斗"部分缓解了企业工会的集体行动困境。因此,"春斗"同时解决了公营部门工会面临的法律限制和民间企业工会面临的组织限制④,从而推动了日本劳资关系由冲突型向协调型的转变。

---

① (日)升味准之辅:《日本政治史》,董果良、郭洪茂译,北京:商务印书馆,1997 年版,第 1144 页。

② (日)升味准之辅:《日本政治史》,董果良、郭洪茂译,北京:商务印书馆,1997 年版,第 1145 页。

③ Haruo Shimada, "Japanese labor's spring wage offensive and wage spillover", *Keio Economic Studies*, Volume 7, No. 2, 1970, p. 37.

④ Elizabeth J McSweeny, *Political Party Opposition in Hybrid Systems: Social Democratic Fortunes in Japan and The Federal Republic of Germany*, Ph. D. Dissertation, Chicago University, 1998, p. 175.

表3－3－2　1956—1968年"春斗"的成果

| 年份 | 加薪的额度(元) | 加薪的比例(%) | 分散系数 |
|------|----------------|----------------|----------|
| 1956 | 1063 | 6.3 | 0.57 |
| 1957 | 1518 | 8.6 | 0.39 |
| 1958 | 1050 | 5.6 | 0.58 |
| 1959 | 1281 | 6.5 | 0.39 |
| 1960 | 1792 | 8.7 | 0.34 |
| 1961 | 2970 | 13.8 | 0.27 |
| 1962 | 2515 | 10.7 | 0.26 |
| 1963 | 2237 | 9.1 | 0.31 |
| 1964 | 3305 | 12.4 | 0.20 |
| 1965 | 3014 | 10.3 | 0.31 |
| 1966 | 3273 | 10.4 | 0.24 |
| 1967 | 4214 | 12.1 | 0.13 |
| 1968 | 5213 | 13.5 | 0.14 |

资料来源:Haruo Shimada, "Japanese labor's spring wage offensive and wage spillover", *Keio Economic Studies*, Volume 7, No.2, 1970, p.37.

## 二、企业工会主义与协调型劳资关系

### (一)"阶级主义"和企业工会主义的对立

由于1960年后"总评"的路线调整及"春斗"的发展,"总评"在20世纪60年代上半期得到了较快的发展。然而,在"总评"的这种快速发展背后也存在着深刻的危机。从20世纪60年代中期开始,强调劳资协调的企业工会主义得到了快速的发展,1964年"同盟"("产业别全日本劳动总同盟"的简称)和"金属劳协"("国际金属工人联合会日本协议会"的简称)这两大工会组织的成立就代表了这一趋势,它们在建立后对"总评"的主导地位构成了冲击。

1962年4月,"总同盟""全劳"等组织组成了"同盟会议",其提出"推动自由民主的工会广泛的联合",从而在"'总评'组织混乱不断加深"的情况下构筑新的工会组织体制。① 在"同盟会议"成立之后,"总评"系统的一些产业工会和"中立劳联"系统产业工会中的右派也相继加入,并最终在1964年11月成立了以民营

---

① 兵藤釗:『労働の戦後史〈上〉』,東京大学出版会,1997年,第236頁。

大企业为中心的全国性工会组织"同盟"。"同盟"提出的目标是:推进产业民主主义,提高生产率以促进日本经济自立,实现与之相应的成果的分配。[①] 由此可见,"同盟"所推崇的工会路线是一种"建设性"的工会主义,在其看来,虽然劳资双方在争夺经济成长的"馅饼"上存在着竞争,但两者在将"馅饼"做大这一点上存在着共同的利益。因此,"同盟"是"生产率运动"的支持者,其主张工人在有关他们经济利益的企业生产决定中具有一定的发言权。而在政治方面,"同盟"强调应该限制对工会权力和组织资源的动员。在"同盟"看来,日本的经济和民主制都很脆弱,如果对工会的组织权力加以滥用,将会危及日本政治经济体系的基础。[②] 因此,"同盟"建立后在政治上支持民社党,从而形成了"总评—社会党联合"与"同盟—民社党联合"之间的对立。

同样是在 1964 年,以造船、化学、钢铁部门的工会为中心成立了"金属劳协",其横跨四大全国性工会组织。"金属劳协"所辖的工会多分布在出口部门,在 20 世纪 60 年代之后日本经济日益参与国际竞争的背景下,其提出应重新构筑日本企业内部的劳资关系。从思想背景来看,"金属劳协"推崇的是企业工会主义,推动"金属劳协"成立的宫田义二就曾指出,"经营者追求的方向和工人的要求基本上是一致的,而这就是就业的安定。经营者希望的是企业的生存、维持和发展,而工人希望的只是维持就业,在这一点上劳资之间的利害是一致的",因此工会的活动应该从企业的立场出发。在这一基础上,宫田义二强调,工会在社会体制方面应该"去意识形态化",并承认现存的社会体制,其认为"当今日本的体制具有混合经济的特点……从追求渐进改良的立场来看应该反对阶级斗争",而且其将"改良现行资本主义制度社会基础上的福利社会"作为日本社会发展的目标。[③]

"金属劳协"在成立后主张,在日益自由化的国际市场中,只有通过企业内部劳资协调的发展,才能维持日本企业的竞争力。"金属劳协"还指出,改变日本工人的低工资固然十分必要,但是工会追求的不只是大幅加薪,其还需要积极地参与到提升生产率的过程中。因而和"总评"提出的"大幅加薪"以及"欧洲水准的

① 华桂萍:《护宪和平主义的轨迹:以日本社会党为视角》,北京:人民出版社,2005 年版,第 202 页。

② Carlile L. E., "Sohyo versus Domei: competing labour movement strategies in the era of high growth in Japan", *Japan Forum*, Vol. 6, No. 2, 1994, p. 154.

③ 田端博邦:「現代日本と労使関係」,東京大学社会科学研究所編:『現代日本社会 5 構造』,東京大学出版会,1991 年,第 244 頁。

工资"等口号不同,"金属劳协"强调"以产业竞争力提升为前提,提出具有经济合理性的工资要求"。① 由此可见,"金属劳协"从劳资一体的立场出发,提出了企业工会主义的路线。②

与"金属劳协"强调企业工会主义的工会路线不同,1960 年后的"总评"虽然调整了其路线,但仍强调阶级主义工会路线的重要性。进入 20 世纪 60 年代之后,"总评"仍然采取反合理化的战略,其从阶级斗争的立场出发,强调工会参与生产率运动不会给工人带来很大的利益。③ 而在政治上,"总评"和社会党的联盟在 20 世纪 60 年代之后得到了进一步的强化。在这一过程中,不仅出身"总评"的社会党议员的数量不断上升,而且"总评"还直接介入社会党内的争论中。在 20 世纪 60 年代初社会党内就"结构改革论"(强调在资本主义经济框架内实现变革)进行的论争中,"总评"就积极介入,并对"结构改革论"进行了批判。如太田薰就认为,"结构改革论"否定"抵抗的斗争",有很强的危险性。④

在"总评"的支持下,社会党在 1966 年通过了激进色彩浓厚的《日本走向社会主义道路》的纲领性文件,其指出社会党是"领导社会主义革命"的"阶级的群众性政党",并强调社会党要建立的社会主义是消灭人剥削人的制度,实现生产资料的公有制和计划经济,而且无产阶级在夺取政权后还要实行某种形式的"阶级专政"。这一文件标志着社会党进一步偏离"西欧社会民主主义"的方向,明确走上了"反体制政党的道路"。⑤

受到"总评—社会党联合"的政治主张的影响,20 世纪 60 年代后期的"总评"强调以动员的手段在政治上解决劳资关系问题的重要性。"总评"提出其要取得"总评—社会党联合"的支持,并超越工会成员的支持局限,进而获得国民各阶层的广泛支持。为了实现这一政治目标,"总评"要求从根本上改变日本的政治体制,其在 1969 年提出的运动方针中强调,包括劳资关系在内的日本各方面问题源于"自民党政权下垄断资本所采取的合理化政策,对外的侵略政策,对内的全面反

---

① 久米郁男:『労働政治——戦後政治のなかの労働組合』,中央公論新社,2005 年,第 180 - 183 頁。
② 新川敏光:『幻視のなかの社会民主主義』,法律文化社,2007 年,第 110 頁。
③ 久米郁男:『日本型労使関係の成功——戦後和解の政治経済学』,有斐閣,1998 年,第 135 頁。
④ ものがたり戦後労働運動史刊行委員会:『ものがたり戦後労働運動史(6)——安保と三池の決戦から同盟,JC の結成へ(1959—1964 年)』,第一書林,1999 年,第 148 頁。
⑤ 仲光友:《日本社会党政策的演变》,《外国问题研究》,1998 年第 2 期,第 17 页。

动化以及对安保体制的坚持",并主张进行全面的体制变革。①

(二)企业工会主义影响的上升

以上分析了 20 世纪 60 年代中期日本工会路线的变动。从中可见,当时存在着以"总评"为代表的"阶级主义"及以"金属劳协"和"同盟"为代表的企业工会主义的对立。在这种对立形成和发展的过程中,"总评"在工会运动中的主导地位在20 世纪 60 年代中期之后不断衰落,并形成了"总评"和"同盟—金属劳协"势均力敌的局面。

从统计数据来看,"总评"的组织力量在 1960 年之后不断衰退,尤其是在民间部门,由于大批工会退出"总评"加入"同盟","同盟"在民间部门工会中的实力在1967 年就超过了"总评"(参见表 3 – 3 – 3)。由于"总评"在民间部门工会中的影响力不断下降,更加激进的官营和公营部门的工会对"总评"路线的影响进一步加深。与此同时,由于 1964 年的"春斗"确立了"官营和公营部门的加薪以民间部门为依据"的原则,"总评"在民间部门工会中影响力的下降致使其在"春斗"中的主导权逐渐丧失。

表 3 – 3 – 3　1960—1970 年日本产业工会分属不同全国工会组织的比例　单位:%

| 项目 | 总评 | | | | | 同盟 | | | | |
|------|------|------|------|------|------|------|------|------|------|------|
| | 1960年 | 1963年 | 1965年 | 1968年 | 1970年 | 1960年 | 1963年 | 1965年 | 1968年 | 1970年 |
| 全部行业 | 48.9 | 45.0 | 42.0 | 38.9 | 37.1 | 4.0 | 14.5 | 16.0 | 17.1 | 17.8 |
| 制造业 | — | 22.4 | 21.0 | 20.3 | 18.8 | — | 24.6 | 27.1 | 23.2 | 28.7 |
| 公益部门 | — | 20.8 | 22.7 | 22.9 | 23.1 | — | 64.0 | 63.3 | 63.1 | 63.1 |
| 运输、通信业 | — | 71.3 | 68.2 | 64.7 | 62.6 | — | 14.8 | 16.4 | 18.2 | 19.6 |
| 公务员 | — | 88.2 | 86.2 | 85.0 | 85.5 | — | 0.9 | 1.1 | 1.5 | 1.6 |

资料来源:樋渡展洋:『戦後日本の市場と政治』,東京大学出版会,1991 年,第 127 頁。

---

① 久米郁男:『労働政治——戦後政治のなかの労働組合』,中央公論新社,2005 年,第 202頁。

对于 20 世纪 60 年代中期之后日本主导的工会路线变动的原因,我们可以从企业工会主义的发展和"总评""阶级主义"的衰落这两方面加以分析。

首先,就企业工会主义在民间部门影响力的提升而言,资方对企业内秩序的精心塑造至关重要,这种塑造体现在以下三个层次:

(1)第二章的研究表明,在日本劳动力市场结构转变的背景下,资方在 1960 年之后反思以往劳资冲突的教训,采取了一系列将工人稳定在企业内部的举措,并形成了企业内部"技能形成""就业保障"和"工资保障"之间的良性循环。在这一过程中,日本工人在企业内部实现了"蓝领的白领化",蓝领和白领在身份和待遇上的差别较小,日本的企业(工厂)因而体现出很强的平均主义,工厂内的阶级差别意识显著减弱。① 由此可见,对工人物质利益的充分保障和较为扁平化的企业内部结构推动了工人对企业发展目标认同感的上升。

(2)资方还通过一系列措施塑造"以企业为中心的社会"。② "到 60 年代,任何大企业的雇员都可以享有摇篮到坟墓的福利,其广泛程度令人印象深刻。例如,企业经营的医院、健康中心及商店,单身工人宿舍、有眷属的已婚公寓,企业属下各个度假休憩场所,企业资助的旅游、运动队及音乐节,各种家属组织等,不一而足。"③资方推动的工人的"企业主义化""不仅使工会被限制在企业内,也使工人为企业所吸收"。企业对工人生活的"全包"(日语"丸抱え")推动了企业内纵向的"集团主义"的发展,从而导致工人作为阶级的横向"团结感和同志意识"较为薄弱。④

(3)与此同时,资方在承认企业工会存在的前提下介入工会的活动,并对工会挑战职场既有秩序的行为加以限制。

一方面,日本企业工会的组织结构决定了其对资方的依附程度较高——"基层工会缺少专职干部,在大企业和小企业中,企业工会干部均保留该公司原雇员地位不变,而有事业心的年轻人的晋升总是要靠公司的阶梯而不是经由工会或其

---

① （美）帕特里克、（美）罗索夫斯基主编:《亚洲新巨人:日本的经济是怎样运行的》(下册),《亚洲新巨人》编译组译,上海:上海译文出版社,1982 年版,第 549 页。

② 关于日本资方在 1960 年之后塑造"以企业为中心的社会"的努力,可参见安德鲁·戈登的研究,Andrew Gordon, *The Wages of Affluence*: *Labor and Management in Postwar Japan*, Cambridge: Harvard University Press, 1998.

③ （美）安德鲁·戈登:《日本的起起落落:从德川幕府到现代》,李朝津译,桂林:广西师范大学出版社,2008 年版,第 348 页。

④ 新川敏光:『幻視のなかの社会民主主義』,法律文化社,2007 年,第 114 页。

所依附的政党"。在大多数企业,工会干部任职届满后都指望返回原来的工作岗位。这导致基层工会工人代表很少能抵制资方的压力,因为他们处于从属地位而不是平等地位。① 另外,在经历了"职场斗争"之后,日本企业内部的职场机构在处理与工人相关的问题上比工会更重要,这也导致企业工会存在着由第一线或第二线管理人员来负责的倾向,"公司班组长在工会干部中所占的比例很高。工会是由公司所信赖的雇员主持的。结果是工会不能离开公司政策意图而独立自由行事,而可以说是与公司'结合在一起'的"②。这不仅决定了企业工会在管理中只是发挥补充性的功能,也确保了强调劳资一体的企业工会主义得以确立。③

另一方面,企业也对那些试图挑战现存职场秩序的活动加以限制,并给予其严厉的惩罚。如在钢铁企业中,管理层就有意识地支持工会中的多数派,将左派活动家和一般工会成员隔离开来,阻止这些人成为工会选举中的候选人,并在选举中努力支持"企业工会主义者"的当选。④ 而在日产汽车公司,工会强调企业和工会的一体,并在选举的过程中对工会成员进行严格的控制。⑤ 不仅如此,在一些企业,"那些桀骜不驯的异议者,企业在晋升及加薪上都给予歧视,前途一片灰暗"⑥。因此,由于资方对企业工会的介入和限制,强调劳资一体的企业工会主义路线在企业内部不断得到巩固。

另外,"总评"主导地位的衰落与其应对社会变动的不力密切相关。

在20世纪60年代后期,"总评"内部对其在工会运动中主导权的丧失有着清醒的认识。1968年的"总评大会"提出了"总评危机论",并就其展开了讨论。"总评"事务局长岩井章将"总评"的危机总结为四个方面:①组织停滞不前;②"总评"的领导力下降;③对产业工会的制约力下降;④对国民的影响力下降。在讨论对策时,"总评"内一部分人要求工会路线的转变,如"全矿"("全日本金属矿山工

---

① (美)帕特里克、(美)罗索夫斯基主编:《亚洲新巨人:日本的经济是怎样运行的》(下册),《亚洲新巨人》编译组译,上海:上海译文出版社,1982年版,第223－224页。

② (美)帕特里克、(美)罗索夫斯基主编:《亚洲新巨人:日本的经济是怎样运行的》(下册),《亚洲新巨人》编译组译,上海:上海译文出版社,1982年版,第224页。

③ 栗田健:『日本の労働社会』,東京大学出版会,1994年,第189页。

④ 鈴木玲:「協調的労働運動の政治的側面——鉄鋼労働運動における少数派と組合内政治」,日本労働社会学会1998年11月2日発表,http://homepage3.nifty.com/sociallabor/paper2.htm。

⑤ 大嶽秀夫:『戦後日本のイデオロギー対立』,三一書房,1996年,第66页。

⑥ (美)安德鲁·戈登:《日本的起起落落:从德川幕府到现代》,李朝津译,桂林:广西师范大学出版社,2008年版,第348页。

会联合会"的简称)委员长原口幸隆就提出,应该使"全国组织集中到经济斗争方面来",而"钢铁劳联"的书记长宫田义二则强调,"单纯的反对合理化不能解决问题,谋取合理化的成果才是我们的任务"。但是岩井章却指出,"因为面临组织危机,就转变到经济斗争上或是赞成大企业也合并,'不搞政治斗争、政治教育、只搞经济斗争'这种做法,我理解为是受到垄断资本拼命夸奖的路线,是改变工运原则、追随大众社会的作风,是错误的"。① 因此,"总评"在20世纪60年代末和70年代初再次采取了政治斗争的路线,强调超越1960年提出的《日本的工会主义》,重新构筑日本的工会运动,其认为工会的使命是"阶级解放",并要将政治斗争作为经济斗争的手段。②

然而,随着20世纪60年代日本经济的高速发展,日本社会的"中流意识"增强,"国民逐渐从传统的社会动员网脱离,退向个人生活、家庭和享乐,养成不关心政治和满足现状的态度"③。从劳动者的意识来看,与官营部门和公营部门的工人相比,民间大企业工人的阶层意识更多呈现出"中间阶层"的倾向(参见表3-3-4),而且在"期望的社会体制"的选择上,更倾向于"维持现状"和"资本主义的改良"(参见表3-3-5)。由此可见,"总评"的阶级主义路线和民间大企业工人的意识之间存在着较大的鸿沟,其在民间部门工会中的影响也因此大幅衰退。

表3-3-4　20世纪60年代后期日本工人的阶层归属意识

单位:%

| 项目 | 东京海上保险 | 民间蓝领 | 全部 | 电通共斗 | 国劳 | 全林野 | 全农林 | 国公共斗 |
|------|------|------|------|------|------|------|------|------|
| 上层 | 1 | 1 | 1 | 0 | 0 | 1 | 0 | 0 |
| 中层 | 81 | 66 | 37 | 33 | 35 | 26 | 21 | 18 |
| 下层 | 18 | 32 | 51 | 58 | 65 | 65 | 78 | 79 |

注:表格中只有"东京海上保险"和"民间蓝领"是民间部门工会的工人,其余的都是官营部门和公营部门工会的工人。

资料来源:石川晃弘:『社会変動と労働者意識——戦後日本におけるその変容過程』,

---

① 岩井章:《我的工运之路》,尤祖德等译,北京:中国工人出版社,1992年版,第72页。
② 兵藤釗:『労働の戦後史〈上〉』,東京大学出版会,1997年,第276頁。
③ (日)升味准之辅:《日本政治史》第四册,董果良、郭洪茂译,北京,商务印书馆,1997年版,第847页。

日本劳働协会,1975 年,第 72 頁。

表 3 – 3 – 5　20 世纪 60 年代后期日本工人对"期望的社会体制"的选择

单位:%

| 项目 | 全石油 | 东京海上保险 | 全造船 | 钢铁劳联 | 全金同盟 | 全邮 | 总评系统的民间工会 | 总评系统的工会干部 | 同盟系统的工会干部 |
|---|---|---|---|---|---|---|---|---|---|
| 维持现状 | 7 | 7 | 12 | 11 | 6 | 5 | 5 | 4 | 3 |
| 资本主义的改良 | 55 | 73 | 53 | 63 | 73 | 44 | 52 | 63 | 73 |
| 社会主义 | 18 | 6 | 18 | 11 | 11 | 36 | 24 | 32 | 23 |
| 不清楚 | 13 | 14 | 15 | 13 | 6 | 15 | 12 | 1 | 2 |
| 都不是 *其他 | 8 | — | 2 | 3 | 5 | — | 7 | — | — |

　　注:表格中"全石油""东京海上保险""全造船""钢铁劳联""全金同盟"是民间部门工会的工人,"全邮"代表官营部门和公营部门工会的工人。

　　资料来源:石川晃弘:『社会変動と労働者意識——戦後日本におけるその変容過程』,日本労働协会,1975 年,第 112 頁。

(三)企业工会主义与协调型劳资关系

　　从结果来看,主导工会路线的变动推动了 20 世纪 60 年代中期之后日本协调型劳资关系的发展。

　　一方面,主导工会路线的变动促成了"春斗"的变化,从而推动了协调型劳资关系的形成和发展。

　　强调劳资协调的代表性工会"钢铁劳联"在 1967 年"春斗"的过程中接受了公司的"全部一次性回答",这便成为"春斗市价",而且这一年的春斗以"没有罢工的春斗"告终。在 1967 年之后,"春斗"的主导权从"总评"转移到了"金属劳协"。在"春斗"的过程中,"金属劳协"所属的工会几乎没有斗争,接受资方的"一次性回答",“铁钢市价"和“金属劳协市价"开始左右春斗要求的工资增加水平。① 因此,在 20 世纪 60 年代中期之后,“私营部门的雇员的罢工主要是一种象征性的行动而不是对经济实力的持续的考验",“日本的罢工很少持续一天以上,而且主要发生在春季斗争期间,他们经常在真正谈判开始之间举行,具有一种摆出架势的性质,让雇主们知道他们对所提出的要求是十分认真的"。② 上文的分析表明,20世纪 60 年代前期“春斗"的逐渐制度化推动了大幅加薪和工资的平准化,从而构成了日本协调型劳资关系发展的重要基础。在 20 世纪 60 年代中期之后,不仅“春斗"促进大幅加薪和工资平准化的功能得到了进一步的发挥,而且“春斗"主导权的转移也推动其和强调劳资协调的企业工会主义相结合,进而推动了协调型劳资关系发展的形成和发展。

另一方面,主导工会路线的变动也在政治上推动了日本协调型劳资关系的形成和发展。

由于民间部门的工会日益强调劳资协调,并大量脱离“总评",其对“总评—社会党联合"的支持也不断下降,1965—1975 年社会党在工人群体中的支持率也因此大幅下滑(参见表 3 - 3 - 6)。与此相对,自民党基本维持了其在民间部门工人群体中的支持率,而且民间部门的工人也构成了自民党的一个重要支持群体,从而形成了“部分交叉的阶级联盟"。③ 为了巩固这种联盟,自民党政权进一步推动了对劳工群体的政治吸纳。例如,在 20 世纪 70 年代初,自民党推动了一系列促进工会参与政治决策的措施,并初步建立了劳方、资方、政府三方协商的机构④,而这也构成了 20 世纪 60 年代中期之后日本协调型劳资关系发展的政治基础。

---

① (日)升味准之辅:《日本政治史》第四册,董果良、郭洪茂译,北京,商务印书馆,1997 年版,第 1144 - 1145 页。

② (美)帕特里克、(美)罗索夫斯基主编:《亚洲新巨人:日本的经济是怎样运行的》(下册),《亚洲新巨人》编译组译,上海:上海译文出版社,1982 年版,第 239 页。

③ 新川敏光:『幻視のなかの社会民主主義』,法律文化社,2007 年,第 121 頁。

④ 辻中豊:「現代日本政治のコーポラティズム化」,内田満編:『講座政治学Ⅲ政治過程』,三嶺書房,1986 年。

表3-3-6　日本各政党的支持者与职业的关系

单位:%

| 项目 | 大公司白领 | 小公司白领 | 大公司蓝领 | 小公司蓝领 |
|---|---|---|---|---|
| （a）1955年 | | | | |
| 保守 | 24.6 | 35.2 | 18.3 | 36.5 |
| 革新 | 55.4 | 36.1 | 55.0 | 43.4 |
| 中道 | 1.5 | 2.5 | — | — |
| 无派别 | 17.7 | 24.6 | 20.0 | 15.2 |
| 不知道+未回答 | 0.8 | 1.6 | 6.7 | 4.9 |
| 共计 | 100.0 | 100.0 | 100.0 | 100.0 |
| （b）1965年 | | | | |
| 保守 | 27.8 | 41.2 | 11.7 | 28.3 |
| 革新 | 45.0 | 27.0 | 61.4 | 43.2 |
| 中道 | 7.7 | 9.3 | 8.8 | 8.6 |
| 无派别 | 15.8 | 17.6 | 16.4 | 14.9 |
| 不知道+未回答 | 3.8 | 4.9 | 1.8 | 5.0 |
| 共计 | 100.0 | 100.0 | 100.0 | 100.0 |
| （c）1975年 | | | | |
| 保守 | 31.2 | 35.4 | 18.6 | 29.5 |
| 革新 | 25.1 | 22.6 | 37.2 | 27.1 |
| 中道 | 7.4 | 8.8 | 12.1 | 7.9 |
| 无派别 | 32.5 | 29.5 | 30.2 | 32.6 |
| 不知道+未回答 | 3.9 | 3.6 | 2.0 | 2.9 |
| 共计 | 100.0 | 100.0 | 100.0 | 100.0 |

注:"保守"政党指自民党,"革新"政党指社会党和共产党。

资料来源:(日)高坂健次主编:《当代日本社会分层》,张弦等译,北京:中国人民大学出版社,2004年版,第116-117页。

　　值得注意的是,在20世纪60年代后期和70年代初期,日本协调型劳资关系并未完全确立。公营和官营部门的工会仍然保持着很强的战斗性,而"总评"的路线仍然对其有很大的影响。从工人的意识来看,公营和官营部门中工人的"中间阶层意识"较弱,"下层阶层意识"则较强;在对社会体制的看法上,相较于"资本主义的改良",其更倾向于"社会主义"(参见表3-3-4和3-3-5)。因而,"总评"对阶级斗争和政治斗争的强调也得到了公营和官营部门的工人的支持。而从冲突的议题来看,一方面,罢工权的受限一直以来就是这些部门中冲突的导火索;另一方面,相较于民间部门从20世纪50年代中期开始的产业合理化,公营和官营部门的合理化在 20 世纪 60 年代中期之后才进行,而这引发了新一轮的反抗。如在"国铁","1967 年,工会强迫铁路当局成立'职场讨论协议会',加强其在调配工作及晋升方面的发言权。到 1970 年初,工会进一步要求铁路管理层强化年资为晋升及加薪的主要条件"[1]。在这一系列抗争的过程中,"公营企业工会的冲击性由 1960 年代开始便愈来愈利害,到 1970 年代初达到最高点"[2],而且"总评"与公营和官营部门工会的关系也更加紧密。直到 1973 年的石油危机之后,公营和官营部门工会的战斗性才逐渐下降,日本的协调型劳资关系才得以完全确立。

### 三、石油危机与协调型劳资关系的巩固

（一）石油危机前工会路线的调整

第二章的研究曾指出,从 20 世纪 60 年代后期开始,日本的通货膨胀率不断攀升,工人的实际提薪率不断下降,企业的利润空间也在不断缩小,日本国内维持高速增长的条件不断受到冲击。而 1973 年石油危机的爆发则标志着日本高速经济增长体制的终结。在这样的背景下,以"春斗"实现大幅加薪的工会斗争方式面临着调整的压力,工会内部的各方为此提出了不同的修正方案。

早在 1969 年,"日经联"就提出了工资变动的"生产率基准原理",其认为日本工人在高速增长中要求的加薪幅度过高,从而导致了通货膨胀的发生。就未来加薪的原则而言,"日经联"强调名义工资的提升率要控制在劳动生产率上升的范围之内,并以此确保工人的利益和抑制通货膨胀。[3] 与之相应,"同盟"在 1968 年也提出了《产业政策和长期工资计划》,其认为工会不能仅追求名义工资的大幅上升,还要关注工资、利润率和通货膨胀率之间的关联,并以促进实际工资提升的方式推动高速增长体制的可持续发展。与此同时,"钢铁劳联"等结成"金属劳协"的工会也制订了长期工资计划,强调工会应以合作的态度应对企业的合理化计划,并以此推动实际工资的上涨。[4] 在要求调整"春斗"方针的同时,民间部门的工会强调,工会要有自己的产业政策方针,并将这种方针反映到政府的政策中。

---

[1] （美）安德鲁·戈登:《日本的起起落落:从德川幕府到现代》,李朝津译,桂林:广西师范大学出版社,2008 年版,第 347 页。

[2] （美）安德鲁·戈登:《日本的起起落落:从德川幕府到现代》,李朝津译,桂林:广西师范大学出版社,2008 年版,第 356 页。

[3] 兵藤釗:『労働の戦後史〈下〉』,東京大学出版会,1997 年,第 288 頁。

[4] IDO Masanobu, *Divide and Rule*: *the Italian and Japanese Labor Movements after the Oil Crisis*, Ph. D. Dissertation, Chicago University, 1998, p. 141 – 145.

为此,这些工会和资方共同发起成立产业层面的劳资协商机构,并谋求开展产业政策活动。①

在同一时期,"总评"也认识到了"春斗"的局限性,但其对问题的理解路径和设想的解决方式与"同盟"及"金属劳协"存在着较大的差异。在"总评"看来,虽然工会通过"春斗"实现了工资的大幅上升,但是资本家通过通货膨胀侵蚀了工人的斗争成果,而且通货膨胀的发展也使得工人之外其他社会群体的生活变得更加困难。因此,"总评"强调在解决工资和工作条件等问题的同时联合进步政治势力,构筑政治斗争的统一战线。② 在 1970 年"总评"形成新的"市川—大木体制"之后,其提出了"生活斗争"的方针,强调将加薪斗争和与生活相关的课题(如物价的稳定、公害的防止、减税、住宅、老龄保障、工人福利等)联系起来。③ 与此同时,在阶级主义工会路线的影响下,"总评"对于民间部门工会提出的解决"春斗"局限性的方案较为消极,其认为工会的产业政策活动实际上是在承认现行垄断资本主义的前提下展开的,担心其会导致工会的反合理化斗争变质。此外,"总评"对工会与资方及政府之间协商机制的态度也较为消极,其认为这些机构只是政府和资方单方面实现其目的的手段,并要求工会与政府及资方保持一定的距离。④

由此可见,在 20 世纪 70 年代初日本经济面临危机的情况下,虽然"总评""同盟"及"金属劳协"都认识到了单纯进行"春斗"的不足,但各方提出的解决方案存在着较大的差异,而这种差异也体现出工会路线中存在着企业工会主义和"阶级主义"的差别。不过,在 20 世纪 70 年代初,"总评"凭借其组织力量在反对公害等社会问题领域扮演了重要的角色,其在工会运动中的影响力仍然较大。

(二)企业工会主义的主导地位和协调型劳资关系

1973 年的石油危机严重冲击了日本经济,在 1974 年"春斗"的过程中,"总评"联合"同盟"等四大工会团体组成了共同斗争委员会,并提出了"摆脱通胀,保卫生活的国民春斗"的口号,要求大幅加薪。在斗争的过程中,"总评"强调,"日本经济高速增长的矛盾体现出垄断资本与工人以及国民之间阶级利害的冲突",

---

① 久米郁男:『日本型労使関係の成功——戦後和解の政治経済学』,有斐閣,1998 年,第 155 頁。

② IDO Masanobu, *Divide and Rule: the Italian and Japanese Labor Movements after the Oil Crisis*, Ph. D. Dissertation, Chicago University, 1998, p. 149 – 150.

③ 兵藤釗:『労働の戦後史〈下〉』,東京大学出版会,1997 年,第 306 頁。

④ 久米郁男:『日本型労使関係の成功——戦後和解の政治経済学』,有斐閣,1998 年,第 154 – 155 頁。

其要求改变这一经济体制。在"总评"看来,"春斗"不仅是"反通胀斗争",还是"制度斗争"。① 在 1974 年的"春斗"中,"总评"动员了 474 万人参与罢工,其规模为"春斗"开始以来最大。虽然共同斗争委员会中途解散,但这一年的"春斗"最终获得了 32.9% 的加薪幅度,也是"春斗"开始以来的最高幅度。

然而,1974 年的日本经济出现了负增长,通货膨胀率仍居高不下。对此,政府和资方认为有必要限制加薪幅度,以终结大幅加薪和通货膨胀之间的恶性循环。在 1975 年"春斗"的过程中,日本政府提出了指导意见,要求将加薪比例限制在 15% 以下。作为补偿,政府的高层领导(如三木武夫首相、福田赳夫副首相)多次和工会领导对话,承诺政府将采取抑制物价上涨的政策。在这一过程中,工会内部出现了分裂,虽然"总评"继续强调"国民春斗论",但是"同盟"和"金属劳协"在前一年的立场上大幅后退,并提出了"经济整合性"的加薪原则。

"金属劳协"的领导人宫田义二在 1974 年 8 月的讲话中指出,"现在是从高速增长转向安定增长的分叉点,工资斗争也应该转向追求和经济增长相符的实际工资提升","以往采用的'在前一年基础上再增加一点'的加薪方式有必要加以改变,进而探索一种和安定增长相符的加薪方式"。宫田义二强调的是"和国民经济诸指标相符的加薪方式",故而被称为"经济整合性"原则。② 这一原则对 1975 年"春斗"产生了较大影响。

在 1975 年"春斗"进行的过程中,"同盟"和"金属劳协"积极参与和政府及资方的协商。虽然"同盟"和"金属劳协"对政府提出的 15% 的加薪额度有所不满,但其仍突出了"经济整合性"原则的重要性,强调工会有必要履行抑制通货膨胀的"社会责任",并提出了"加薪自我约束论"。最终,"同盟"在这一年"春斗"中提出的加薪幅度的目标为 27%,而"金属劳协"的目标则是 25%。与之相对,"总评"认为"同盟"和"金属劳协"提出的"加薪自我约束论"在加薪和抑制通货膨胀上都无法取得成功,并提出了 30% 以上的加薪幅度目标。最终,1975 年"春斗"达成的加薪幅度为 13.1%。

1975 年的"春斗"标志着日本劳资关系的结构由高度增长期向低增长期的转变。在这一过程中,"经济整合性"原则的提出及其成功表明,"同盟"和"金属劳

---

① 田端博邦:「現代日本と労使関係」,東京大学社会科学研究所編:『現代日本社会 5 構造』,東京大学出版会,1991 年,第 252 頁。

② 田端博邦:「現代日本と労使関係」,東京大学社会科学研究所編:『現代日本社会 5 構造』,東京大学出版会,1991 年,第 254 頁。

协"从劳资协调的立场出发,接受了政府和资方提出的"为了控制通货膨胀,恢复企业利润及保证工作长期稳定性,薪水不能做过大的调整"的主张。这也标志着企业工会主义在工会路线中的主导地位进一步确立。① 另外,在应对1975年"春斗"中分歧的过程中,民间部门的工会与政府及资方之间形成了紧密的对话和协商机制,各方通过对话达成共识,以引入收入政策(如物价水平的调整)促使大幅加薪的终结。② 这也意味着日本工会运动的路线在企业工会主义的基础上向"政治的交换"的工会路线迈出了重要的一步。与之相对,"总评"发起的"国民春斗"既未能实现"国民的诸要求",也未能确保其在工资斗争中的主导地位。因此,"总评"在对1975年"春斗"的总结中认为,"结果非常的不充分"。③ 在此之后,虽然"总评"仍努力调整战略,但其在"春斗"中影响力的衰退不可避免,"总评"的阶级主义的工会路线的影响也大幅下降。因此,1975年的"春斗"成为日本协调型劳资关系确立的标志性事件。

　　除去"春斗"之外,1975年公营部门和官营部门发动的"为争取罢工权的罢工"也遭遇失败,这也标志着日本主导的工会路线的变动以及协调型劳资关系的进一步发展。如前文所述,日本公营部门和官营部门工人的罢工权问题一直存在,并经常引发激烈的冲突。在石油危机之后,"为了打开在经济低速增长条件下处于困境的春斗的局面,公劳协、三公社五现业十单产在1975年要求回复罢工权,并在秋季举行了预定进行10天以上的大罢工"④。虽然公营部门和官营部门的工会动员了百万人参加罢工,"总评"系统的产业工会也募集了上百亿元的罢工资金,但是工会却无法在广泛层面上动员起支持力量。"民间的工会组织也几乎没有对罢工进行有效的协助",而且公众的反应也很冷漠。最终,工会在一周后宣布终止罢工,但没有取得任何成果。在罢工失败后,政府还对工会进行了处分,并让其赔偿高额的因罢工造成的损失(202亿日元)。另外,政府为减少公共事业体的赤字,进行了人员配置合理化;为发挥民间的"竞争活力",政府还对公共事业实

---

① 田端博邦:「現代日本と労使関係」,東京大学社会科学研究所編:『現代日本社会5 構造』,東京大学出版会,1991年,第258頁。

② 新川敏光:「1975年春闘と経済危機管理」,大嶽秀夫編:『日本政治の争点——事例研究による政治体制の分析』,三一書房,1984年,第222頁。

③ 兵藤釗:『労働の戦後史〈下〉』,東京大学出版会,1997年,第306頁。

④ (日)升味准之辅,《日本政治史》,董果良、郭洪茂译,北京:商务印书馆,1997年版,第1221頁。

行了分包制和民营化。① 这些措施都导致了公营部门和官营部门工会的萎缩,而以其为主要支持基础的"总评"也遭到了沉重的打击。

从 20 世纪 70 年代后期开始,"总评"也开始调整其路线,其不再坚持对社会党"一党支持"的原则,而是寻求和公明党及共产党的合作,希望通过联合政府的实现推动有利于工人的政策的制定。与此同时,"总评"也开始重视劳工运动的统一。在 1979 年的大会上,"总评"就提出,"即使牺牲左派的路线也要推动日本工会运动的统一",并希望加入由民间支持企业工会主义的工会推动的工会统一运动。② 因此,1975 年之后"总评"的调整标志着企业工会主义在日本工会路线中的主导地位的确立,而日本的协调型劳资关系也在这一时期达到了最高点。

本章分 1950—1955 年、1955—1960 年、1960—1975 年三个时段,研究了日本工会路线的变动和劳资关系变迁之间的关联。研究结果表明,在 20 世纪 50 年代上半期,"总评"的左转推动了其将政治斗争和劳资关系领域的活动相结合,并强调大众运动的作用。在"政治斗争主义"的工会路线的影响下,"总评"在劳资关系领域发起了大规模的产业统一斗争、职场斗争以及地域社会斗争,并通过大众动员的方式将这些斗争和政治斗争相结合,从而推动了这一时期冲突型劳资关系的发展。

在 20 世纪 50 年代后半期,"太田—岩井路线"成为"总评"的指导路线,其强调以超越企业工会的行动实现工人阶级的团结,并推动了追求加薪的"春斗"和重塑工会组织的"职场斗争"的发展。在 20 世纪 50 年代后期日本国内政治对立的背景下,"太田—岩井路线"指导下的"总评"发动工会会员参与政治斗争,并将经济斗争与反对第二波"逆流"和反安保的政治斗争相结合,从而塑造了这一时期日本冲突型劳资关系的持续发展。

1960 年的"安保—三池斗争"标志着日本工会路线的转变。20 世纪 60 年代初"总评"的路线调整使"春斗"在 20 世纪 60 年代之后得以发挥更大的作用,并奠定了日本协调型劳资关系的基础,"总评"的影响力也不断提升。然而,从 20 世纪60 年代中期开始,由于"总评"应对社会变动的不力和资方对企业内秩序的精心塑造,民间部门工会的企业工会主义对"总评"的阶级主义路线构成了强有力的挑

① (日)升味准之辅:《日本政治史》,董果良、郭洪茂译,北京:商务印书馆,1997 年版,第 1221 页。

② IDO Masanobu, *Divide and Rule: the Italian and Japanese Labor Movements after the Oil Crisis*, Ph. D. Dissertation, Chicago University, 1998, p. 167.

战。企业工会主义不断上升的影响在能动性层面塑造了日本协调型劳资关系的形成和发展。

在1973年石油危机之后，企业工会主义的影响力通过1975年"春斗"的调整得到了进一步的发展，而1975年由构成"总评"主要支持力量的官营和公营部门工会发起的"为争取罢工权的罢工"以失败告终，"总评"的影响随之衰落，其也逐渐放弃阶级主义的工会路线。因此，1975年前后日本工会路线中企业工会主义主导地位的确立推动了日本协调型劳资关系的进一步巩固。

本章的研究表明，日本主导的工会路线在1960年前后由政治斗争主义向企业工会主义的转变构成了日本劳资关系由冲突型向协调型转变的能动性原因。本章研究的结果证明了本书提出的"工会路线的变动在能动性层面塑造了劳资关系变迁"的假设。

# 第四章

## 劳动力商品化与韩国劳资关系变迁的结构成因（1987—2008 年）

本章对 1987—2008 年韩国劳动力商品化程度的变动和劳资关系变迁之间的关联进行研究，进而分析大规模劳资冲突后韩国冲突型劳资关系持续发展的结构成因。本章的研究表明：在 1987 年冲突型劳资关系的高峰之后，韩国劳动力商品化的程度仍然较高，并在 1997 年的经济危机后提升，从而导致了 1987—2008 年冲突型劳资关系的持续发展。

从研究个案的历史背景来看，1987 年韩国民主化的启动推动了"劳工大攻势"的爆发，在这一过程中，"韩国资本主义发展过程所有隐蔽的矛盾和工人长期积累的悲愤通过劳工的战斗涌向表面。从 7—9 月这三个月里发生了 300 次劳动纠纷，超过了快速工业化前 20 年发生的劳动冲突的总和"[1]。虽然由政治变动引发的大规模罢工在 1989 年之后消退，但韩国冲突型劳资关系的问题仍未得到较好的解决。

在民主化的进程中，韩国劳资关系的发展面临着"双重困境"：一方面，虽然工人争取到了一定的工会权利，但韩国政治转型的渐进性和保守性决定了韩国政府对工会权利的完全实现有所保留；另一方面，虽然工人通过斗争获得了大幅加薪等物质成果，但在经济发展模式调整的过程中，政府和资方强调韩国经济竞争力不足的根源在于劳动力市场缺乏弹性，并致力于改变这一情况。[2]

本章力图通过研究证明，在上述"双重困境"的背景下，韩国民主化进程中劳动政策和企业生产过程的调整导致劳动力商品化程度仍处于较高的水平，从而构成了韩国冲突型劳资关系持续发展的结构成因。

---

① （韩）具海根：《韩国工人——阶级形成的文化与政治》，梁光严、张静译，北京：社会科学文献出版社，2004 年版，第 193 页。
② 尹保云：《民主与本土文化：韩国威权主义时期的政治发展》，北京：人民出版社，2010 年版，第 262 页。

　　本章的第一节分析民主化进程中政府劳动政策调整导致劳动力商品化程度提升的过程,着重考察"以工会权利的部分赋予交换工人对提升劳动力市场弹性的同意"这一做法的演变。第二节分析民主化进程中企业生产过程的调整和劳动力商品化程度提升之间的关联,其中将着重分析生产过程"去技能化"的发展。在前两节研究的基础上,第三节分析较高的劳动力商品化程度导致韩国冲突型劳资关系持续发展的机制。第三节将分析韩国政府和企业应对冲突型劳资关系的举措,并说明这些举措在降低劳动力商品化程度及塑造协调型劳资关系方面的局限性。

## 第一节　劳动政策与劳动力商品化

### 一、卢泰愚政权的劳动政策

（一）劳动政策的有限改革

　　1987 年 6 月 29 日,时任韩国总统的全斗焕发布了总统直接选举的"6·29 宣言",从而正式启动了韩国民主化的进程。在宣言发布后,韩国劳工发起了大规模的攻势,"工人不仅对发泄他们的悲愤感兴趣,而且对获得提高工资感兴趣","他们对获得组织上的手段来保护自己的长期利益也同样感兴趣"。[①] "在 1987 和 1988 年这两个劳工战斗性爆发的年份里,国家第一次从产业领域撤出,宣称对劳动关系实行一种以退为进的政策",它不再维持过去在劳动纠纷中一目了然的亲资本立场,而是试图在劳资关系中保持某种中立立场,通过和平、"负责"的方式驾驭工会活动。[②]

　　对于塑造新政权的民主形象而言,劳资关系的改革具有重要的意义,政府从 1987 年 7 月开始修改《劳动法》,并于 11 月通过了《工会法》和《劳动争议调解法》的修改。《工会法》的修改降低了工会成立的门槛,限制了解散工会的事由以及行政干预的范围。《劳资争议调解法》的修改放松了对劳动争议的限制,确保了工会

① （韩）具海根：《韩国工人——阶级形成的文化与政治》,梁光严、张静译,北京：社会科学文献出版社,2004 年版,第 202 页。

② （韩）具海根：《韩国工人——阶级形成的文化与政治》,梁光严、张静译,北京：社会科学文献出版社,2004 年版,第 238 页。

活动具有一定的自主性。但是,"在给予工会活动更大空间的同时,国家拒绝废除不允许同一企业建立多个工会和第三方介入工会事务的条文,其目的是一直将工会活动限制在企业工会活动的范围内,阻止工会在不同企业之间形成团结或形成与政府控制的'韩国劳总'竞争的全国性中心组织"①。同时,韩国政府也非常关注劳资关系变动对经济发展的影响。在劳工斗争冲击大财阀属下的一些重要企业时,政府的高级官员就曾召开会议并发表声明,力图限制工人的行为。② 不过,从总体上看,在韩国经济发展较为顺利的条件下,国家在限制工会过激政治活动的同时满足了工人的个体经济利益要求。因此,这一时期的劳动政策调整呈现出"局部改革"的特征。

虽然卢泰愚政权在民主化初期对工人做出了一定的物质妥协,但支撑这种妥协的经济和制度基础却较为薄弱。一方面,韩国政府的经济政策并未完全脱离原来的轨道,其继续保护大财阀的利益,加强和巩固大企业的旧结构。由于经济结构调整缺乏有效措施,技术开发不足,再加上劳动力成本上升、人力不足等因素造成商品国际竞争力的缺乏,韩国制造业的增长率开始下降,对外出口的成绩也不佳。另一方面,由于劳工政治参与渠道的缺乏,劳工的非法罢工对社会秩序造成持续的冲击,罢工造成的生产损失持续居高不下(1987 年之后劳动争议造成的损失数据可见表 4 - 1 - 1)。在这样的背景下,卢泰愚政权从 1989 年开始调整劳动政策。

---

① (韩)具海根:《韩国工人——阶级形成的文化与政治》,梁光严、张静译,北京:社会科学文献出版社,2004 年版,第 239 页。

② Han Chonghee, *From "Korea Inc." to 'Chabeol Inc.': the Development of Industrial Relations in South Korea*, *1987 - 1998*, Ph. D. Dissertation, Claremont University, 2000, p. 133.

表4-1-1　1987—1992年韩国劳动争议的相关数据

| 项目＼年份 | 1987 | 1988 | 1989 | 1990 | 1991 | 1992 |
|---|---|---|---|---|---|---|
| 劳动争议的件数 | 3 749 | 1 873 | 1 616 | 322 | 234 | 235 |
| 劳动争议的参加人数 | 1 262 285 | 293 455 | 409 134 | 133 916 | 175 089 | 104 489 |
| 因劳动争议损失的工作天数 | 6 946 935 | 5 400 837 | 6 351 443 | 4 487 151 | 3 271 334 | 1 527 612 |
| 罢工造成的生产损失（10亿韩元） | 27 782 | 32 020 | 41 995 | 14 387 | 12 317 | 19 586 |
| 罢工造成的出口损失（百万美元） | 537 | 732 | 1 363 | 314 | 238 | 260 |

资料来源：Mo Jongryn, "Democratization, labor policy, and economic performance", in Mo Jongryn and Moon Chung-in, eds., *Democracy and the Korean Economy*, Stanford: Hoover Institution Press, 1999, p. 103.

（二）劳动政策的收紧

从1989年开始，韩国劳动政策在政治和经济两方面都呈现出收紧的趋势。在政治方面，政府重新诉诸压制措施。这一时期，战斗性的劳工团体试图组织新的全国工会组织，以与官方的全国工会组织"韩国劳总"分庭抗礼，对此政府坚决压制。安全部门和警察也打算通过审讯、逮捕和监禁最活跃的激进领袖来使民主工会群龙无首。① 从1989年开始，韩国政府在劳动争议中逮捕的工人数量持续维持在较高的水平（1988年为79人，1989年为602人，1990年为485人，1991年为486人，平均每起争议中的被捕人数，1989年为0.37人，1990年为1.51人，1991

――――――――――

① （韩）具海根：《韩国工人——阶级形成的文化与政治》，梁光严、张静译，北京：社会科学文献出版社，2004年版，第238页。

年为 2.08 人)。① 此外,虽然由反对党提出的旨在提升工会权利的劳动法修正案于 1989 年 3 月在国会通过,但卢泰愚却动用否决权将其否决。

在经济领域,韩国政府从 1990 年开始回归"经济增长优先"的政策。考虑到经济增长率的下降和名义工资增长率的居高不下(参见表 4 – 1 – 2),韩国政府愈发强调削减劳动成本以及限制劳动争议行为的必要性。在这一过程中,政府逐渐倾向资方的利益,力图削减对工人的社会保护,从而提升韩国经济的国际竞争力。② 1991 年 11 月韩国劳动部长崔秉裕(Choi Byung Yul,音译)在一次采访中的表态体现出了韩国政府对劳动政策的经济效应的考虑,他在采访中强调:

现行劳动法的框架基本上形成于五十年代和六十年代,由于当时的工作条件非常恶劣,所以劳动法的主要目的是保护工人而非提升(经济的)竞争力。考虑到这样的状况,现行工作场所的实际情况与法律规定之间存在矛盾之处。世界上其他国家从强化国家竞争力的角度看待劳动政策。现在我们有必要重新考虑劳动法了。③

表 4 – 1 – 2 1987—1992 年韩国制造业劳动生产率和名义工资的变动

单位:%

| 项目 | 1987 年 | 1988 年 | 1989 年 | 1990 年 | 1991 年 | 1992 年 |
|---|---|---|---|---|---|---|
| 制造业劳动生产率的增长率 | 3.5 | 14.8 | 3.6 | 12.5 | 156. | 12.2 |
| 制造业名义工资的增长率 | 11.6 | 19.6 | 25.1 | 20.2 | 16.9 | 15.7 |

资料来源:Mo Jongryn, "Democratization, labor policy, and economic performance", in Mo Jongryn and Moon Chung – in, eds., *Democracy and the Korean Economy*, Stanford:Hoover Institution Press, 1999, p.103.

---

① Mo Jongryn, "Democratization, labor policy, and economic performance", in Mo Jongryn and Moon Chung-in, eds., *Democracy and the Korean Economy*, Stanford:Hoover Institution Press, 1999, p.103.

② Han Chonghee, *From "Korea Inc." to "Chabeol Inc.": the Development of Industrial Relations in South Korea, 1987-1998*, Ph.D. Dissertation, Claremont University, 2000, p.160.

③ Han Chonghee, *From "Korea Inc." to "Chabeol Inc.": the Development of Industrial Relations in South Korea, 1987-1998*, Ph.D. Dissertation, Claremont University, 2000, p.171.

　　在这样的背景下,韩国劳动部为 1990 年度政府劳动改革的提案赋予了特殊意义,强调其对于构建"生产性的"(productive)劳资关系的重要意义。而 1991 年韩国劳动政策改革的最主要事项则是引入"整体报酬制度",其目的是简化工资的来源项目,从而使得工资的增长处于可控的状态。[1] 1992 年韩国政府设立了"劳动法委员会",准备开始第三轮劳动法规改革,其希望修改 1989 年的《劳动标准法》,从而降低劳动成本,并激活增长放缓的经济。政府在劳动法规改革中准备将一些重要条款制度化,如"弹性工作安排""削减加班工资""取消月休假待领薪""无薪水的生理假"。值得注意的是,政府也开始提出"以工会权利交换劳动力市场弹性"的设想,其希望废除《工会法》中"禁止工会的政治活动"以及"禁止第三方介入劳资关系"等条款,以此平息工人对《劳动标准法》修改案的反对。但在这一轮劳动法规改革中,韩国政府仍然对有组织劳工的活动施加限制,如加入了"集体协商的有效期限从 1 年扩展到 2 年""允许在劳动争议中使用替代工人""允许资方在非法劳动争议时闭锁工厂"等条款。[2] 对政府提出的这些方案,各方展开了激烈的争论。资方强调,需要通过《劳动标准法》的修改提升韩国经济的竞争力,其认为"弹性工作制的引入可以满足不同任务对于劳工的需求,能够更加有效地利用劳工,从而提升生产率",并"要求雇佣兼职工人,以适应生产的变动"。[3]而劳工代表则集中于《工会法》的修正,要求将现行的企业工会制度改造为产业工会制度,以提升工人的组织力量。[4] 由于各方分歧过大,1992 年的劳动法规改革无法产生各方都能接受的制度框架。

　　以上的分析表明,卢泰愚政权时期劳动政策的重点经历了从实施"局部改革"到回归"经济增长优先"的转变。在这一转变过程中,虽然劳工通过斗争获得了一定的权利和物质成果,但"韩国 1987 年之后劳动法的修正只是在 1980 年法律的

---

[1] Han Chonghee, *From "Korea Inc." to "Chabeol Inc.": the Development of Industrial Relations in South Korea, 1987-1998*, Ph. D. Dissertation, Claremont University, 2000, p. 162.

[2] 关于劳动法修改的争议,参见 Han Chonghee, *From "Korea Inc." to "Chabeol Inc.": the Development of Industrial Relations in South Korea, 1987-1998*, Ph. D. Dissertation, Claremont University, 2000, pp. 163 – 164.

[3] Han Chonghee, *From "Korea Inc." to "Chabeol Inc.": the Development of Industrial Relations in South Korea, 1987-1998*, Ph. D. Dissertation, Claremont University, 2000, p. 173.

[4] Han Chonghee, *From "Korea Inc." to "Chabeol Inc.": the Development of Industrial Relations in South Korea, 1987-1998*, Ph. D. Dissertation, Claremont University, 2000, p. 180.

基础上进行了些许调整,而且基本仍在其框架之下"①。更为重要的是,"韩国向民主的政治转型并未伴随发展战略的根本转变,劳动政策仍是作为宏观经济政策的一个部分,而不是以独立的劳资关系领域而存在"②。由于韩国经济发展中结构限制的日益突出,劳动政策的重点开始转向以劳动力市场弹性的提升强化韩国的国际竞争力,并提出了"以工会权利的部分赋予交换工人对提升劳动力市场弹性的同意"的主张,这也为韩国劳动力商品化程度的提升打开了空间。

### 二、金泳三政权的劳动政策

#### (一)"全球化政策"

在 1993 年出任总统之后,金泳三认识到了进行经济改革、扩大福利和包容社会力量的重要性。为此,金泳三着手对财阀体制进行改革,抑制财阀向多种行业的大规模横向扩张,改变向财阀提供优惠贷款的既有金融政策,并鼓励财阀在资本市场中独立募集资本。③ 在劳动政策领域,金泳三上台之后强调政府对劳资双方的争议采取不干涉的态度。而从 1995 年开始,金泳三政府开始强调韩国经济的"国际化"和"全球化",希望以此提升韩国经济的国际竞争力,解决韩国经济发展中存在的问题。在金泳三看来,"全球化"代表了"全球的趋势",资本、技术、货物以及服务的跨国流动将形成"没有国界的全球竞争"。金泳三政权还强调,"全球化"包括"生活的全方位理性化"和"各领域的改革",并要求在国民生活各方面实现"生产力和弹性"。同时,他还批评过去的韩国政府只关注经济增长,而忽视了均衡和平等的社会发展,并阻碍了市场竞争。④

然而,金泳三政权推行的经济体制改革遭遇了困境。金泳三政权最初提出的

---

① Kweon, Young-Sook, *Liberal Democracy Without a Working Class? Democratization*, *Coalition Politics*, *and the Labor Movement in South Korea*, *1987-2006*, Ph. D. Dissertation, Columbia University, 2008, p. 185.

② Kweon, Young-Sook, *Liberal Democracy Without a Working Class? Democratization*, *Coalition Politics*, *and the Labor Movement in South Korea*, *1987-2006*, Ph. D. Dissertation, Columbia University, 2008, p. 186.

③ Gills, Barry K. and Gills D. S., "Globalization and strategic choice in South Korea: economic reform and labor", in Kim, Samuel S., ed. *Korea's Globalization*, Cambridge University Press, 2000, p. 33.

④ Gills, Barry K. and Gills D. S., "Globalization and strategic choice in South Korea: economic reform and labor", in Kim, Samuel S., ed., *Korea's Globalization*, Cambridge University Press, 2000, p. 38.

抑制财阀的政策和经济体制"分散化"的计划,遭到了"来自资本的罢工"。韩国企业的设备投资在 1993 年第一季度下降了 12.4%,并在第二季度继续下降,而韩国的经济增长率也跌到 3.4%。① 政府内部的官员此时担心失业率的上升,并强调恢复"经济增长优先"目标的重要性。金泳三接受了这一意见,并重新开始和财阀的合作,强调需要发展大企业,提升出口和经济快速增长。作为重新开始合作关系的条件,财阀成功地迫使政府更换劳动部长(财阀认为其过于亲劳工)。新上任的劳动部长在 1994 年 10 月做出承诺,表明不会在 1995 年年底之前启动劳资关系法律的修改。而在推行"全球化政策"的过程中,虽然韩国政府提出了广泛的社会改革方案,但其关注的主要是提升生产力和生产效率,福利领域的改革以及实现社会正义的努力都十分有限。② 因此,"全球化政策"的推行使政府进一步强调"经济增长优先"和劳动力市场的弹性化,政府和财阀之间的联盟得到进一步的发展。

作为"全球化政策"的一环,韩国从 1993 年开始准备加入 OECD。加入 OECD 意味着韩国要接受其制度规则和政策方针,其中就包括了修改和劳资关系相关的规则和规范,以及放松对金融市场和外汇市场的规制。在这样的情况下,韩国劳动法规中容易引发劳资冲突的条款必须加以修改,以符合国际制度的规范。因此,"全球化政策"的推行使金泳三政权在改革劳资关系时受到两方面的压力:一方面,韩国劳动法规中违反劳工基本权利的条款必须加以修正,以达到国际制度的要求;另一方面,经济全球化的要求迫使韩国劳资关系的改革必须适应新的经济竞争形势。③

(二)劳动法规的修订和大罢工

1996 年 4 月 24 日,金泳三提出了"为向 21 世纪一流国家飞跃的新劳资关系构想",这一新倡议是"全球化政策"的一部分,其强调新的劳资关系指导原则应包括以下内容:如公共物品的最大化,参与和合作,自主和社会义务的平衡,对教育

---

① Gills, Barry K. and Gills D. S., "Globalization and strategic choice in South Korea: economic reform and labor", in Kim, Samuel S., ed., *Korea's Globalization*, Cambridge University Press, 2000, p. 35.

② Gills, Barry K. and Gills D. S., "Globalization and strategic choice in South Korea: economic reform and labor", in Kim, Samuel S., ed., *Korea's Globalization*, Cambridge University Press, 2000, p. 39.

③ Lee Byong-Hoon, "Globalization and industrial relations in South Korea", *Korea Journal*, Vol. 43, No. 1, 2003, p. 266.

和人文的强调,制度和意识的全球化等。在提出新倡议的同时,金泳三启动了"总统劳资关系改革委员会",集结社会各方面的代表,希望就劳资关系改革的指导方针进行商议,这也是韩国历史上第一个较为正式的三方协商性质的机构。

然而,在"总统劳资关系改革委员会"内部的讨论中,劳资双方的立场存在着很大的分歧。资方批评工会的立场,认为韩国国际竞争力下降的根源在于高工资和劳动力市场缺乏弹性,因此有必要对工会的行为施加限制。资方强调,在国际竞争日趋激烈的情况下,适应市场开放、以市场为导向的劳动法规改革是提升国家经济竞争力的关键所在,而具体的举措就是提升劳动力市场的弹性,他们为此要求导入"弹性工作时间制"以及"解雇体系"。[1] 劳工方面则反对资方的意见,强调旨在提升劳动力市场弹性的行为会危及就业的稳定、工会的凝聚力乃至职业安全。此外,劳资双方在是否解除对多元工会和工会政治行为的禁令上也存在着争论。[2] 最终,在经历 6 个月的讨论之后,"总统劳资关系改革委员会"没能提出有效的劳动改革建议,从而以失败而告终。

在此之后,政府内部开始商议劳动法改革的方案,并在1996 年12 月3 日提出了法案的草案。但这一草案更多的是资方诉求的体现,劳工方面的要求或是被完全拒绝,而即使其被部分采纳,也被附加了诸多条件。对于草案的内容,资方表示满意,劳工组织则表示强烈反对,并威胁如果法案在国会通过,其将发起全国罢工。最终,1996 年12 月26 日,执政党议员在反对党议员缺席的情况下在国会秘密开会,并在7 分钟内通过了新劳动法和"国家安全企划厅"法。[3] 工会对这种违反民主程序的做法表示愤慨,并认为通过的法案比之前的草案更加亲资方,而且对长期以来稳定的就业构成了严重的威胁。

由于对政府在立法中的专断行为不满,韩国工会发动了全面大罢工,并得到了社会各界的支持。在"民主劳总"("韩国民主工会总联盟"的简称)和"韩国劳总"("韩国工会总联盟"的简称)的共同领导下,这场总罢工断断续续地进行了3 个多星期,动员了大约300 万名工人。1997 年1 月21 日,金泳三会见了反对党领导人,表示政府愿意撤回有争议的劳动法,并对它们重新修改。在罢工结束后,存在争议的劳

---

① 曹中屏、张琏瑰等编著:《当代韩国史》,天津:南开大学出版社,2005 年版,第481 页。

② Kim, Yong Cheol, "Industrial reform and labor backlash in South Korea: genesis, escalation, and termination of the 1997 general strike", *Asian Survey*, Vol. 38, No. 12, 1998, p. 1149.

③ (韩)具海根:《韩国工人——阶级形成的文化与政治》,梁光严、张静译,北京:社会科学文献出版社,2004 年版,第249 页。

动法被退回立法程序,而工会则发动半日罢工来继续向政治家施加压力。在较短时间内,新劳动法起草出来,并于1997年3月10日经国会多数表决通过。①

　　然而,新修订的劳动法与劳工团体曾强烈反对的劳动法只有细微差别。虽然有组织的劳工获得了政府立即核准"民主劳总"权利和在企业层面组织多个工会的权利。但总体而言,新通过的法律还是更加契合资方的利益。它们保留了雇主裁减工人的权利,而且劳动法在两年的延缓期之后生效。"不工作,不给报酬"的原则和不给全职工会领导人报酬也被写进了新的劳动法,而弹性工作日的政策的目的是降低实际工资。②

　　以上的分析表明,"全球化政策"的推动方式对韩国劳动力商品化程度的变动产生了深远的影响。在经济发展面临困境以及国际经济竞争强化的情况下,韩国政府和企业日益强调提升劳动力市场弹性的重要性,其"和新自由主义改革的步调一致"。③ 与此同时,在民主化渐进展开的过程中,韩国政府旨在提升劳动力市场弹性,而作为交换,其逐步放松了对工人权利的限制,但这一系列改革遭到了工人的强烈反对。经过这一系列变革,资方成功地"推动国家和工会接受劳动法律的改革更有利于市场因素而非劳工权利",企业也得以通过外包、独立经营、重构企业组织以及提前退休等方式提升了劳动力市场弹性。因此,韩国劳动政策的调整扩大了自由市场原则在劳资关系领域中的影响,韩国劳动力商品化的程度因而提升,并处于较高的水平。

　　在劳动力商品化程度提升的背景下,工会更加注重劳动合同的作用,希望以此抵御劳动力市场弹性的提升给自己造成的不利影响。虽然金泳三政权时期劳动争议的数量大幅减少,但从1995年起,合同问题就取代工资问题成为劳动争议的最主要原因(相关数据参见表4-1-3)。这也表明,较高的劳动力商品化程度导致对工人的社会保护受到侵蚀,进而构成了韩国冲突型劳资关系持续发展的结构成因。随着韩国经济形势的恶化,由劳动力商品化程度提升所引发的劳资冲突面临着进一步激化的危险。

---

① (韩)具海根:《韩国工人——阶级形成的文化与政治》,梁光严、张静译,北京:社会科学文献出版社,2004年版,第250页。

② (韩)具海根:《韩国工人——阶级形成的文化与政治》,梁光严、张静译,北京:社会科学文献出版社,2004年版,第251页。

③ 尹保云:《民主与本土文化:韩国威权主义时期的政治发展》,北京:人民出版社,2010年版,第262页。

表4-1-3　1990—1997年韩国劳动争议成因的分布及其所占比例

单位:件,%

| 年份 | 总件数 | 拖欠工资 | 加薪 | 免职 | 合同问题 | 其他 |
|------|--------|----------|------|------|----------|------|
| 1990 | 322 | 10(3.1) | 167(51.9) | 18(5.6) | 49(15.2) | 78(24.2) |
| 1991 | 234 | 5(2.1) | 132(56.4) | 7(3.0) | 56(23.9) | 34(14.5) |
| 1992 | 235 | 27(11.5) | 134(57.0) | 4(1.7) | 49(20.9) | 21(8.9) |
| 1993 | 144 | 11(7.6) | 66(45.8) | 1(0.7) | 52(36.1) | 14(9.7) |
| 1994 | 121 | 6(5.0) | 51(42.1) | 3(2.5) | 42(34.7) | 19(15.7) |
| 1995 | 88 | 0(0.0) | 33(37.5) | 1(1.1) | 49(55.7) | 5(5.7) |
| 1996 | 85 | 1(1.2) | 19(22.4) | 0(0.0) | 62(72.9) | 3(3.5) |
| 1997 | 78 | 3(3.8) | 18(23.1) | 0(0.0) | 51(65.4) | 6(7.7) |

资料来源:Lee Byong-Hoon,"Globalization and industrial relations in South Korea",*Korea Journal*,Spring,2003,p.275.

### 三、经济危机和劳动政策调整

(一)"社会协约"的限度

金泳三政权的经济改革未能抑制住泡沫经济的恶性膨胀,并导致韩国经济在1997年秋季陷入外汇和金融危机之中。1997年11月,韩国政府正式向IMF申请支援,要求至少500亿美元的贷款,12月双方签署"一揽子协议",从此韩国进入IMF管理体制。IMF的紧急援助附加了四方面结构调整的要求,即财阀、金融机构、公共部门和劳动力市场的结构调整。[①] IMF认为,韩国劳动力市场以及解雇惯例的保护性和严格的特征是导致韩国经济危机的重要原因之一。为此,IMF要求韩国政府改革劳动力市场的相关制度,促进劳工的调配,并解除对整理解雇的限制。对于韩国政府而言,提升劳动力市场弹性的改革具有十分关键的作用。一方面,外资的进入对于解决外汇和金融危机至关重要,但韩国既有的雇佣制度、强大工会和较为严格的劳动力市场条件对外资的进入构成了障碍;另一方面,IMF附加的结构调整必将导致大规模的公司重组,并伴随破产、兼并、收购和减产,对于这些公司的重组而言,劳动力市场弹性的提升必不可少。

在结构调整的协议达成之后,被认为是"亲劳工"派的金大中当选为总统。虽然金大中在当选前曾承诺确保工人的就业安全,但他在当选后还是被迫采用IMF

① 曹中屏、张琏瑰等编著:《当代韩国史》,天津:南开大学出版社,2005年版,第488页。

所附加的劳动力市场改革方案。就金大中推行劳动力市场改革的动因而言,首先,IMF 的结构调整要求和金泳三时期所采取的诸多改革存在类似之处,因此对韩国而言并非完全陌生。另外,虽然金大中在竞选时曾强调经济民主和平等,但在危机面前,他也无法提出切实有效的解决方案。①

韩国劳动力市场的改革引发了劳资之间的冲突,刚上台的金大中不得不介入其中,其强调劳工、资本和政府三方共同分担痛苦,克服经济危机。金大中为此设立了"劳资政三方委员会",探讨劳动力市场改革。但在委员会的讨论过程中,各方的诉求严重对立,关于"整理解雇制"的讨论成为冲突的焦点。在认识到人员削减不可避免的情况下,工会要求政府制定明确的失业对策以及企业经营的透明化。面对工会的反对,政府则强调其会采取多样的政策缓解失业的冲击。虽然工会曾一度威胁退出协商,但经过多轮讨论,各方最终于 1998 年 2 月 6 日通过了"克服经济危机的社会协约"。其主要内容包括:工会同意立即实施"整理解雇制"和引入"派遣工人制度";资方和政府同意保障教员和公务员的集体行动权,工会的政治活动权和复式工会权,失业工人加入工会和扩大失业对策基金等权益。②

由此可见,在应对经济危机的过程中,政府进一步采取了"以工会权利的部分赋予交换劳动力市场弹性的提升"的做法。在这一过程中,金大中政权通过社会协约的方式将工会纳入国家政治讨论的渠道,从制度上保证了工会的政治参与。虽然社会协约的达成标志着韩国"阶级合作主义"的发展迈出了重要一步,但是政府和资方更关心劳动力市场弹性的提升,其对赋予工会权利仍有所保留,这导致了劳动力商品化程度的提升,并加深了劳工与国家以及资本之间的冲突。

(二)劳动力商品化程度的提升

在社会协约达成的同时,加盟"民主劳总"的基层工会就对上级组织接受解雇的条款表示了强烈反对。这些工会不仅拒绝接受达成的协约,而且在 1998 年 2 月 9 日举行的"民主劳总"大会上以强硬派取代了原先的领导人。此后,虽然还进行了第二轮和第三轮三方会谈,但由于在劳动力市场改革的内容上存在着较大分歧,工会反

---

① Shin, Kwang-Yeong, "Globalisation and the working class in South Korea: contestation, fragmentation and renewal", *Journal of Contemporary Asia*, Vol. 40, No. 2, 2010, p. 220.

② 曹中屏、张琏瑰等编著:《当代韩国史》,天津:南开大学出版社,2005 年版,第 521 页。

复宣布加入和退出会谈,其还发起了数次总罢工,并和政府发生激烈的冲突。①

就协约执行的情况而言,1998 年的劳动法修改进一步扩大了"整理解雇制"的适用范围,其中不仅包括了"企业经营中的迫切需要",还追加了"为防止企业经营恶化而采取的事业转让、收购和兼并"等情况。而在实践中,不仅是外资企业,连许多韩国本土的企业在收购其他企业时也只是收购资产,而不接纳原企业的工人。虽然协约对整理解雇的条件进行了明确规定,但从 1998 年 2 月到 1999 年 8 月的整理解雇中,42.8%都是不正当的解雇。② 结果,1998 年 12 月的失业人数飙升至 181 万人,而一年前仅为 67.2 万人,这意味着在 1998 年每个月有 10 万人被解雇。③ 由"整理解雇"引发的罢工也频繁发生。④ 在改革的过程中,政府选择性执行社会协约的情况也屡见不鲜。"在与劳动力市场弹性相关的事项快速通过立法的同时,有关工业公民权的事项却迟迟得不到解决",这也导致劳工对政府参与社会协约动机的怀疑不断加深。⑤ 因此,"以工会权利的部分赋予交换劳动力市场弹性提升"的社会协约不仅未能促成劳资关系的平稳发展,反而成了劳资冲突的导火索。

从长远来看,1997 年劳动法修改引入的"弹性工作时间制"以及 1998 年引入的"整理解雇制""派遣工人制"共同提升了韩国劳动力市场的弹性,从而大幅提升了韩国劳动力商品化的程度。经济危机中引入的这一系列举措不仅导致工人失去了其在民主化进程中获得的就业保障、工会发展等权益,工会相对于政府和资本也再度转入守势。更为重要的是,大规模的解雇意味着从 20 世纪 70 年代高速增长以来形成的劳工保护体系开始瓦解。⑥

虽然韩国较快地度过了经济危机,失业率也恢复到正常的水平(见表 4 - 1 -

---

① 1998 年 4 月 22 日,"民主劳总"坚持拒绝参加第二轮三方协商;5 月 27—28 日,"民主劳总"在新班子领导下发动了第一次总罢工。7 月 14—16 日,韩国爆发了第二次总罢工,当局出动警察逮捕了以秘书长为首的"民主劳总"的大批工会干部和会员。

② 横田伸子:『韓国の都市下層と労働者——労働の非正規化を中心に』,ミネルヴァ書房,2012 年,第 105 頁。

③ Shin, Kwang-Yeong, "Globalisation and the working class in South Korea: contestation, fragmentation and renewal", *Journal of Contemporary Asia*, Vol. 40, No. 2, 2010, p. 222.

④ 如现代汽车工人为反对整理解雇举行了 35 天的大罢工(7 月 20—8 月 24 日)。

⑤ Park Sung Ho, "The role of government in social pact building: the cases of Italy and South Korea in the 1990s", *Korean Political Science Review*, Vol. 46, No. 6, 2013, p. 158.

⑥ Kim, Hyung A, "Industrial warriors: South Korea's first generation of industrial workers in post-developmental Korea", *Asian Studies Review*, Vol. 37, No. 4, 2013, p. 587.

4),但这种快速调整的成功正是通过牺牲劳工的利益才得以实现的。从就业类型的变动来看,在 1998 年之后的经济重建中,新增就业集中在"临时工"和"短工"的岗位上,正式工的数量却大幅减少。因此,全体就业人员中临时工和短工的比例也相应地快速上升(参见表 4 - 1 - 5)。另外,和小企业(规模在 100 人以下)相比,大中型企业(规模在 100 人以上)的减员力度更大,其结果则是全体就业中大中型企业的比例呈现出不同程度的下降,而小企业的比例则相应提升(参见表 4 - 1 - 6)。由于非正式工人和小企业的工人相对更缺乏足够的社会保护,因而其数量的增长体现了韩国劳动力商品化程度的进一步提升。

表 4 - 1 - 4　1996—2001 年韩国失业率的变动　　　　　　单位:%

| 时间<br>项目 | 1996年 | 1997年 | 1998年<br>1月 | 1998年<br>6月 | 1999年<br>1月 | 1999年<br>6月 | 1999年<br>12月 | 2001年 |
|---|---|---|---|---|---|---|---|---|
| 失业率 | 2.0 | 2.6 | 4.7 | 7.1 | 8.6 | 6.3 | 4.9 | 3.4 |

资料来源:朴昌明:『韓国企業社会と労使関係—労使関係におけるデュアリズムの深化』,ミネルヴァ書房,2005 年,第 33 頁。

表 4 - 1 - 5　1997—2001 年韩国不同就业类别的工人数量及其所占比例

单位:千人

| 项目　　　年份 | 1997 | 1998 | 1999 | 2000 | 2001 |
|---|---|---|---|---|---|
| 临时工和短工 | 6074<br>(45.9%) | 5733<br>(47.0%) | 6472<br>(51.7%) | 7889<br>(55.8%) | 6839<br>(51.3%) |
| 其中: 短工 | 1892<br>(14.3%) | 1735<br>(14.2%) | 2289<br>(18.3%) | 3378<br>(23.9%) | 2238<br>(16.8%) |
| 临时工 | 4182<br>(31.6%) | 3998<br>(32.8%) | 4183<br>(33.4%) | 4511<br>(31.9%) | 4601<br>(34.5%) |
| 正式工 | 7151<br>(54.1%) | 6457<br>(53.0%) | 6050<br>(48.3%) | 6252<br>(44.2%) | 6500<br>(48.7%) |
| 总计 | 13225 | 12190 | 12522 | 14141 | 13339 |

注:"正式工""临时工"和"短工"分别对应劳动合同期限在 1 年以上、超过 1 个月但不满 1 年以及不满 1 个月的工人。

资料来源:朴昌明:『韓国企業社会と労使関係——労使関係におけるデュアリズムの深化』,ミネルヴァ書房,2005 年,第 73 頁。

表 4 – 1 – 6  1997—2000 年韩国不同规模企业的就业人数及其所占比例

单位:千人

| 年份<br>项目 | 1997 | 1998 | 1999 | 2000 |
|---|---|---|---|---|
| 总计 | 13 470 | 12 417 | 12 920 | 13 604 |
| 1—4人 | 4 384<br>(32.5%) | 4 275<br>(34.4%) | 4 509<br>(34.9%) | 4 651<br>(34.2%) |
| 5—9人 | 1 364<br>(10.1%) | 1 183<br>(9.5%) | 1 366<br>(10.6%) | 1 552<br>(11.4%) |
| 10—49人 | 2 886<br>(21.4%) | 2 621<br>(21.1%) | 2 831<br>(21.9%) | 3 235<br>(23.8%) |
| 50—99人 | 1 110<br>(8.2%) | 1 021<br>(8.2%) | 1 092<br>(8.4%) | 1 214<br>(8.9%) |
| 100—299人 | 1 401<br>(10.4%) | 1 276<br>(10.3%) | 1 257<br>(9.7%) | 1 315<br>(9.7%) |
| 300—499人 | 520<br>(3.9%) | 449<br>(3.6%) | 450<br>(3.5%) | 450<br>(3.3%) |
| 500—999人 | 637<br>(4.7%) | 558<br>(4.5%) | 552<br>(4.3%) | 480<br>(3.5%) |
| 1000人以上 | 1 168<br>(8.7%) | 1 034<br>(8.3%) | 863<br>(6.7%) | 706<br>(5.2%) |

资料来源:自朴昌明:『韓国企業社会と労使関係—労使関係におけるデュアリズムの深化』,ミネルヴァ書房,2005 年,第 77 页。

本节的分析表明,在渐进型的民主转型和国际经济竞争压力的影响下,韩国政府在调整劳动政策时采取了"以工会权利的部分赋予交换工人对提升劳动力市场弹性的同意"的做法,而 1997 年经济危机的冲击使这种交换得到了进一步发展。由于这种交换的不平衡程度较为严重,韩国劳动力市场的弹性快速提升,企业也更容易以外部劳动力市场替代内部原有的工人。因此,韩国民主化进程中劳动政策的调整导致了自由市场原则的影响提升,对劳工的社会保护不断受到侵蚀,劳动力商品化的程度也因此进一步提升,并处于较高的水平,从而构成了冲突型劳资关系持续发展的结构成因。

在政府政策的影响下,韩国企业的生产过程在1987年之后也进行了调整,并在微观层面推动了劳动力商品化程度的进一步提升,从而使韩国劳资关系更加难以走向协调。为此,下一节将分析1987年以来韩国企业生产过程调整和劳动力商品化程度变动之间的关联,进而从微观层面理解韩国冲突型劳资关系持续发展的结构成因。

## 第二节　生产过程的"去技能化"与劳动力商品化

军人政权时期韩国企业的生产过程呈现出两方面的特征:一方面,由于国家对工人技能形成的积极介入部分替代了市场的作用,"企业战略的重点是发现新市场并筹集资金进入,对稳定劳动者队伍,在企业内部培养其技能不感兴趣"[1],政府通过职业教育发展促进劳动者基本技能的形成;另一方面,国家对企业内部技能形成的介入建立在压制工会活动的基础之上,而且资方在企业内部采取了军事化的管理手段,在"像家族一样的工厂制度"的门面之下,韩国工业中行使着高度专制和被滥用的权威,管理方倾向于以无端的人治方式使用权力,并经常实施语言和身体暴力。[2]

韩国军人政权时期形成的企业内生产过程在民主化之后面临着变革的压力。就管理方面而言,工人大斗争推动了产业民主的发展,建立在专制和军事化管理基础上的企业内秩序无法继续,企业必须调整管理的手段。而在技能形成领域,一方面,从20世纪80年代中期开始,韩国的劳动力市场开始出现人手紧缺的情况,企业不得不以提升工人的企业特殊技能(firm-specific skill)的方式建立内部劳动力市场,并以此缓解劳资之间的冲突,稳定企业的劳动力队伍[3];另一方面,国家推动的技能发展只能保障标准化技能的形成,由此带来的"韩国劳动者技能的

---

① 宋磊、孙晓冬:《发展型国家的产业民主与生产扩张》,《政治与法律评论》(第二辑),北京:法律出版社,2013年版,第245页。

② (韩)具海根:《韩国工人——阶级形成的文化与政治》,梁光严、张静译,北京:社会科学文献出版社,2004年版,第83-85页。

③ Song Jiyeoun, *Global Forces, Local Adjustments: The Politics of Labor Market Deregulation in Contemporary Japan and Korea*, Ph.D. Dissertation, Harvard University, 2008, p. 188.

单一化"使得20世纪80年代韩国"复杂产品的质量难以得到保证",韩国的企业因此需要通过发展企业特殊技能以应对产业升级和国际市场竞争。① 换而言之,韩国的生产过程在管理方式和技能形成这两方面都面临着巨大的变革压力,如果这两方面的转变顺利实现,工人在企业内受到的保护将得到强化,劳动力商品化的程度也会随之降低。

然而,上一节对1987年之后韩国劳动政策演变的分析表明,资方不仅在经济危机前积极推动劳动政策向提升劳动力市场弹性的方向发展,而且在经济危机后充分运用"整理解雇制"和"派遣劳工制",以外部劳动力市场替代内部原有的劳动力。本书认为,资方的这些政策主张不仅体现了"新自由主义"意识形态的影响,也和微观层面生产过程的特征相关。从微观的企业层面来看,由于生产过程调整导致的"去技能化",韩国工人未能充分发展出"企业特殊技能",企业因而能够大量使用非正式工人替代这些相对低技能的工人,这导致了劳动力商品化程度的大幅提升。从这一基本论点出发,本节聚焦于韩国企业内技能形成方式和就业规模调整之间的关系,探讨民主化进程中韩国企业生产过程调整引发劳动力商品化程度提升的具体机制。

**一、1997年经济危机前"去技能化"的发展**

(一)企业内技能培训的有限性

韩国政府在20世纪80年代中期采取了以重化学工业为中心的扩大出口政策。生产的扩大导致了劳动力不足的情况,韩国的劳动力市场出现了发展的拐点。从统计数据上看,1986—1990年,不同技能水平的工人的短缺率都有了较大程度的提升(参见表4-2-1)。另外,由于1987年劳工大斗争的爆发,工会对劳动条件的影响大幅上升,并在一定程度上促进了企业内部劳动力市场的发展。在这两方面因素的影响下,韩国企业(尤其是大企业)的离职率有了一定的下降(参见表4-2-2)。

---

① 宋磊、孙晓冬:《发展型国家的产业民主与生产扩张》,《政治与法律评论》(第二辑),北京:法律出版社,2013年版,第246页。

表 4-2-1　1986 年和 1990 年韩国制造业企业中生产工人的短缺率

单位:%

| 项目 | | 全部企业 | 不同规模的企业 | | | | |
|---|---|---|---|---|---|---|---|
| | | | 10—29人 | 30—99人 | 10—299人 | 300—499人 | 500人以上 |
| 全部生产工人 | 1986年 | 3.20 | 3.21 | 3.69 | 4.16 | 2.40 | 2.35 |
| | 1990年 | 6.85 | 15.24 | 8.93 | 7.07 | 5.16 | 2.26 |
| 管理岗位的工人 | 1986年 | 1.26 | 0.42 | 1.48 | 2.08 | 0.83 | 0.53 |
| | 1990年 | 4.45 | 9.82 | 6.82 | 3.07 | 3.65 | 1.16 |
| 熟练工人 | 1986年 | 2.27 | 1.81 | 3.01 | 3.04 | 1.88 | 1.37 |
| | 1990年 | 5.31 | 11.63 | 7.31 | 5.40 | 3.23 | 1.38 |
| 半熟练工人 | 1986年 | 3.31 | 7.41 | 3.79 | 4.12 | 2.44 | 1.81 |
| | 1990年 | 7.92 | 19.77 | 10.72 | 8.85 | 5.21 | 2.40 |
| 未熟练工人 | 1986年 | 8.34 | 6.36 | 8.10 | 10.47 | 5.08 | 8.32 |
| | 1990年 | 16.23 | 39.36 | 17.72 | 18.17 | 17.06 | 7.41 |

资料来源:横田伸子:『韓国の都市下層と労働者——労働の非正規化を中心に』,ミネルヴァ書房,2012 年,第 48 頁。

表 4-2-2　1980—1990 年韩国制造业企业中男性生产劳动者的月离职率

单位:%

| 年份 | 全部企业 | 不同规模的企业 | | | | |
|---|---|---|---|---|---|---|
| | | 10—29人 | 30—99人 | 100—299人 | 300—499人 | 500人以上 |
| 1980 | 5.8 | 7.4 | 7.8 | 6.6 | 5.6 | 4.2 |
| 1981 | 5.6 | 6.7 | 7.9 | 6.7 | 5.5 | 3.8 |
| 1982 | 6.4 | 6.8 | 6.9 | 6.9 | 4.9 | 3.3 |
| 1983 | 5.3 | 5.9 | 7.1 | 6.6 | 5.6 | 3.6 |
| 1984 | 5.9 | 7.9 | 7.7 | 7.4 | 5.4 | 3.6 |
| 1985 | 4.7 | 6.6 | 6.9 | 5.5 | 4.3 | 2.7 |
| 1986 | 4.3 | 6.3 | 6.3 | 4.9 | 4.1 | 2.5 |
| 1987 | 4.6 | 7.8 | 6.3 | 5.2 | 3.9 | 3.7 |
| 1988 | 5.0 | 8.0 | 8.1 | 6.6 | 3.6 | 2.1 |
| 1989 | 4.1 | 7.0 | 7.0 | 5.0 | 2.9 | 1.7 |
| 1990 | 4.1 | 7.4 | 7.1 | 5.1 | 3.2 | 1.8 |

资料来源:横田伸子:『韓国の都市下層と労働者——労働の非正規化を中心に』,ミネ

ルヴァ書房,2012 年,第 54 頁。

统计数据也反映出了不同技能水平和不同规模企业的工人短缺率和离职率的差异。整体而言,中小企业和低技能的工人短缺率较高,其离职率也较高,而大企业和高技能的工人短缺率较低,其离职率也较低(参见表 4 - 2 - 1)。虽然相关的数据反映出大企业的内部劳动力市场有了一定的发展,但研究表明,这种发展并非建立在企业内技能形成的基础之上。1991 年关于 13 家代表性的韩国大企业的一项调查表明,虽然多数企业开始采用内部技能培训的方式应对管理和技术岗位人手不足的现象,但应对生产岗位的人手不足采用的多是"机械化"和"作业的合理化"等方式,较少采用企业内部技能培训的方式(参见表 4 - 2 - 3)。而关于企业稳定年轻员工就业的手段的调查则表明,企业在劳工攻势的压力下较多采用提供福利的方式,但对年轻工人的教育培训则关注较少。[1] 20 世纪 90 年代初期关于韩国大企业的另一项调查表明,虽然企业在工会的施压下会以内部转岗而非解雇的方式应对市场的调整,但和日本企业不同,这种转岗并没有产生工人技能提升的效果,大企业中的多技能培训项目和对蓝领工人的技能培训项目都很有限。[2] 因此,在劳工大攻势的冲击下,企业虽然提高了蓝领工人的物质待遇,但却并没有对他们进行充分的技能培训。换言之,韩国工人在劳动力市场上仍处于较为弱势的地位,只是由于民主化的政治压力和劳动力市场的相对短缺情况,其才在短期内确保了就业的稳定和待遇的提升。

---

[1] 横田伸子:『韓国の都市下層と労働者——労働の非正規化を中心に』,ミネルヴァ書房,2012 年,第 51 頁。

[2] Jung EE - WHAN, "The rise of the labor movement and the development of internal labor market in the Korean manufacturing industry", *Korean Journal of Population and Development*, Vol. 22, No. 1, 1993, p. 39.

表 4 - 2 - 3　韩国 13 家大型制造业企业补充员工不足的方式（1991 年）

| 补充的方法＼不同的岗位 | 一线管理监督者（组长以上的熟练劳动者） | 事务岗位（男） | 技术岗位（男） | 中高龄的生产工人 | 青年生产工人 |
|---|---|---|---|---|---|
| 从剩余部分人员中进行机动的人事变动 | ⑦ | ⑥ | ⑥ | 3 | 2 |
| 促进对新毕业生的录用 | 1 | ⑦ | ⑦ | 2 | ⑥ |
| 投入更高学历的人员 | 2 | 1 | 2 | 0 | 0 |
| 录用并培养更低学历的人员 | 0 | 0 | 0 | 0 | 0 |
| 中途录用 | 2 | 1 | 2 | 1 | 0 |
| 充分运用人才派遣公司 | 1 | 0 | 0 | 1 | 1 |
| 充分运用高龄员工（如延长退休年龄） | 2 | 0 | 2 | 2 | 0 |
| 充分运用女性员工 | 0 | 3 | 1 | 1 | 2 |
| 充分运用兼职员工 | 0 | 2 | 1 | 0 | 2 |
| 充分运用外籍劳工 | 0 | 0 | 1 | 0 | 1 |
| 外包 | 1 | 2 | 1 | 3 | 4 |
| 加强现有人员的能力提升和教育培训 | ⑨ | ⑧ | ⑨ | 3 | 3 |
| 机械化 | 2 | 4 | 5 | ⑥ | ⑧ |
| 作业的合理化 | 5 | 3 | 2 | ④ | ⑦ |

注：带圆圈的数字代表回答较多的选项。回答是多选。

资料来源：横田伸子：『韓国の都市下層と労働者——労働の非正規化を中心に』，ミネルヴァ書房，2012 年，第 54 頁。

　　韩国企业内生产过程升级的有限性导致其在生产工人的内部技能形成上投入不足。20 世纪 80 年代中期以后，韩国以规格化、标准化产品的连续生产为特征的大批量生产方式仍然没有明显的改变，生产的增长只体现为数量的激增而非质的提升。因此，在提升生产力的过程中，韩国企业采取的是"引入大量自动化机械"和强化作业的合理化等方式，而不是以生产工人的企业内技能形成推动产业的升级。① 从结果来看，韩国企业内生产过程升级的有限性导致了"去技能化"的发展，生产岗位的工人很容易为新设备和外部劳动力市场所取代，劳动力商品化的程度仍然较高。

---

　　① 横田伸子：『韓国の都市下層と労働者——労働の非正規化を中心に』，ミネルヴァ書房，2012 年，第 72 頁。

(二)"新经营战略"与"去技能化"的发展

以上的分析表明,在 20 世纪 80 年代后期劳动力供求状况变动以及工会发起攻势的背景下,虽然处于守势的资方做出了一定的物质妥协,但韩国企业内部技能形成的进展却十分有限,这也决定了资方对生产过程的调整较难推动劳动力商品化程度的下降。

从 20 世纪 90 年代初开始,政府和资方重新夺回劳资关系的主导权,再加上韩国经济发展困境的凸显,韩国企业开始转向采用"新经营战略"。"新经营战略"认为,韩国劳资之间的冲突提升了韩国的生产成本,为了在全球化的竞争中获得有利地位,必须构建协调的劳资关系。为此,韩国大型企业积极寻求引进日本和美国的先进管理方法,希望以此打造企业和劳工的合作关系,其具体内容包括:新的人事政策、弹性的劳工使用、劳工—工会战略和公司文化。① 但"新经营战略"的具体实践表明,由于控制成本和压制工会等目标的主导,韩国企业内生产过程的调整导致了劳动力商品化程度的进一步提升,协调型劳资关系的建立面临着种种限制。

首先,"新经营战略""着力于推广自动化,以便增强劳动过程的弹性并提高生产率"。生产自动化的推广产生了两方面的效果:一方面,企业对固定设备的大量投资和自动化的发展导致了企业中的大量减员;另一方面,在规格化生产基础上导入的自动化并没有促成工人在企业内部技能的形成。② 调查表明,在自动化推广的过程中,工人更多时候只是进行单调的作业,劳动强度和作业量大幅提升,从而导致了工人不满情绪的上升(可以大宇汽车为例,见表 4 - 2 - 4)。虽然韩国的一些公司也试图推动工人在企业内的"多技能化",但由于缺乏技能培训的体系,结果只实现了"低技能层面的多技能化",未能实现技能提升的目标。③

因此,生产自动化的发展导致了工人的"去技能化",企业在生产中对工人特殊技能的依赖降低,低技能的工人则成为可被随时替换的对象。正是由于这种"去技能化",企业才可以通过调整雇佣降低生产成本,其不仅以分包和外包的方式进行人

---

① (韩)具海根:《韩国工人——阶级形成的文化与政治》,梁光严、张静译,北京:社会科学文献出版社,2004 年版,第 256 页。

② Park, Young-Bum, Byoung-Hoon Lee, and Seog-Hun Woo, "Employment relations in the Korean automotive industry: issues and policy implications", *The Economic and Labour Relations Review*, Vol. 8, No. 2, 1997, p. 250.

③ 横田伸子:『韓国の都市下層と労働者——労働の非正規化を中心に』,ミネルヴァ書房,2012 年,第 105 頁。

员调整,并且增加了对非正式工人的使用①(1997 年经济危机前非正式工人数量的增加以及分包和外包现象的广泛存在,可从表4-2-5的调查数据中体现出来)。

韩国企业对"新经营战略"的采用导致了生产过程"排斥劳动"和"去技能化"效应的进一步发展,劳动力商品化的程度也随之提升,其结果"不仅包括产品质量提升速度方面的损失,也包括了延续至今的对立劳资关系"②。

表4-2-4 大宇汽车工人对自动化带来的劳动条件变化的感知

单位:%

| 调查事项 回答 | 劳动强度 | 作业人员 | 作业量 | 余暇时间 | 令人厌倦的单调作业 | 作业速度 |
|---|---|---|---|---|---|---|
| 大幅减少 | 1.2 | 13.4 | 1.0 | 26.4 | 1.3 | 0.9 |
| 减少 | 9.4 | 43.8 | 1.5 | 47.0 | 10.3 | 2.7 |
| 没变化 | 13.8 | 29.6 | 7.1 | 17.8 | 31.2 | 8.3 |
| 增加 | 48.5 | 10.9 | 43.7 | 7.1 | 35.3 | 46.5 |
| 大幅增加 | 27.1 | 2.3 | 46.7 | 1.8 | 18.2 | 39.3 |

注:数据来源于大宇汽车工会和韩国劳动理论政策研究所1996年的联合调查,调查的样本数为402人。

资料来源:横田伸子:『韓国の都市下層と労働者——労働の非正規化を中心に』,ミネルヴァ書房,2012年,第105頁。

表4-2-5 过去三年内韩国企业中正式员工和非正式员工的人数变动

单位:%

| 项目 | 正式员工 | | | 非正式员工 | | |
|---|---|---|---|---|---|---|
| | 增加 | 无变动 | 减少 | 增加 | 无变动 | 减少 |
| 全体企业 | 45.5 | 8.9 | 45.5 | 55.7 | 33.0 | 11.4 |
| 大企业 | 50.0 | 9.7 | 40.4 | 57.9 | 33.3 | 8.9 |
| 中小企业 | 36.9 | 7.9 | 55.3 | 53.3 | 30.0 | 16.6 |

注:比较是以1996年为基准的。

① Yoo Hyung-Geun, "Militant labor unionism and the decline of solidarity: a case study of Hyundai Auto Workers in South Korea", *Development and Society*, Vol. 41, No. 2, 2012, p. 187.
② 宋磊、孙晓冬:《发展型国家的产业民主与生产扩张》,《政治与法律评论》(第二辑),北京:法律出版社,2013年版,第250页。

资料来源:朴昌明:『韓国企業社会と労使関係——労使関係におけるデュアリズムの深化』,ミネルヴァ書房,2005 年,第 59 頁。

其次,"新经营战略"希望通过改善管理方式减轻劳资冲突给企业造成的损失。在给予工人物质利益补偿的同时,企业还有意识地减少产业关系中苛刻的独裁主义内容,希望以此促进工人对企业的认同。"大型公司投入相当大的资金,用于实施教育计划、休闲俱乐部和其他群体活动——节日、歌咏比赛、休养、工会领导人国外旅游(主要是到以前是共产主义的国家)等。管理方通过组织雇员妻子访问工厂,鼓励她们参加公司组织的文化活动,巧妙地提高了工人和他们的家庭对公司的忠诚度。"[1]

企业改善管理方式的这些举措起到了一定的成效,20 世纪 90 年代中期前后韩国劳动争议数量大幅下降,这在大型企业中表现得尤为明显。但也应看到韩国企业管理方式调整的局限性。一方面,企业在管理中对工人的吸纳只是建立在对个体工人的包容之上,对于工会组织则时刻加以提防,并对其活动施加限制。企业强化了车间内部班长和组长的权限和管理能力,希望以此弱化工会对生产过程的影响。[2] 企业还试图驯化和拉拢工会领导人,并通过援引法律制裁措施来限制他们的行动,"雇主经常对组织不合法罢工并给雇主造成物质破坏或生产损失的工会领导人提起诉讼"[3]。另一方面,在劳资谈判的议题方面,企业对工人放开的只是物质方面的议题,由于资方不希望工人挑战他们的管理权,"财阀企业的结构调整以及组织创新" 等资方认为较敏感的议题则被排除在集体协商的范围之外。[4]

---

① (韩)具海根:《韩国工人——阶级形成的文化与政治》,梁光严、张静译,北京:社会科学文献出版社,2004 年版,第 242 页。

② Cho Hyorae, "Industrial relations and union politics in large firms in south Korea", in Lee Changwon, Sarosh Kuruvilla eds. , *The Transformation of Industrial Relations in Large-Size Enterprises in Korea: Appraisals of Korean Enterprise Unionism*, Seoul: Korea Labor Institute, 2006, p. 98.

③ (韩)具海根:《韩国工人——阶级形成的文化与政治》,梁光严、张静译,北京:社会科学文献出版社,2004 年版,第 241 页。

④ Lee Changwon, "Labor and management relations in large enterprises in Korea: exploring the puzzle of confrontational enterprise-based industrial relations", in Lee Changwon and Sarosh Kuruvilla, eds. , *The Transformation of Industrial Relations in Large-Size Enterprises in Korea: Appraisals of Korean Enterprise Unionism*, Seoul: Korea Labor Institute, 2006, p. 15.

　　"新经营战略"在改善管理方式上的有限性也对企业内技能形成产生了不利的影响。宋磊等关于现代汽车内部劳资关系的研究表明,"除身份差别的废除之外,上述努力(指'1987年后韩国企业试图增加企业管理中的民主成分并提高产品质量'的努力——引者注)之中的大部分都由于资方对劳动者的不信任和工会的工联主义倾向,而没有取得明显的成果。在这种情况下,现代汽车被迫调整战略,用强化设备投资的方法来代替对现场工人的依赖"[1]。因此,"新经营战略"在管理方式上调整的有限性也是"去技能化"持续发展的重要原因之一。

　　以上的分析表明,虽然韩国企业在推动"新经营战略"的过程中力图塑造劳资双方"承担公司经济命运的家族意识",但在控制成本和压制工会等目标的主导下,"新经营战略"导致了"去技能化"的发展,从而在微观层面推动了劳动力商品化程度的提升。由此可见,1987—1997年韩国劳资双方冲突的暂时缓解只是建立在资方的物质妥协之上,生产过程调整的有限性导致"去技能化"进一步发展,劳动力商品化程度仍然处在较高的水平,从而在微观层面塑造了冲突型劳资关系的持续发展。

### 二、经济危机后"去技能化"的进一步发展

　　第一节的研究表明,1997年的经济危机使有关"整理解雇制"和"派遣工人制"的立法在短时间内通过。这些调整雇佣规则的制度在经济危机中和其后的时期被广泛使用,从而导致非正式雇佣人数的大量增加。韩国的非正式雇佣人数占全部雇佣人数的比例从1996年的43.2%上升到2000年的58.4%,其后虽有下降,但一直维持在50%左右,这也使韩国非正式雇佣的比例居OECD国家中的前列。

　　从构成的类别来看,"非正式雇佣"包括"规定期限的雇佣"(包括临时工、计日工、短期雇佣等)以及"间接雇佣"(包括派遣工人、外包工人和内部分包工人等),以这两种方式被雇佣的工人都较容易为外部劳动力市场所替代。除去劳动政策变动的影响(如通过的《派遣工人法》),生产过程的调整也是企业得以大量使用非正式工人的前提,而关键的机制就在于"模块化生产"大规模导入后生产过程"去技能化"的进一步发展。

---

① 宋磊、孙晓冬:《发展型国家的产业民主与生产扩张》,《政治与法律评论》(第二辑),北京:法律出版社,2013年版,第247页。

(一)"模块化生产"和"去技能化"

前文关于 1987—1997 年韩国企业生产过程调整的研究表明,韩国企业的内部技能形成未能得到充分的发展,标准化的大批量生产方式的发展使得企业能够用强化设备投资的方法代替对现场工人的依赖,从而导致了生产过程"去技能化"的发展。在经济危机后,生产过程的"去技能化"趋势由于"模块化生产"的大力导入而进一步深化。

为了克服经济危机的冲击,并应对生产技术数字化和自动化深化的挑战,韩国的制造业企业在 2000 年之后大力引入"模块化生产"。以标准化和规格化部件构成的模块为基础,并引入数字化和自动化的机械和设备,企业的生产便可以灵活调整,以更好地应对市场的需要。对于韩国这类自主技术积累和企业内技能形成都较为薄弱的后发国家而言,模块化生产的引入是快速发展高技术产业的捷径。[1] 而韩国制造业企业在经济危机后的快速发展说明了这种"模块化生产"的成功。

在采取"模块化生产"的过程中,虽然需要有一定数量的技术岗员工进行"模块"的设计和开发工作,但是对于直接从事生产的工人而言,"模块化生产"意味着生产过程只是单纯反复地组装和安装,而这将导致生产工人的"去技能化"。从统计数据中可以看出,虽然大企业中"技术技能"岗位员工的比例有了一定的上升(1996 年为 4.7%,2005 年为 13.5%),但拥有熟练技能的工人的比例则大幅下降(1999 年为 21.8%,2005 年为 10.2%),相应的则是从事无需熟练技能的"装配、机械操作和组装"等工作的工人所占比例的上升(1999 年为 31.1%,2005 年为 37.3%)。如果将"非熟练技能"的岗位定义为"装配、机械操作和组装"以及"简单的劳务"的综合,2005 年韩国大企业中"非熟练技能"岗位上工人所占的比例达到了 41.5%(参见图 4 - 2 - 1)。

因此,"模块化生产"的大量引入导致企业生产过程中拥有熟练技能的工人的比例下降,而不具备熟练技能的工人的比例则上升,生产过程"去技能化"的效应进一步强化。在经济危机和后危机时期,削减用人成本是企业考虑的重要问题,而由于生产过程"去技能化"的发展,企业可以大量使用非正式员工来完成那些不需要熟练技能的工作,因而无需对企业内的技能形成进行大力投入。

---

[1]  横田伸子:『韓国の都市下層と労働者——労働の非正規化を中心に』,ミネルヴァ書房,2012 年,第 147 頁。

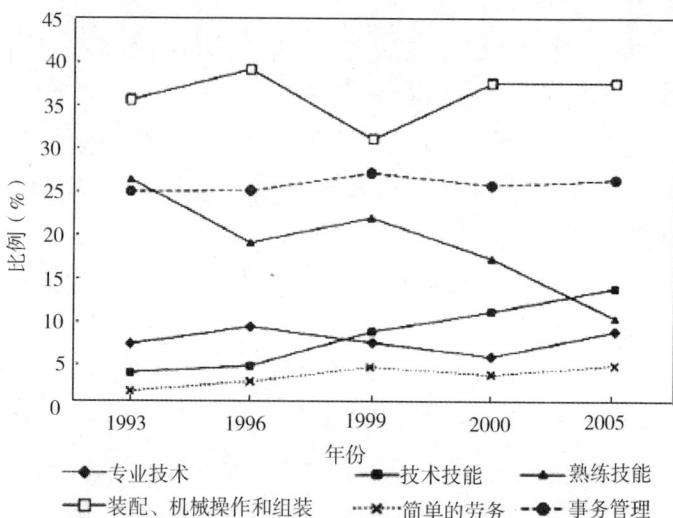

图 4 - 2 - 1　韩国大型制造业企业中不同岗位和技能水平的员工构成比例

资料来源:横田伸子:『韓国の都市下層と労働者——労働の非正規化を中心に』,ミネルヴァ書房,2012 年,第 163 頁。

(二)"去技能化"和劳动力商品化程度的上升

经济危机后生产过程"去技能化"的发展导致了企业雇佣方式的变化。在经济危前的韩国,"大财阀企业会招聘大量大学毕业生,并对他们进行两到三年的技能培训",但在经济危机后,大企业总体的雇佣人数大幅下降,他们也不再招募大量年轻工人,并向其提供技能培训。[1] 就其成因而言,生产过程"去技能化"的发展使大企业将招聘的重点放在了少量熟练技能工人上,并同时以分包或外包等非正式用工的形式招募大量非熟练技能岗位的工人。[2]

研究表明,在后危机时期,大企业多是通过从中小企业"挖人"的方式招募熟练技能工人,以此节省培训的成本。而对于许多初入职场、尚不具备熟练技能的

---

[1] Park Insub, "The labour market, skill formation and training in the 'post-developmental' state: the example of South Korea", *Journal of Education and Work*, Vol. 20, No. 5, 2007, p. 419.

[2] Lee Jong-Woon, "Labour contracting and changing employment relationships in South Korea", *Development Policy Review*, Vol. 32, No. 4, 2014, p. 458.

年轻人而言,由于企业提供技能培训的动机下降,他们进入大企业的机会也显著减少,很多时候只能选择成为非正式工人。我们可以从相关的数据中观察到几个与此相关联的趋势——从企业招募员工的来源看,有经验的工人所占的比例在危机后大幅上升(参见表4－2－6),而不具备熟练技能的年轻员工在企业全体就业人员中所占的比例显著下降(参见表4－2－7)。对于不具备熟练技能的年轻人而言,企业内部技能培训投入和正式员工人数的削减导致其更容易成为非正式工人,他们在劳动力市场上的处境也更加不利。因此,经济危机后韩国年轻人的失业率大大超过总体失业率,并始终居高不下(参见图4－2－2)。由此可见,"模块化生产"导致非熟练岗位上的工人数量不断增加,而企业更倾向于以非正式雇佣的方式招募这些岗位上的工人,这直接导致了韩国非正式工人数量及比例的大幅上升。

表4－2－6  1996—2004 年韩国企业新雇工人中有经验的工人所占比例

| 年份 | 1996[a] | 1997[b] | 1998[a] | 1999[b] | 2000[a] | 2001[b] | 2002[b] | 2004[a] |
|------|------|------|------|------|------|------|------|------|
| 比例 | 39.6 | 40.7 | 61.9 | 73.3 | 77.0 | 78.7 | 81.8 | 79.0 |

注:a 代表数据来源于劳动部和韩国劳动研究院,b 代表数据来源于《东亚日报》的统计。

资料来源:Park Insub,"The labour market, skill formation and training in the 'post-developmental' state: the example of South Korea", *Journal of Education and Work*, Vol. 20, No. 5, 2007, p. 420.

表4－2－7  1996—2003 年韩国企业雇佣的年轻员工比例

单位:%

| 年份 | | 1996 | 1997 | 1998 | 1999 | 2000 | 2001 | 2002 | 2003 |
|------|---|------|------|------|------|------|------|------|------|
| 比例 | A | 26.0 | 25.2 | 23.7 | 23.1 | 23.1 | 22.3 | 21.6 | 20.8 |
|      | B | 36.7 | 34.8 | 30.0 | 28.1 | 28.8 | 27.8 | 25.0 | 25.2 |

注:A 代表所有企业,B 代表雇用人数在300 人以上的大企业。

资料来源:Park Insub,"The labour market, skill formation and training in the 'post-developmental' state: the example of South Korea", *Journal of Education and Work*, Vol. 20, No. 5, 2007, p. 421.

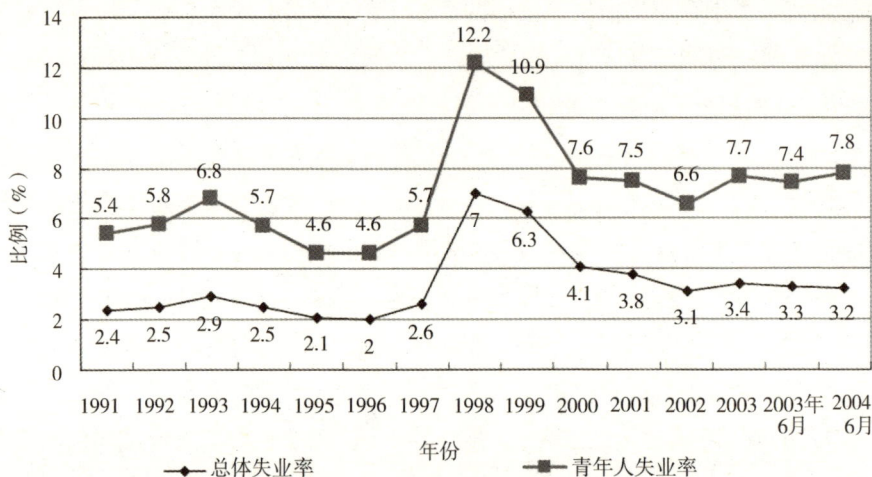

**图 4 - 2 - 2　1991—2004 年韩国失业率的变动**

资料来源:Park Insub,"The labour market, skill formation and training in the 'post-developmental' state: the example of South Korea", *Journal of Education and Work*, Vol. 20, No. 5, 2007, p. 420.

　　"模块化生产"的发展推动企业对非正式工人的大量使用,其在以技能形成推动内部劳动力市场发展方面的投入减少,而倾向于灵活使用外部劳动力市场。2004 年对韩国雇主使用非正式工人动机的一项调查表明,企业使用非正式工人最主要的三方面动机是"控制成本""提升雇佣的弹性"和"使解雇更为容易"(相关统计数据参见表 4 - 2 - 8)。

　　首先,从"控制成本"方面的动机来看,经济危机后企业在使用非正式工人时经常采用"工厂内分包"的方式,这些非正式工人通常从事的是和正式工人一样的工作,甚至还须承担更多艰苦的任务,但其收入却大大低于正式工人。① 如在现代汽车公司内部,从事"工厂内分包"工作的非正式工人的基本工资只有正式工人的 80%,而算上奖金和福利之后,这一比例只有 66%。② 其次,对于从事这些工作的非正式工人,企业可以根据市场的变化随时进行调整,"雇佣的弹性"大幅提升。

---

① Lee Jong-Woon, "The restructuring of labour in the automobile industry in South Korea", *Development and Change*, Vol. 42, No. 5, 2011, p. 1259.

② 横田伸子:『韓国の都市下層と労働者——労働の非正規化を中心に』,ミネルヴァ書房,2012 年,第 153 頁。

最后,由于非正式工人缺乏工会的保护,并且和企业不存在直接的雇佣关系,所以企业在解雇这些工人时,可以避免工会的强力介入,并且更容易推卸责任。[1] 由此可见,对非正式工人的大量使用体现出"自由市场原则"对企业生产过程的影响进一步扩大,工人在企业层面受到的保护被侵蚀,韩国劳动力商品化的程度因而显著提升。

**表 4-2-8　韩国雇主采用非正式雇佣的动机**

| 项目 | 肯定回答的比例（%） | | | 主要原因（%） | |
|---|---|---|---|---|---|
| | 全部企业 | 大企业 | 汽车行业 | 全部企业 | 全部制造业 |
| 抑止成本 | 54.6 | 63.1 | 64 | 23.2 | 23.6 |
| 不用发奖金 | 38.0 | 34.5 | 40 | 1.5 | 2 |
| 不用承担社会保障 | 16.4 | 12.6 | 36 | 0.5 | 0.9 |
| 不用付津贴 | 25.8 | 26.3 | 40 | 0.1 | 0.0 |
| 雇佣的弹性 | 76.0 | 73.4 | 84 | 30.6 | 34.5 |
| 季节和临时的需求 | 28.8 | 28.3 | 36 | 0.9 | 0.9 |
| 解雇更容易 | 66.4 | 74.7 | 72 | 21.2 | 18.9 |
| 简化工作 | 50.4 | 54.3 | 60 | 6.6 | 4.4 |
| 短期任务需要 | 21.9 | 19.8 | 20 | 1.5 | 2.1 |
| 正式员工不愿干一些工作 | 50.9 | 51.2 | 52 | 8.6 | 7.7 |
| 特殊知识和技能的需要 | 21.6 | 24.2 | 12 | 3.2 | 3.8 |
| 避免劳动争议 | 8.9 | 11.3 | 4 | 0.5 | 0.9 |
| 样本数 | 895 | 293 | 25 | 895 | 339 |

注:数据来源于韩国劳动研究所 2004 年进行的"工作场所固定样本调查"(第三轮)。

资料来源:Kwon Heiwon and Kwon Hyunji, "The growth of nonstandard employment, changing labor market structure and industrial relations", in Lee Changwon and Sarosh Kuruvilla, eds., *The Transformation of Industrial Relations in Large-Size Enterprises in Korea: Appraisals of Korean Enterprise Unionism*, Seoul: Korea Labor Institute, 2006, p. 227.

本节的研究表明,1987—1997 年韩国劳资双方冲突的暂时缓解只是建立在资方对工人的物质妥协之上,企业管理方式的改进仍存在着局限,同时,大规模生产方式的深化导致企业内部技能的形成仍然较为落后,生产过程的"去技能化"不断

---

[1]　Kwon Heiwon and Kwon Hyunji, "The growth of nonstandard employment, changing labor market structure and industrial relations", in Lee Changwon and Sarosh Kuruvilla, eds., *The Transformation of Industrial Relations in Large-Size Enterprises in Korea: Appraisals of Korean Enterprise Unionism*, Seoul: Korea Labor Institute, 2006, p. 230.

发展。在 1997 年经济危机之后,"模块化生产"的引入带来了生产过程的大幅变动,从事直接生产的工人更多地是进行标准化和单纯的组装作业,企业内熟练技能的形成受到限制,生产过程的"去技能化"得到了进一步的发展。从结果来看,生产过程的"去技能化"使企业得以大量使用非正式工人承担无需熟练技能的工作,并以此适应市场的变动。然而,大量增加的非正式工人却缺乏足够的社会保护。因而,在韩国民主化过程中,生产过程的"去技能化"进一步发展,企业以外部劳动力市场取代内部的劳动力,劳动力商品化的程度随之提升,从而在微观层面上推动了韩国冲突型劳资关系的持续发展。

## 第三节　劳动力商品化与经济危机后的冲突型劳资关系

本节聚焦于 1997 年后韩国劳资关系的变动,分析这一时期较高的劳动力商品化程度导致冲突型劳资关系发展的具体机制。本节首先分析劳动力商品化程度的提升对工人物质利益和认同的影响,并关注其引发的新形式的劳资冲突。考虑到 1997 年后韩国劳资关系变动的多个侧面,本节还关注韩国政府和企业为应对冲突型劳资关系发展而采取的一系列举措。本节的分析试图表明,政府和企业采取的这些举措未能有效推动劳动力商品化程度的下降,从而无助于解决韩国冲突型劳资关系面临的困境。

### 一、分化、疏离和冲突

(一)1997 年后韩国劳动力市场的分化和两极化

上文的分析表明,韩国生产过程的"去技能化"使企业可以更加自如地通过雇佣人员数量的调整应对市场的变化。从结果来看,企业的这种雇佣调整方式导致了韩国劳动力市场的分化,形成了核心工人和边缘工人这两大群体,而且两者处境之间的差距也在不断扩大。

由于经济危机时期企业大量解雇员工,众多被解雇者只能选择成为自营业者,韩国自营业者的数量因而大幅增加,2010 年其在所有就业人口中的比例已经达到 29%。韩国的自营业者多集中在小零售业和餐饮业中,因此其收入水平处在社会的底层(参见表 4-3-1)。另外,市场的过度竞争迫使自营业者经常转换行业,并因此积累了大量债务。由此可见,虽然自营业者的大量增加提升了劳动力市场的弹性,自营业者自身却成了市场竞争中被边缘化的人群。①

　　此外,由于企业以差别待遇对待正式工人和非正式工人,两者之间的收入差距在 1997 年经济危机之后不断增大(参见表 4 - 3 - 2)。相较于正式员工,非正式工人多属于中低收入人群,其贫困率处于很高的水平(参见表 4 - 3 - 1)。由于企业通常以调整非正式工人数量的方式应对市场情况的变动,因而与正式工人相比,非正式工人的就业更不稳定。韩国劳动研究院的分析表明,"以 2010 年 8 月为准,非正规职工人在同一家公司平均连续工作时间只有 23.6 个月。非正规职的连续工作时间只有正规职(77.3 个月)的 30.5%。尤其是,正规职中连续工作 6 个月以下的只有 18.7%,而非正规职达到了 50.6%。连续工作达 120 个月(10年)的员工中,正规职是 24%,而非正规职中只有 4.4%"②。

　　与此同时,由于生产过程"去技能化"的发展,大企业仅愿向小部分高技能工人提供较高的工资和就业保障,因此大部分工人只能进入收入较低的中小企业就业。虽然大企业的经营业绩在经济危机后快速上升,但其雇佣的人数却快速下降。据统计,员工在 500 人以上的大规模企业的雇佣人数从 1993 年的 210 万下降到 2005 年的 130 万,而其雇佣人数在所有被雇佣人口中所占的比例也从 17.2%下降到 8.7%。③由于经济危机后大企业和中小企业的收入差距拉大(参见图 4 - 3 - 1),小部分高收入的大企业工人和广大的中小企业工人之间的两极化也越发强化。

　　核心工人和边缘工人之间较低的流动性更加剧了工人内部的分化。由于非正式工人很难转换为正式工人,韩国的非正式工并不是向正式工转变的"垫脚石",而是成了"陷阱"。④ 韩国雇佣劳动部 2010 年 4 月— 2012 年 10 月对 2 万名非正式员工的调查显示,"120 万 8 千名非正式员工(最终调查对象)在两年的合同之后最终转换为正式员工的仅为 18 万 3 千名(15.1%),而成为无限期合同员

---

① Lee, Yoonkyung, "Labor after neoliberalism: the birth of the insecure class in South Korea", *Globalizations*, Vol. 15, No. 2, 2015, p. 6.

② 韩联社:《非正规职平均连续工作不到两年》, http://chinese. yonhapnews. co. kr/newpgm/9908000000. html? cid = ACK20111024001200881。

③ Lee, Byoung-Hoon, "Labor solidarity in the era of neoliberal clobalization", *Development and Society*, Vol. 40, No. 2, p. 322, 2011.

④ Lee Byoung-Hoon and EUN Soo Mi, "Labor politics of employment protection legislation for nonregular workers in South Korea", *Korea Journal*, Vol. 49, No. 4, 2009, p. 68.

工为 38 万 7 千名(32%)"①。

以上的分析表明,由于经济危机之后韩国劳动力商品化程度的提升韩国的劳动力市场出现了两极分化的现象,一头是人数较少,但却享受较好待遇的大企业的正式工人,另一头则是大量地位不稳定且待遇较差的非正式工人和中小企业工人,而构成中间部分的工人的数量则大量减少(参见图 4 - 3 - 2)。换言之,经济危机后韩国大企业的发展未能惠及大部分劳动力市场的参与者,从而使协调型劳资关系的建立变得越发困难。

表 4 - 3 - 1　2010 年韩国不同就业地位人群的收入分配

单位:%

| 项目 | 第1档（最低） | 第2档 | 第3档 | 第4档（最高） | 年收入（万元） | 贫困家庭的比例 |
|---|---|---|---|---|---|---|
| 正式工人 | 8.2 | 25.9 | 31.8 | 34.0 | 4 303.0 | 15.3 |
| 非正式工人 | 30.5 | 33.3 | 26.7 | 9.5 | 2 551.7 | 41.8 |
| 雇主 | 6.8 | 13.7 | 22.1 | 57.4 | 6 626.0 | 10.7 |
| 自营业者 | 21.3 | 13.7 | 30.4 | 20.3 | 3 253.1 | 30.0 |
| 失业者 | 52.8 | 20.8 | 13.9 | 12.5 | 2 246.9 | 60.6 |

资料来源:Shin Kwang-Yeong,"Economic crisis, neoliberal reforms, and the rise of precarious work in South Korea", *American Behavioral Scientist*, Vol. 57, No. 3, 2012, p. 341.

表 4 - 3 - 2　韩国非正式员工工资和正式员工工资的差距　　单位:%

| 项目 | 2003年 | 2004年 | 2005年 | 2006年 | 2007年 | 2008年 | 2009年 | 2010年 |
|---|---|---|---|---|---|---|---|---|
| 非正式员工工资/正式员工工资（男性） | 56.0 | 55.3 | 54.0 | 54.3 | 53.1 | 51.0 | 49.4 | 47.9 |
| 非正式员工工资/正式员工工资（女性） | 41.5 | 43.0 | 41.2 | 41.5 | 39.4 | 40.4 | 39.0 | 38.3 |

资料来源:Shin Kwang-Yeong,"Economic crisis, neoliberal reforms, and the rise of precarious work in South Korea", *American Behavioral Scientist*,Vol.57, No.3, 2012, p.346.

---

① 《韩国 10 名非正式员工中只有 1 名最终成为正式员工》,http://korea. people. com. cn/205155/205167/8484171. html。

| | | | | | | | | | | | | | |
|---|---|---|---|---|---|---|---|---|---|---|---|---|---|
| 79.2 | 78.1 | 77.8 | 78.2 | 79.9 | 78.3 | 77.3 | 78.0 | 77.2 | 76.0 | | | | |
| 76.3 | 74.4 | 73.3 | 72.8 | 75.7 | 74.1 | 71.3 | 71.4 | 72.6 | | 73.3 | 71.8 | 71.1 | 72.3 |
| 73.4 | 72.4 | 71.6 | 70.2 | 72.3 | 68.1 | 68.1 | 68.2 | 69.4 | 68.3 | 65.9 | 63.9 | 63.8 | 65.9 |
| | | | | | | | | | 62.7 | 59.4 | 58.5 | 58.8 | 59.8 |
| | | | | 59.0 | 58.0 | 58.1 | | | 53.9 | 50.7 | 49.3 | 50.4 | 51.5 |

| 1993 | 1994 | 1995 | 1996 | 1997 | 1998 | 1999 | 2000 | 2001 | 2002 | 2003 | 2004 | 2005 | 2006 |

年份

◆—5—9　■—10—29　▲—30—99　✕—100—299

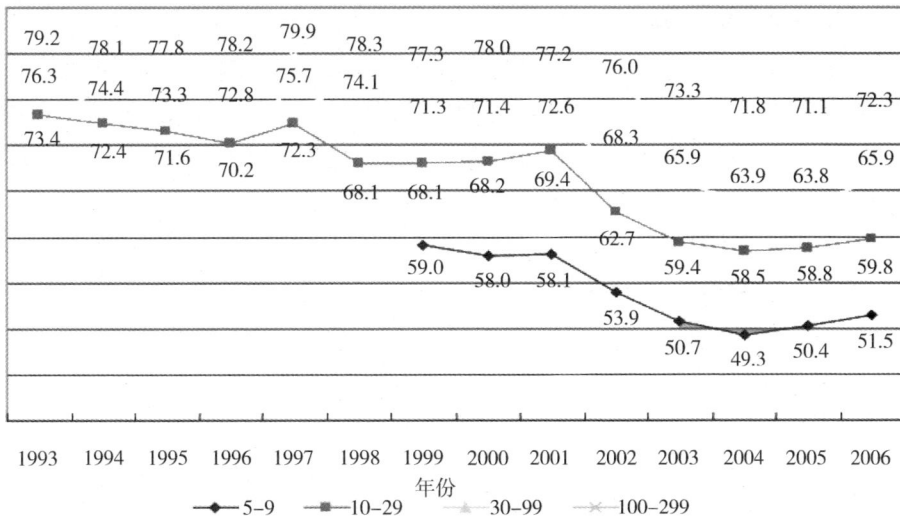

**图4-3-1　韩国不同规模企业的月工资差距**

**（以就业人数在500人以上的大企业的工资为100）**

资料来源:Lee, Byoung-Hoon, "Labor solidarity in the era of neoliberal globalization", *Development and Society*, Vol. 40, No. 2, 2011, p. 324.

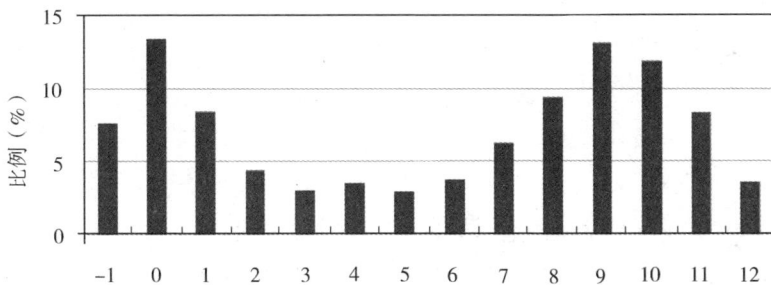

**图4-3-2　韩国就业质量等级的分布(2007年)**

注:横轴代表就业质量等级,数字越大则就业质量越高。纵轴为其人数所占全体就业的比例。

资料来源:Lee, Byoung-Hoon, "Labor solidarity in the era of neoliberal globalization", *Development and Society*, Vol. 40, No. 2, 2011, p. 325.

### (二)企业内的疏离

以上的分析表明,经济危机后劳动力商品化程度的提升导致了韩国劳动力市场的分化和两极化,而除去对工人物质利益的影响,劳动力商品化程度的提升还造成了工人对企业以及工人之间的疏离感,从而构成了冲突型劳资关系持续发展的结构成因。

经济危机之后持续的解雇、工作的不安定以及企业内竞争的加剧,都给工人造成了很重的精神负担。2002 年对 2791 位韩国工人的一项调查表明,70.5% 的受访者经常担心被解雇。2007 年韩国相关机构对 2381 位工人所做的另一项调查表明,在导致工作压力的三大主要原因中,就包括了"工作的负担"以及"工作的不安定",而且这种压力较为严重,1/3 以上的受访工人都曾因此而接受治疗。①

在经济危机前后,资方在雇佣调整过程中的单方面行动还造成了劳资双方的不信任,并产生了深远的影响。由于缺乏协商过程,工人倾向于认为资方的调整战略是针对工会的,工人和资方的"心理纽带"被严重破坏,这也使得工人在后危机时期依旧担心就业的不稳定。② 在这种更加不确定和更加严苛的企业环境中,工人对职业发展的态度变得更加实用主义和个人中心主义,过去对公司忠诚和付出的心态已经变成"付多少工资,干多少活"的心态。③ 如韩国记者所言,现在"甚至很多上班族的目标是'大捞一把然后离开公司'",企业不再是追求共同价值的"共同体组织",而是各成员追求各自利益的"雇佣兵组织"。④ 因此,工人对企业疏离的现象变得越发严重。

此外,伴随着就业的不稳定以及企业控制劳工手段的改变,工人之间的关系呈现出竞争的状态。由于担心被解雇,不同类型的工人群体以及个体工人之间的竞争不断强化,过去同事之间的"同志友谊"被竞争的氛围所取代。⑤ 在许多企业

---

① Kim, Andrew Eungi and Park, Innwon, "Changing trends of work in South Korea: the rapid growth of underemployment and job insecurity", *Asian Survey*, Vol. 46, No. 3, 2006, p. 449.

② Yoo Hyung-Geun, "Militant labor unionism and the decline of solidarity: a case study of Hyundai auto workers in South Korea", *Development and Society*, Vol. 41, No. 2, 2012, p. 186.

③ Kim, Andrew Eungi and Park, Innwon, "Changing trends of work in South Korea: the rapid growth of underemployment and job insecurity", *Asian Survey*, Vol. 46, No. 3, 2006, p. 450.

④ 梁善姬:《韩国人不睡觉在工作为何效率低?》,《中央日报》(韩国)中文网, http://chinese. joins. com/gb/article. do? method = detail&art_id = 124342&category = 002005。

⑤ Kim, Andrew Eungi and Park, Innwon, "Changing trends of work in South Korea: the rapid growth of underemployment and job insecurity", *Asian Survey*, Vol. 46, No. 3, 2006, *Asian Survey*, p. 450.

内部,正式工人出于维护就业安全和利益的考虑,默许甚至积极支持企业以内部分包的方式大量引入非正式工人,而且正式工人对这些分包工人的歧视也非常严重。虽然正式工人也有一些帮助分包工人的举措,但其前提是不损害自己的利益。① 因此,企业内部正式工人和非正式工人之间的物质利益冲突和地位的差距使得两者的关系较为紧张。李正文(Lee Jong-Woon,音译)关于现代汽车内部合同工的研究表明,虽然这些合同工平常和正式工人在同一场所从事同样的工作,但他们之间的关系并不融洽,过半数的受访合同工(167 人中的 97 人)认为自己和其他非正式工人的职场关系是合作型的,但仅有 20% 的受访合同工(167 人中的31 人)对他们和正式工人之间的关系感到满意。② 而资方则利用两类工人之间的矛盾,不时挑拨双方之间的关系。虽然一些大企业的非正式工人的工资也相对较高(相比于中小企业),并表示希望继续在现在就职的企业工作,但就业地位的不稳定、向上流动机会的有限以及在企业内遭受的歧视,使得他们对企业的认同仍然处于较低的水平,他们仍将自己视为企业的“局外人”。③

以上的分析表明,劳动力商品化程度的提升导致了劳动力市场的分化和两极化,并产生大量处于社会底层的工人,他们无法充分享受经济发展带来的成果,从而导致了他们与企业以及核心工人之间的疏离。由于“以外部劳动力市场替代企业内劳动力”的逻辑主导了企业的发展战略,即使对核心工人而言,较好的物质收益也不能消除他们对于未来就业不稳定的担忧,他们和企业之间的疏离也日益加深,并谋求实现短期利益。由此可见,劳动力商品化程度的提升导致不信任的情绪主导了企业内部的人际关系,从而使得协调型劳资关系难以建立。

(三)新形式的劳资冲突

波兰尼关于劳动力商品化的理论指出,劳工的抗争可以被视为针对劳动力商品化扩张的“反向运动”,这种现象在经济危机后的韩国得到了充分的体现。由于劳动力商品化程度的提升,1997 年之后的韩国出现了工人内部的两极分化以及工人对企业的疏离等现象,韩国工人为此发起抗争,并导致了新形式的劳资冲突。

---

① Lee Byoung-Hoon and Stephen J. Frenkel, "Divided workers: social relations between contract and regular workers in a Korean auto company", *Work*, *Employment & Society*, Vol. 18, No. 3, 2004, p. 522

② Lee Jong-Woon, "Labour contracting and changing employment relationships in South Korea", *Development Policy Review*, Vol. 32, No. 4, 2014, p. 468.

③ Lee Jong-Woon, "Labour contracting and changing employment relationships in South Korea", *Development Policy Review*, Vol. 32, No. 4, 2014, p. 468.

从劳动争议的统计数据来看,受到劳动力商品化程度提升的影响,劳动争议的类型发生了变动。劳动力商品化程度的提升导致工人就业处境的恶化,因而1998年之后由劳动合同问题引发的劳动争议事件占全体劳动争议事件的比例持续上升(参见表4-3-4),这一类劳动争议的发生反映了"想要以劳动合同保障就业的工会"和"希望确保雇佣弹性的资方"之间的冲突。从这一类争议的发生过程来看,通常当企业不遵守"确保就业稳定"的劳动合同时,工会立即采取行动,并将确保工作视为当务之急。由于求助于劳动委员会仲裁等手段需要较长的时间,无法产生"救济"的效果(等劳动委员会介入时可能工人已经被解雇),因此工人会诉诸罢工等强力手段快速解决问题。[1] 而从这一类争议的结果来看,由于和就业调整相关的争议通常涉及企业经营以及政府产业政策等各方面的问题,所以争议中的各方较难达成共识,最终以非法争议解决冲突或是无果而终的现象也相应增加。[2]

另外,受到劳动力市场分化和两极化的影响,劳资冲突在不同规模的企业中的发展趋势有所差异。由于大企业通过分包和外包等方式将经营的风险转移给了中小企业,中小企业的劳动争议更容易发生。[3] 从劳动争议的统计数据来看,由于大规模的就业调整,大企业的劳动争议所占的比例在经济危机之后的几年中增幅较大,但在2001年之后其数量基本稳定,而其所占的比例则大幅下降。与之相对,中小企业劳动争议的数量和其所占的比例都大幅上升(参见表4-3-5)。就其原因而言,劳动力商品化程度的提升对中小企业工人的冲击更大,他们在劳动力市场上的处境越发恶化,而他们的不满和反抗也成了韩国冲突型劳资关系持续发展的重要原因。

---

[1]　朴昌明:「経済危機以降の韓国労使関係」,『大原社会問題研究所雑誌』572号,2006年7月,第28頁。

[2]　金鎔基:「韓国労使関係の第二分水嶺——IMF危機以降の経済構造変化と労使関係再編」,日本労働社会学会編集委員会編:『東アジアの労使関係(日本労働社会学会年報第17号)』,東信堂,2007年,第66頁。

[3]　金鎔基:「韓国労使関係の第二分水嶺——IMF危機以降の経済構造変化と労使関係再編」,日本労働社会学会編集委員会編:『東アジアの労使関係(日本労働社会学会年報第17号)』,東信堂,2007年,第68頁。

**表 4 - 3 - 4　1997—2004 年韩国劳动争议成因的分布及其所占比例**

单位:件,%

| 项目＼年份 | 1997 | 1998 | 1999 | 2000 | 2001 | 2002 | 2003 | 2004 |
|---|---|---|---|---|---|---|---|---|
| 劳动合同问题 | 51(65.4) | 57(44.2) | 89(44.9) | 167(66.8) | 149(63.4) | 249(77.3) | 249(77.8) | 386(83.5) |
| 加薪 | 18(23.1) | 28(21.7) | 40(20.2) | 47(18.8) | 59(25.1) | 44(13.7) | 43(13.4) | 56(12.1) |
| 拖欠工资 | 3(3.8) | 23(17.8) | 22(11.1) | 7(2.8) | 6(2.6) | 2(0.6) | 5(1.6) | 3(0.6) |
| 解雇 | 0(0.0) | 3(2.3) | 0(0.0) | 2(0.8) | 0(0.0) | 8(2.5) | 0(0.0) | 0(0.0) |
| 其他 | 6(7.7) | 10(7.8) | 47(23.7) | 27(10.8) | 21(8.9) | 19(5.9) | 23(7.2) | 17(3.7) |
| 合计 | 78(100.0) | 129(100.0) | 198(100.0) | 250(100.0) | 235(100.0) | 322(100.0) | 320(100.0) | 462(100.0) |

资料来源:朴昌明:「経済危機以降の韓国労使関係」,『大原社会問題研究所雑誌』572
号,2006 年 7 月,第 28 頁。

**表 4 - 3 - 5　1996—2004 年韩国不同规模企业劳动争议的数量及其所占比例**

单位:件,%

| 项目＼年份 | 1996 | 1997 | 1998 | 1999 | 2000 | 2001 | 2002 | 2003 | 2004 |
|---|---|---|---|---|---|---|---|---|---|
| 300人以下的中小企业 | 38(44.7%) | 45(57.7%) | 62(48.0%) | 99(50.0%) | 130(52.0%) | 149(63.4%) | 215(66.8%) | 218(68.1%) | 337(72.9%) |
| 300人以上的大企业 | 47(55.3%) | 33(42.3) | 67(52.0%) | 99(50.0%) | 120(48.0%) | 86(36.6%) | 107(33.2%) | 102(31.9%) | 125(27.1%) |

资料来源:Lee Eul-Teo, "HRM, employees, and industrial relations in large size korean companies since 1987", in Lee Changwon and Sarosh Kuruvilla, eds. , *The Transformation of Industrial Relations in Large-Size Enterprises in Korea*:*Appraisals of Korean Enterprise Unionism*, Seoul:Korea Labor Institute,2006, p. 153.

　　劳动力商品化程度提升对韩国劳资关系的冲击还体现为新型冲突的出现。正如相关研究所言,韩国劳动运动的"先锋"部门在经济危机之后更加多样化,除了传统的制造业企业之外,公共部门、运输通信部门、服务业等部门的劳动运动也快速发展。[1] 在 1997 年经济危机之前,虽然韩国公共部门的工会力量较强(2001 年其会员数占全国的 27.9%),但由于工人的就业有保障且福利较好,因此韩国公共部门的劳资关系一直处于合作和稳定的状态。然而,1997 年后韩国政府推行大规模的公共部门民营化,并在短期内大量解雇员工(1998—2000 年便解雇了 131 100 名公共部门的员工),这些部门中的劳资关系因此不断恶化,公共部门的工会

---

[1]　金鎔基:「韓国労使関係の第二分水嶺——IMF 危機以降の経済構造変化と労使関係再編」,日本労働社会学会編集委員会編集:『東アジアの労使関係(日本労働社会学会年報第 17 号)』,東信堂,2007 年,第 68 頁。

也发起了反对公共部门民营化的大规模罢工。① 例如,2002 年韩国电力和铁路部门的工人就发动了长达 38 天的大罢工,其主要诉求包括"要求政府撤销民营化、缩短工时、提高工资并改善职工的福利",他们强调,"民营化会威胁工人的生存权,并导致财阀势力的扩张"。② 在这一时期,由于反对雇佣调整,韩国铁道工会也曾发起数次大规模的罢工(较具代表性的是 2006 年、2009 年和 2013 年的三次大罢工)。由于铁路工人的罢工对社会秩序产生了较大的影响,政府在每次争议中都采取严厉的镇压措施,并逮捕大量罢工工人,这也使得韩国冲突型劳资关系的困境进一步加剧。

在公共部门的劳资关系转向冲突的同时,深受劳动力商品化程度提升影响的非正式工人也开始采取行动,并对韩国的劳资关系产生了新的冲击。经济危机后韩国企业在生产线上安置了大量的非正式工人,较低的待遇和边缘的身份导致他们对这一生产体制抱有很强的不满情绪,在诸多工厂,这种不满推动其采取罢工等行为。由于非正式工人已经广泛分布在生产线上,并和正式工人共同完成生产任务,非正式工人的罢工对企业的生产产生了较大的影响。③ 此外,这一时期由非正式工人发起的抗争还扩散至社会层面,对韩国劳资关系的发展构成了冲击。

韩国非正式工人的抗争行为具有其独特性,并构成了韩国冲突型劳资关系持续发展的重要成因。一方面,非正式工人的罢工一般持续较长的时间。由于企业主经常不承认非正式工的要求为合法的要求,因此双方需要较长时间才能达成妥协。另一方面,由于缺乏资源(如强大的工会),非正式工人在争议行动中通常是要引起公众的关注而不是寻求大工会的支持,所以"非正式工罢工的境况远比正式工的罢工复杂。非正式工在劳工积极分子、激进学生和公民的协助下采用多种形式的集体行动如饥饿罢工、在厂内静坐抗议和街头集会等等,近来兴起的一种新策略是在电视塔塔顶示威或静坐"④。这也使韩国非正式工人的抗争走出工厂,上升至全国层面,并成为韩国冲突型劳资关系的突出象征。

---

① Chang Dae-oup and Chae Jun-Ho, "The transformation of Korean labour relations since 1997", *Journal of Contemporary Asia*, Vol. 34, No. 4, 2004, p. 441.

② 王林昌:《韩铁路电力工人罢工政府坚持民营化政策不变》,人民网,http://www.people.com.cn/GB/guoji/22/82/20020226/674902.html。

③ Lee Jong-Woon, "The restructuring of labour in the automobile industry in South Korea", *Development and Change*, Vol. 42, No. 5, 2011, p. 1261.

④ 辛匡容:《全球化与劳动的非正式化——韩国工会运动与社会运动》,郭懋安译,《国外理论动态》,2011 年第 5 期,第 38 页。

**二、劳动政策调整与冲突型劳资关系**

前文的分析表明,1987—1997 年韩国劳动政策以及企业生产过程的调整导致了韩国劳动力商品化程度的提升,这一趋势在 1997 年经济危机之后得到了进一步发展,从而使韩国劳动力商品化的程度处于较高的水平。劳动力商品化程度的提升导致了韩国工人内部的分化以及工人与企业的疏离,并引发了新形式的劳资冲突,韩国冲突型劳资关系因而持续发展。为了缓解冲突型劳资关系对韩国政治经济的冲击,1997 年之后韩国政府对劳动政策进行了一定的调整。然而,这些调整未能充分推动劳动力商品化程度的下降,从而无法解决韩国冲突型劳资关系的困境。

(一)劳动政策调整:期望与失望

如本章第二节所言,1997 年经济危机的冲击推动韩国政府强化了以赋予工会权利交换劳动力市场弹性提升的举措,"整理解雇制"和"派遣工人制"被快速引入。这些举措大幅提升了韩国劳动力商品化的程度,并构成了韩国冲突型劳资关系持续发展的结构性成因。在后危机时期,以"亲劳工"姿态上台的韩国领导人采取了一系列改革的举措,旨在缓解冲突型劳资关系对韩国政治经济的冲击,但是效果都不理想。

在经济危机的巨大压力下,金大中政权采取了一系列旨在提升韩国劳动力市场弹性的政策,这些政策改变了韩国长期以来形成的雇用惯例和劳动力市场结构,从而引发了韩国工人的强烈反对。在推行这一系列改革的同时,金大中政权也采取相关政策,希望缓解工人的不满。一方面,金大中打出"参与民主"的口号,继续推动劳方、资方、政府三方委员会的三方协商,并以立法的形式确立三方委员会的法律地位,和劳资关系相关的诸多社会议题也成为委员会讨论的议题。另一方面,为了应对经济危机导致的失业增加等现象,韩国政府引入了一系列补偿工人的措施,希望"提升他们的就业和工作条件,并增扩福利项目"。[1]

然而,金大中政权推行的这些政策在执行中并未产生预期的效果,在后危机时期的最初几年,韩国劳动力市场的分化和两极化不断发展(参见本章第二节的论述),而且劳工和政府以及资本之间的冲突也并未得到显著缓解。工会对三方

---

[1] Lee Yeonho and Lim Yoo-Jin, "The rise of the Labor Party in South Korea: causes and limits", *The Pacific Review*, Vol. 19, No. 3, 2006, p. 312.

委员会的不信任依然根深蒂固,并因为和政府在关键议题上存在意见分歧而反复加入和退出委员会。此外,金大中执政时期劳动争议的数量没有显著减少,政府也经常强力介入劳动争议,在争议中被逮捕的工人的数量因此居高不下。①

在金大中之后出任韩国总统的卢武铉曾作为劳工律师参与劳工的斗争,因此人们期待其"亲劳工"的姿态能够给韩国劳资关系带来积极的改变。在上台伊始,卢武铉便提出了"参与政府"的 12 项重要政治议题,其中就包括了"构筑社会合作的劳资关系"。②卢武铉对那些受到经济改革冲击的工人表示了同情,并强调经济政策的首要目标是实现增长和分配之间的平衡。卢武铉认为,由于财阀对经济体系的主导,韩国劳资双方的关系受到扭曲,因此他强调对以财阀为中心的经济体系进行改革,并着力解决非正式工人的问题。③此外,卢武铉还重视对劳工的政治吸纳,他强调韩国应该学习荷兰的"社会伙伴关系"模式,以三方委员会的有效运行推进"共识型决策"。④

虽然卢武铉的改革在初期取得了一定的效果,但却最终陷入了困境。一方面,三方委员会的运作并没有取得显著成效,工会因为对政府解决非正式工人方案的不满而在 2005 年年底再次退出三方委员会。另一方面,在应对劳动争议的过程中,卢武铉政权最初采取了支持劳工的态度,这不仅导致劳动争议的数量快速增加,也迫使政府再度介入争议的解决,而且介入的程度不断加深。然而,政府的介入却导致劳资双方直接交涉和对话的机会减少,政府也直接担负起调解劳资冲突的艰巨任务。⑤在经济方面,虽然韩国政府采取了一系列政策创新,旨在解决劳动力市场两极化的问题,但其却未能缓解边缘工人的不利处境,韩国劳动力市场上的两极分化程度反而进一步加深。⑥

---

① Chang Dae-Oup and Chae Jun-Ho, "The transformation of Korean labour relations since 1997", *Journal of Contemporary Asia*, Vol. 34, No. 4, 2004, p. 439.

② 尹敬勲:『韓国財閥企業における労使関係の歴史的展開と課題:「現代」財閥を中心に』,早稲田大学大学院アジア太平洋研究科博士学位論文,2009 年,第 172 頁。

③ Lee Yeonho and Lim Yoo-Jin, "The rise of the Labor Party in South Korea: causes and limits", *The Pacific Review*, Vol. 19, No. 3, 2006, p. 324.

④ Song Jiyeoun, *Global forces, local adjustments: the politics of labor market deregulation in contemporary Japan and Korea*, Ph. D. Dissertation, Harvard University, 2008, p. 233.

⑤ 尹敬勲:『韓国財閥企業における労使関係の歴史的展開と課題:「現代」財閥を中心に』,早稲田大学大学院アジア太平洋研究科博士学位論文,2009 年,第 173 頁。

⑥ Yun Ji-Whan, "Labor market polarization in South Korea: the role of policy failures in growing inequality", *Asian Survey*, Vol. 49, No. 2, 2009, p. 270.

从以上的分析可见,后危机时期韩国政府的劳动政策调整并没能产生其预期的效果。本书认为,由于后危机时期韩国政府在自主性上受到限制,劳动政策的调整在降低劳动力商品化程度方面的成效较为有限,因而无法解决冲突型劳资关系的困境。

(二)劳动力商品化程度下降的有限性

研究表明,虽然1997年经济危机后韩国经济发展的宏观制度框架转向了新自由主义模式,韩国政府对与劳工相关的事务的介入并未减少,相反,国家的介入程度得到了进一步加深。[1] 本书认为,国家对劳工事务介入程度的加深是由两方面的原因造成的:一方面,虽然韩国政府在经济危机前后都提倡推行劳方、资方、政府三方的对话和合作,并创设了相关的制度,但是这些努力并未取得预期的效果。因此,在后危机时期,韩国劳动政策的制定和执行主要不是依靠社会行为者之间的协商和调整,而是以政府的介入和制度创设来推动。[2] 另一方面,如前文所言,韩国大企业在后危机时期得到了更大的发展,最大的几家企业所占的市场份额进一步提升,这也使韩国经济的命运系于这些企业。因此,国家更加重视这些企业的经营状况,并经常介入它们内部的劳资冲突之中。与此同时,经济实力不断上升的韩国大企业积极要求政治家修改法律,以满足资本的利益,并强烈反对提升社会保护的水平。[3] 在这样的背景下,虽然政府对劳动政策的介入增多,但其相对于资方的自主性却受到了限制。

韩国政府在劳动政策领域自主性的局限突出体现在解决非正式工人问题的过程中。第二节的分析曾指出,"模块化生产"带来的"去技能化"以及企业节省用人成本的考虑导致韩国非正式工人数量的增加,除此之外,政府政策的影响也至关重要。从法律的规定来看,韩国保护非正式工人权益的法律并不完善,而且政府的执法也并不严格。在2006年《非正式就业保护法》制定前,法律虽然规定企业对同一名合同工的使用不得超过一年,但企业却利用法律的漏洞,通过多次签订一年合同的方式长期使用同一名合同工,而不转变其就业身份。此外,法律

---

① Kong Tat Yan, "Pathways to cooperation: the transformation of labour relations among leading South Korean firms", *Economy & Society*, Vol. 40, No. 1, 2011. p. 373.

② Yun Ji-Whan, *Reforming the Dualities: the politics of labor market reform in contemporary East Asia*, Ph. D. Dissertation, California University, Berkley, 2008, p. 265.

③ Lee, Yoonkyung, "Labor after neoliberalism: the birth of the insecure class in South Korea", *Globalizations*, Vol. 15, No. 2, 2015, p. 12.

虽然规定企业使用同一名派遣工人两年以上需将其转为正式工人,但企业却利用漏洞,通过派遣公司调换派遣工人的岗位而避免将派遣工转正。此外,虽然韩国的法律限定了允许使用派遣工人的行业和部门,但其他部门对派遣工人的非法使用也很广泛。对于企业违反法律规定的这些行为,韩国政府的处罚力度却很有限。① 在社会保障方面,虽然法律规定企业有向非正式工人提供社会保障的义务,但韩国的一些企业却通过使用非正式工人规避社会保障的责任,而韩国政府在执行与社会保障相关的法规时却非常宽松,其不仅在监督和检查方面不太严格,而且经常诉诸例外条款。② 因此,在后危机时期,韩国政府经常默许企业在使用非正式工人过程中的非法行为,这也间接促成了韩国企业扩大非正式工人的规模。

除去执法的不力之外,政府的有限自主性也对牵制了其制定《非正式就业保护法》的努力。卢武铉上台之后就着手制定和非正式就业相关的法律,但韩国政府2004年提出的法案草案却更接近资方的立场,工会对此表示强烈反对,并极力阻止法案在国会通过。进入2005年之后,形势进一步恶化,政府不但没有改变法案的内容,还打算在国会单方面通过立法。全国工会的领袖为此发起绝食罢工,并准备全国大罢工,"韩国劳总"也以退出三方委员会的方式抗议政府的行为。

为了拉拢相对温和的"韩国劳总",韩国政府做出了局部的让步,但关键的问题却仍然没有得到解决(如规范对固定期限合同工的使用,惩罚对派遣工人的违法使用等问题),这也引发了相对激进的"民主劳总"以及和其关系密切的民主劳动党的不满,他们为此发起罢工,希望阻止法案的通过。但韩国执政党内部最终快速通过了对法案的审议,法案也在国会内通过立法的程序。③ 虽然2006年出台的《非正式就业保护法》部分体现了三方的妥协,但是政府的有限自主性却导致了各方长达五年的争议和冲突。另外,在法律通过之后,一些企业赶在法律生效前大量解雇固定期限合同工,并以外包等间接雇佣的方式对其取而代之。派遣工和分包工的数量因此在法律通过之后快速增加,这也导致人们担心非正式就业保护

---

① Kim, Jiyoung, "The role of government in the expansion of the contingent workforce", *Asian Politics & Policy*, Vol. 2, No. 2, 2010, p. 247.

② Cho, Joonmo, Giseung Kim and Taehee Kwon, "Employment problems with irregular workers in Korea: a critical approach to government policy", *Pacific Affairs*, Vol. 81, No. 3, 2008. p. 418.

③ Lee Byoung-Hoon and EUN Soo Mi, "Labor politics of employment protection legislation for nonregular workers in South Korea", *Korea Journal*, Vol. 49, No. 4, 2009, p. 80.

法的负面效应。

以上对韩国政府在非正式工人议题上的立法和执法行为进行了个案研究。从分析中可见,在劳动政策调整的过程中,由于韩国政府对"新自由主义"发展模式的采用,其和资本的密切关系制约了其行为,政府的自主性也越发受到限制。虽然劳工从劳动政策的变动中获得了一定的利益,但是政府"有选择的支持劳工"的政策是以"不反对资本"为前提的。① 从结果上看,由于韩国政府在劳动政策领域自主性的受限,一些原本旨在降低劳动力商品化程度的举措(如制订和执行保护非正式工人的相关法律)未能产生预期的效果,并且直接导致了新的冲突,韩国冲突型劳资关系的困境因而无法得到充分解决。

### 三、企业管理方式改革与冲突型劳资关系

(一)后危机时期的企业管理方式改革

第二节的分析表明,经济危机后韩国企业生产过程"去技能化"的发展使得企业大量使用非正式工人,这种"排斥劳工"的做法导致了劳动力商品化程度的提升,并推动了韩国冲突型劳资关系的持续发展。而在后危机时期变动的环境中,韩国企业提出了改革管理方式的设想和措施,而其背景包括以下几方面。

首先,经济危机后韩国经济改革的一个重要方面是对财阀企业的内部治理结构进行改革,而且1998 年劳动法的修改也部分提升了工会的权利,这些变化使资方的经营行为受到更多约束,其管理方式也需要进行相应的调整。其次,在经济危机后更加开放的市场环境中,韩国大企业之间的竞争变得更加激烈。由于劳资冲突给企业的生产带来大量损失,为了不在竞争中落败,韩国企业相互学习先进的管理措施,希望以此构筑协调的劳资关系。②

在这样的背景下,韩国企业在后危机时期对管理方式进行了一定的改革,一些企业有意识地缓和等级式的管理秩序,并建立了促进企业内劳资双方对话和协商的机制。③ 如果这些管理方式的改革得到全面且有效的执行,则将部分推动劳

---

① Kong, Tat Yan, "Globalization and labour market reform: patterns of response in Northeast A-sia", *British Journal of Political Science*, Vol. 36, No. 2, 2006, p. 379.

② Kong, Tat Yan , "Between late-industrialisation and globalisation: the hybridisation of labour relations among leading South Korean firms", *New Political Economy*, Vol. 18, No. 5, 2013, p. 646

③ Kim, Andrew Eungi and Park, Innwon , "Changing trends of work in South Korea: the rapid growth of underemployment and job insecurity", *Asian Survey* , Vol. 46, No. 3, 2006, p. 448.

动力商品化程度的下降。但从前文对韩国劳资冲突发展趋势的描述来看,这种效果并不突出。

为了更好地对韩国改革企业管理方式的效果进行研究,以下将对 LG 电子、三星电子、现代汽车这三家具有代表性的韩国大企业进行个案分析。之所以选择这三家企业作为研究对象,除去考虑其在韩国经济中的影响力,还因为三家企业劳资关系的表现存在着较大的差异。LG 电子被公认为是近年韩国协调型劳资关系的代表企业,而现代汽车则是韩国冲突型劳资关系的代表企业,三星电子的劳资关系表现虽然整体尚可,但却存在着深层次的矛盾。承接上文分析的思路,以下将通过案例分析揭示三家企业在经济危机后改革管理方式的差异。通过比较研究,本书指出,企业管理方式改革路径的差异决定了其在降低劳动力商品化程度方面的不同表现,进而塑造了不同类型的劳资关系。

(二)劳动力商品化和劳资关系的类型——企业间的比较

1. LG 电子劳资协调的发展和深化

和其他韩国大企业类似,LG 电子内部的劳资关系在 1987 年之前也是典型的"权威主义的劳资关系",企业内部的身份和等级壁垒森严。在 1987—1989 年的劳工大攻势中,LG 电子也爆发了大规模的罢工,工会提出了高额加薪的要求。最终,长期的罢工给企业造成了大量经济损失,LG 电子长期占据的国内家电市场的龙头地位也为三星公司所取代。LG 电子的总经理认识到了大规模罢工造成的损失及其给企业带来的不利影响,他在罢工后发表宣言,强调企业内的劳资关系应该建立在尊重劳动者人格以及约束经营者行为的基础上,并以此促成威权主义的劳资关系转变为人道的劳资关系。[①] 进入 20 世纪 90 年代之后,LG 电子的经营方开始改革管理方式,着力构筑协调型劳资关系。从 1993 年起,LG 电子内部劳资双方的协调就逐步确立,并经受住了 1997 年经济危机的冲击。LG 电子也因此在 2005 年赢得了韩国总统颁发的"劳资文化和透明经营"大奖。到 2008 年为止,LG 电子的劳资双方已经连续 18 年不经罢工和劳动争议而达成工资协议。

在经济危机过后,LG 电子也采取了提升劳动力弹性的做法,其引入了"模块化生产",并采用外包和分包的方式进行生产。虽然 LG 电子工会对于这一系列改革曾经表示担忧和反对,但企业在管理方式上的改革有效缓解了生产过程变化对

---

① 赵性载:「LG 電子の経営理念と作業場革新——家電工場を中心に」,禹宗杬编著:『韓国の経営と労働』,日本経済評論社,2010 年,第 232 頁。

工人造成的不利影响。

虽然企业生产过程的调整意味着一些人员的失业不可避免,但 LG 电子的经营方尽量通过内部调整缓解其对工人的冲击。例如,企业会向那些非自愿退职的工人提供技能培训,安排他们到有合作关系的分包公司就职,并在两年内每月向他们提供相当于 LG 电子工资金额 60% 的补助金。[①] 此外,LG 电子的经营方还设置了沟通劳资双方的多种渠道,以各种非正式的沟通方式消除劳动争议发生的可能性,并使争议尽量在基层得到化解。例如,工会领导每周会和中层管理人员会面,双方在会面中交换意见,并以此建立起互信。[②] 对于这种互信的重要性,LG 电子的劳资双方都有着清楚的认识。在 2008 年协商达成工资协议后,LG 电子工会的主席朴正苏曾说:“工人和经营者都从对方的立场出发进行设身处地的考虑,这样才能建立我们企业引以为傲的信赖关系。”同时,他还将 LG 电子内部工会和经营者之间的信赖关系比喻为“夫妻之间的关系”,并认为“如果公司是丈夫的话,工会就是妻子”。针对工会主席的“夫妻关系论”,LG 电子的副经理南镛进行了进一步的补充。他强调,“在这种‘夫妻关系’好的时候我们更需要相互考虑对方的立场”,“这种夫妻关系是平等的,我们绝没有看不起工会(指工会主席的‘妻子’比喻),反而对他们关心的更多”。[③]

正是由于这种信赖关系的建立和加深,LG 电子的劳资双方在进行工资的集体谈判时,会综合考虑市场的竞争状况、国内工厂的就业需求、相对的工资标准等诸多因素,从而能够不诉诸冲突的手段,并进行和平协商。因此,即使加薪的幅度较低,工会也会同意。由此可见,虽然后危机时期劳动力市场的弹性提升,但由于 LG 电子推行的管理方式改革,劳动力商品化的程度得以部分降低,从而推动了企业内劳资协调的进一步发展。

2. 现代汽车劳资冲突的持续

现代汽车劳资关系的发展与 LG 电子劳资协调的发展和深化形成了鲜明对照。现代汽车的劳资关系在 1987 年后长期处于冲突状态,1987—2007 年,现代汽

---

① 趙性載:「LG 電子の経営理念と作業場革新——家電工場を中心に」,禹宗杬編著:『韓国の経営と労働』,日本経済評論社,2010 年,第 245 頁。

② Kong, Tat Yan, "Pathways to cooperation: the transformation of labour relations among leading South Korean firms", *Economy & Society*, Vol. 40, No. 1, 2011, p. 73.

③ 『「労使関係は夫婦関係」…「19 年紛糾ゼロ」LG 電子の労使観』, http://japanese. donga. com/srv/service. php3？ biid = 2008031151728。

车公司劳资双方的工资谈判仅有两年没有引发罢工。① 拥有 42 000 名会员的现代汽车工会是韩国规模最大的企业工会,也被认为是韩国战斗型工会的代表。② 值得注意的是,由于一般工人收入的提升,现代汽车的劳资关系在 20 世纪 90 年代曾有改善的趋势,但是 1997 年经济危机后这一趋势戛然而止。③ 工会认为企业在危机中大量解雇工人的主要目的是削弱工会的影响力,因此其对资方的不信任在后危机时期一直持续。另外,工会对资方的不信任由于后危机时期资方生产和管理方式调整的有限性而得到进一步强化。

在后危机时期,现代汽车采用"质量生产"的模式,希望方便企业将生产转移到海外,并借此削弱工会的作用,这导致了工人对企业的不信任进一步加剧。④ 在经济危机以后,现代汽车在国内的工厂削减了其面向国内市场的生产量,并增大了用于出口的生产量(1997 年的内需为 70 多万辆,出口不到 60 万辆,但到 2005 年内需已经减少到不到 60 万辆,而出口则增加到 100 万辆以上)。出口导向战略的持续深化使得现代汽车的经营战略将维持价格的竞争力视为首要目标,因此"低工资 – 长时间 – 高强度"的工作依然存在,而削减工作时间等要求也经常出现在罢工之中。⑤

后危机时期现代汽车劳资双方的不信任因集团掌门人郑梦九对工会的强硬态度而进一步加剧。如在 2007 年 1 月 9 日,现代汽车工会表示,如果现代汽车不愿意立刻支付 2006 年年底没有发给工人的 50% 的奖金,他们将再次举行罢工。对此,现代汽车工会委员长朴友基(Park Yoo-Ki)表示,这是他们为自己争取权利的最好方式,他强调"郑梦九社长皇帝式的经营风格和黑金丑闻,暴露了现代汽车

---

① Kong, Tat Yan, "Between late-industrialisation and globalisation: the hybridisation of labour relations among leading South Korean firms", *New Political Economy*, Vol. 18, No. 5, 2013, p. 635.

② Yoo Hyung-Geun, "Militant labor unionism and the decline of solidarity: a case study of Hyundai auto workers in South Korea", *Development and Society*, Vol. 41, No. 2, 2012, p. 181.

③ Kong, Tat Yan, "Between late-industrialisation and globalisation: the hybridisation of labour relations among leading South Korean firms", *New Political Economy*, Vol. 18, No. 5, 2013, p. 636.

④ Kong, Tat Yan, "Between late-industrialisation and globalisation: the hybridisation of labour relations among leading South Korean firms", *New Political Economy*, Vol. 18, No. 5, 2013, p. 637.

⑤ 周武鉉:「現代自動車の雇用管理・作業組織・組合行動」,禹宗杬編著:『韓国の経営と労働』,日本経済評論社,2010 年,第 195 頁。

管理层只求自己生存而采取见机行事的经营作风,并不符合劳资双方利益这一弊端"①。这种不信任体现出后危机时期现代汽车管理方式改革的有限性,其未能推动劳动力商品化程度的降低,从而构成了劳资冲突持续发展的重要原因。

3. 三星电子管理方式的有限改革

同 LG 电子和现代汽车相比,三星电子的劳资关系具有其独特之处。一方面,企业长期以来执行集团创始人李秉喆所坚持的"非工会"经营方针(三星集团不允许企业内工会的建立,但企业把这样的传统称作是"非工会",而不是"无工会")②,而以"劳资协议会"替代工会的功能。另一方面,虽然三星电子采取"非工会经营"的方式,但其内部的劳资关系相对平稳,并未出现类似现代汽车那样的严重对立和冲突,而其根源在于资方在有效控制企业秩序的基础上对先进管理方式的积极学习和采用。

虽然资方在三星电子内部居于绝对主导的地位,但其也有意识地通过物质激励和提供参与渠道赢得工人的支持。在韩国的大企业中,三星电子的报酬和附加福利的水平是最高的。"三星用最高的待遇来代替设立工会,它在同类企业中不仅薪资最高,同时在子女教育津贴等福利上也给出了相当优厚的待遇。"③此外,三星也积极学习其他企业先进的管理手段,促进劳资双方的交流。例如,三星电子经常强调其员工代表和企业高层的交流比那些存在工会的企业更加频繁,企业的 CEO 每年会参加 2—4 次劳资协议会的季度会议。此外,三星电子还设立了"促进目标管理会议"(两月一次),在这些会议上经理和工人代表讨论和修改企业经营的目标,从而提升工人对企业内决策的参与感。④

然而,和 LG 电子"伙伴式"的劳资协调不同,三星电子相对合作的劳资关系以资方对强制手段的使用为基础,而且资方经常对可能产生争议的事项采取先发制人的介入。例如,三星电子内部替代工会职能的"劳资协议会"既没有发动罢工的权力,也无法达成集体谈判的协议,其运作是分散化和去政治化的。直到 2011 年,由于韩国劳动法的修改,三星电子内部才成立第一个工会,即使如此,企业对工会仍持敌视的态度。2013 年,和三星集团有关的"2011 年 S 集团劳资战略"的

---

① 付辉:《现代汽车叫魂》,http://auto. sohu. com/20070215/n248260981. shtml。
② 成和铺:《2015 年三星梦想》,杨华芸译,深圳:海天出版社,2008 年版,第 162 页。
③ 成和铺:《2015 年三星梦想》,杨华芸译,深圳:海天出版社,2008 年版,第 162 页。
④ Kong, Tat Yan, "Pathways to cooperation: the transformation of labour relations among leading South Korean firms", *Economy & Society*, Vol. 40, No. 1, 2011, p. 78.

文件被曝光,其主要内容包括:员工一旦出现成立工会的迹象,主管劳资相关事务的组织与人事部门要密切合作,努力瓦解工会。[①] 由于三星电子改革企业管理方式的局限性,企业内的工人仍然面临着一系列风险,诸如和外界工会的隔离,实行绩效标准导致的工作强度提升以及潜在的就业不稳定等。[②] 因此,后危机时期三星电子管理方式的改革更多是资方单方面的行为,其在推动劳动力商品化程度下降方面的成效较为有限,因而无法确立稳定的劳资协调。

以上对后危机时期 LG 电子、现代汽车和三星电子三家企业内劳资关系的变化进行了分析,从中可以看出,三家企业管理方式的改革路径在"是否强调劳资双方的对话和合作"以及"是否以平等和开放的态度对待工会"这两方面存在差异。由于这两方面的差异,不同企业管理方式的改革路径在推动劳动力商品化程度降低方面的表现也不尽相同,从而使不同企业内的劳资关系向冲突或协调的不同方向发展。这一比较研究的结果也进一步证明了本章的论点,即较高的劳动力商品化程度在结构层面推动了韩国冲突型劳资关系的持续发展。

本章以 1997 年经济危机为分水岭,研究了 1987—2008 年韩国劳动力商品化程度的变动和劳资关系变迁之间的关联。研究表明,这一时期政府劳动政策和企业生产过程的调整推动了劳动力商品化程度的提升,并处于较高的水平。具体而言,1987—1997 年韩国劳动政策的特征突出体现为"以工会权利的部分赋予交换工人对提升劳动力市场弹性的同意",而 1997 年经济危机的爆发进一步强化了这一交换。劳动政策的调整引发了韩国雇佣惯例和劳动力市场结构的重大变动,由于劳动力市场弹性的提升,自由市场的原则不断侵蚀工人受到的社会保护,劳动力商品化的程度随之大幅提升。

与此同时,虽然企业在民主化进程中对专制的管理方式进行了一定的改革,但是韩国企业生产过程的调整并未发生实质性的改变,企业更多的是通过强化设备投资来代替对现场工人的依赖,企业内的技能形成仍然处于较低的水平。而经济危机之后"模块化生产"的引入进一步推动了生产过程"去技能化"的发展,企业也得以大量使用非正式工人承担无需熟练技能的工作。从结果来看,韩国生产

---

① 《三星被曝资方试图瓦解工会雇佣部将全面调查》,韩联社,http://chinese. yonhapnews. co. kr/newpgm/9908000000. html? cid = ACK20131021000500881。

② Kong, Tat Yan, "Between late-industrialisation and globalisation: the hybridisation of labour relations among leading South Korean firms", *New Political Economy*, Vol. 18, No. 5, 2013, p. 639.

过程的调整产生了"去技能化"的效应,资方得以用外部劳动力市场取代原有的劳动力,工人在企业层面受到的保护被侵蚀,劳动力商品化的程度随之大幅提升。

韩国民主化过程中劳动力商品化程度的提升导致了劳动力市场的分化以及工人和企业的疏离,并引发了新型的劳资冲突,韩国冲突型劳资关系因而持续发展。为了缓解冲突型劳资关系的冲击,韩国政府和企业在1997年经济危机后分别对劳动政策和企业管理方式进行了调整。然而,由于政府相对于资方自主性的有限以及资方包容工会的局限性,这些调整措施在降低劳动力商品化程度方面表现不佳,因而无法解决韩国冲突型劳资关系的困境。

本章的研究表明,在1987年冲突型劳资关系的高峰之后,韩国劳动力商品化程度仍然居高不下,并在1997年的经济危机后得到了提升,从而构成了1987—2008年冲突型劳资关系持续发展的结构成因。本章研究的结果证明了本书提出的"劳动力商品化程度的变动在结构层面塑造了劳资关系变迁"的假设。

# 第五章

## 工会路线与韩国劳资关系变迁的能动性成因 (1987—2008 年)

　　本章对 1987—2008 年韩国工会路线变动和劳资关系变迁之间的关联进行研究,进而分析韩国冲突型劳资关系持续发展的能动性成因。本章的研究表明:在1987 年冲突型劳资关系的高峰之后,韩国主导的工会路线经历了从政治斗争主义向战斗型经济主义的转变;1997 年经济危机之后,企业工会基础上的战斗型经济主义进一步得到强化,从而导致了 1987—2008 年冲突型劳资关系的发展。

　　从研究个案的历史背景来看,从 1961 年军人政权建立到 1987 年民主化开启,韩国存在着体制内工会和体制外自主工会之间的路线分野。就体制内工会的路线而言,虽然军人政权建立起了类似"阶级合作主义"的工会制度框架,但官方始终未能确立其对工会的牢固控制。尤其是在 1972 年朴正熙确立"维新体制"和1980 年全斗焕上台之后,政府努力维持工人的组织分散化,以期降低工会的自主性和影响力。① 因此,"尽管人们通常将韩国劳动体制描述为一种合作主义制度,但其实际操作仍然是以残酷压制的控制形式为基础,而不是以精心设计的合作主义制度为基础"。从比较的视野来看,"在大多数采用合作主义劳动体制的国家和地区,官方批准的工会被允许成为反映工人要求的渠道,与此不同,韩国政府首先感兴趣的是保持工人的无组织状态,并通过安全力量而不是通过政府的劳动部门控制工人"②。

　　与体制内的工会相对,体制外的自主工会的路线具有较强的政治斗争的倾

---

　　① 　关于韩国军人政权时期体制内工会的特征,可参见 Choi Chang-Jip, *Labor and the Authoritarian State*: *Labor Unions in South Korean Manufacturing Industries*, *1961-1980*, Seoul, Korea: Korea University Press, 1989; Lee, Yung Chul, *Labour Policy Change in a Developmental Authoritarian State*, Ph. D. Dissertation, Notre Dame University,1999.

　　② 　(韩)具海根:《韩国工人——阶级形成的文化与政治》,梁光严、张静译,北京:社会科学文献出版社,2004 年版,第 24 页。

向,并将工作场所层面和政治层面的斗争密切地联系在一起,这也使韩国劳工的战斗性远高于同一时期东亚其他的国家和地区。从成因来看,由于韩国军人政权以大财阀以及领导人同乡的联合为执政的社会基础,其对自主工会和政治反对派给予了严厉的打压。① 在这种政治排斥和打压之下,"工人的基层工会"和"由学生、知识分子、教会领袖和持政治异议政治家领导的争取民主政治运动"这两者之间形成了密切联系,韩国的自主工会也因此采取了激进的政治斗争主义路线。

1987 年民主化进程的开启和劳工大攻势的爆发标志着韩国工会路线演变中的重大转折,官方控制的工会体系开始瓦解,自主工会则获得了新的发展机遇。然而,政治环境的变化并未带来韩国工会战斗性的显著下降,协调型劳资关系的确立也面临着种种困境。本章的研究表明,在新的政治经济环境中,韩国工会路线的演变构成了冲突型劳资关系持续发展的能动性成因。

本章的第一节分析 20 世纪 80 年代末和 90 年代初政治斗争主义的工会路线的变动和冲突型劳资关系之间的关联;第二节分析政治斗争主义路线衰落后工会路线的变化,重点研究战斗型经济主义工会路线的特征、成因及其在 1997 年经济危机后的强化;第三节着重分析工人内部团结变动和冲突型劳资关系之间的关联,研究企业工会基础上的战斗型经济主义导致韩国冲突型劳资关系持续发展的具体机制。

## 第一节　政治斗争主义与冲突型劳资关系

### 一、政治斗争主义和劳工大攻势

(一)政治斗争主义的工会路线

韩国的"劳工大攻势"在 1987 年民主化宣言发布后爆发,这也标志着韩国劳工群体形成过程中的重大转折。虽然韩国工人在之前的历次政治危机中都曾短暂发起过斗争,但受到政治环境的局限,这些斗争面临着种种限制。民主化之后政治空间的开放,使这一轮韩国工人斗争呈现出新的特点,由于"这一史无前例的

---

① Lee Yoonkyung, *Militants or Partisans*: *Labor Unions and Democratic Politics in Korea and Taiwan*, Stanford, CA. : Stanford University Press,2011.

产业冲突浪潮是在反对独裁政权的运动所带来的突然政治变革背景下发生的"，因此追求政治民主的目标主导了韩国劳动运动。在韩国民主化进程最初的几年，对政治目标的追求推动政治斗争主义成为韩国工会的主导路线。就短期的斗争而言，"工人不仅对发泄他们的悲愤感兴趣，而且对获得提高工资感兴趣"，而从长远来看，工人对"获得组织上的手段来保护自己的长期利益也同样感兴趣"。① 政治斗争主义的工会路线塑造了民主化初期冲突型劳资关系的发展——1987 年之后几年的韩国劳工斗争，"规模要大得多，范围要广得多，战斗性和实现组织目标的效果也大得多"。②

从 1987 年之后劳工斗争爆发的过程来看，实现工厂中人道的管理和提升工资等经济利益的诉求仍占有较重要的地位。但和 1987 年之前的斗争不同，由于政治环境的变化，这些要求不仅反映出工人对经济利益的关注，还具有强烈的政治指向。

在民主化后最初的几年，工人在工资议题上展开了广泛的斗争，在这些争议中，工人不仅表达了对自身经济利益的关注，而且要求改变韩国不公正的经济分配方式以及压制性的劳动政策，并彻底改变建立在对工人压榨基础上的资本积累方式。在争取人道的劳动条件时，工人针对的不仅是资方在工厂内专制和军事化的管理方式，更是希望以此实现激进的社会改革。为此，韩国工会打出了"解放劳动者"的口号，希望工人从压迫和非人的对待中获得解放，从而表达出实现"以工人为主人"的社会的积极欲求。③

在物质利益和管理方面的诉求之外，韩国工人"对获得组织上的手段来保护自己的长期利益"也同样感兴趣。"工会组织是他们优先考虑的头等大事。几乎在所有发生激烈劳动冲突的工厂里，焦点性问题都是争取迫使管理方接受新组成的工会或以民主工会取代公司控制的（御用）工会。"④由于国家在渐进的民主转型中仍然限制工会权利（参见第四章第一节的研究），因此，"大部分民主工会的罢

① （韩）具海根：《韩国工人——阶级形成的文化与政治》，梁光严、张静译，北京：社会科学文献出版社，2004 年版，第 201 页。

② （韩）具海根：《韩国工人——阶级形成的文化与政治》，梁光严、张静译，北京：社会科学文献出版社，2004 年版，第 194 页。

③ 權蕙洹：「韓国の社会運動の労働運動の過去と現在（上）」鈴木玲［訳］，『大原社会問題研究所雑誌』565 号，2005 年 11 月，第 26 頁。

④ （韩）具海根：《韩国工人——阶级形成的文化与政治》，梁光严、张静译，北京：社会科学文献出版社，2004 年版，第 202 页。

工都包括了针对国家的要求,并经常和国家机构发生冲突。经济罢工和政治罢工之间的界限非常模糊:即使是出于经济目的的罢工也具有很强的政治指向,并包含了工人阶级的政治要求"①。

(二)冲突型劳资关系的发展

从劳工形成的能动性层面分析民主化初期韩国劳资关系的变动,可以看到,政治斗争主义的工会路线推动了韩国工人内部团结意识的发展,并使工会致力于组织建设和斗争,进而塑造了这一时期韩国冲突型劳资关系的发展。

一方面,工会对政治斗争的重视推动了工会数量和工会会员人数的大幅增长(参见表 5 - 1 - 1),工会内部也开始进行改革,工会的领导人在工作场所中更加注意赢得工人的忠诚,并致力于促进组织内部的民主。另一方面,工会在斗争中也强调工人应不分技能、工种、年龄和性别团结在一起。在这一时期韩国的劳资冲突中,强大的组织力量使得大企业的工人处于领军地位,他们将自己的斗争视为代表工人群体与国家和资本进行的战斗,并强调工人的团结是斗争持续开展必不可少的动力。例如,现代重工工会在 1989 年 128 天的罢工中就曾强调,"我们的罢工不仅是现代重工工会的单独斗争,而是带着 2500 万工人的信任和自尊,向独裁政权发起的一次重要战斗"②。

---

① Kweon, Young-Sook, *Liberal Democracy without a Working Class? Democratization, Coalition Politics, and the Labor Movement in South Korea, 1987-2006*, Ph. D. Dissertation, Columbia University, 2008, p. 195.

② Kweon, Young-Sook, *Liberal Democracy without a Working Class? Democratization, Coalition Politics, and the Labor Movement in South Korea, 1987-2006*, Ph. D. Dissertation, Columbia University, 2008, p. 190.

表 5 – 1 – 1  1986—1992 年韩国工会的发展

| 年份 | 工会数量<br>（个） | 工会会员数量<br>（千人） | 工会会员占工<br>人总数的比例（%） |
|------|--------|----------|----------|
| 1986 | 2685 | 1036 | 12.3 |
| 1987 | 4086 | 1267 | 13.8 |
| 1988 | 6412 | 1707 | 17.8 |
| 1989 | 7883 | 1932 | 18.6 |
| 1990 | 7689 | 1887 | 17.2 |
| 1991 | 7656 | 1803 | 15.9 |
| 1992 | 7527 | 1735 | 15.0 |

资料来源：(韩)具海根：《韩国工人——阶级形成的文化与政治》，梁光严、张静译，北京：社会科学文献出版社，2004 年版，第 200 页。

在日渐增长的阶级认同的基础上，超越企业层面的工人组织也得到快速发展。广泛的工人组织最先从特定的地区和行业内开始发展。1987 年和 1988 年两年，"地区工人协议会"在韩国各地建立起来，其理念带有强烈的政治色彩，强调各民主劳工组织"为了确保工人的政治、社会和经济的权利，应该坚决地和镇压行为作斗争，并超越地域和行业的限制，确立牢固的团结，努力成为为全国工人阶级的团结而奋斗的自主和民主的团结组织"①。与此同时，各行业内的工会协议会也相继建立。不同于亲官方的"韩国劳总"在各行业中的组织，这些协议会有自己独立的组织体系，以各工会的联合团体或协议组织的形式形成联合的组织，其基础建立在同一行业上，并将提升凝聚力、相互支持和实现高层次的团结作为组织发展的目标。新成立的地区和行业工人协议会在 1988 年修改劳动法的过程中相互

① 金洪楹：「韓国政治における「労働者政治勢力化」の問題：1987 年から1992 年までの労働者と指導部間の乖離を中心として」，『九大法学』88 号，2004 年 9 月，第 190 页。

协作,发起了"劳动法修改斗争"。

在地区和行业层面的工人组织发展的基础上,民主劳工运动团体于1990年1月22日建立了一个新的全国性组织,即"全国劳动组合协议会"(简称"全劳协")。虽然韩国的劳动法此时仍然禁止全国层面多个工会组织的存在,但"全劳协"的成立体现了民主工会对韩国政府建立的劳工代表体系的冲击。"全劳协"的成立宣言强调,"我们要避免成为'韩国劳总'所代表的劳资协调主义以及御用和非民主的工会,因此需要发展自主和民主的劳动运动,并成为韩国劳动运动新的组织主体",而其斗争目标不仅局限于"争取工人经济利益的经济斗争",还包括了"改革经济社会结构"以及"国家的民主化、自主和和平统一"等方面的内容。① 虽然"全劳协"的构成基础主要是中小企业的工会,但其在成立之后成了自主工会的领军组织,并和大企业的工会组织以及白领的工会组织进行合作,共同对抗政府支持的"韩国劳总"。

以上的分析表明,在1987年民主化引发的劳工大攻势之后,政治斗争主义成为韩国工会的主导路线。为了实现民主化这一共同政治目标,韩国工人内部产生了较强的团结意识,并建立了超越企业层面的组织,"这一时期的工会更多的是作为代表工人阶级利益的'政治机构',而不仅仅是利益集团"②。因此,在韩国民主化后最初的几年,工会中的政治斗争主义路线处于兴盛状态,从而构成了韩国冲突型劳资关系发展的重要根源。

### 二、政治斗争主义的衰落

(一)政治斗争主义的衰落

政治目标推动的工人团结支撑了韩国工人在民主化爆发之后发动的大规模攻势,这不仅使韩国的工会组织得到了发展,也为韩国工人带来了实际的物质利益。韩国工人的斗争推动了其工资大幅上升,而且工厂内部蓝领工人和白领工人之间的收入差距也大幅缩小(相关数据参见表5-1-2)。

---

① 金洪楹:『韓国政治における「労働者政治勢力化」の問題:1987 年から1992 年までの労働者と指導部間の乖離を中心として』,『九大法学』88 号,2004 年 9 月,第 185–186 頁。

② Kweon, Young-Sook, *Liberal Democracy without a Working Class? Democratization, Coalition Politics, and the Labor Movement in South Korea, 1987-2006*, Ph. D. Dissertation, Columbia University, 2008, p. 195.

表5-1-2 1985—1995年韩国工人内部收入差距的演变 单位:%

| 年份 | 蓝领工人收入占白领工人收入的比例 | 小企业工人收入占大企业工人收入的比例 |
|------|------|------|
| 1985 | 55.7 | 89.5 |
| 1990 | 70.7 | 74.1 |
| 1991 | 71.8 | 71.1 |
| 1992 | 73.8 | 72.6 |
| 1993 | 75.3 | 73.4 |
| 1994 | 77.7 | 72.4 |
| 1995 | 77.8 | 71.6 |

资料来源:Kweon, Young-Sook, "*Liberal Democracy without a Working Class? Democratization, Coalition Politics, and the Labor Movement in South Korea, 1987-2006*", Ph. D. Dissertation, Columbia University, 2008, p. 197.

　　然而,整体而言,工人通过斗争获得的成果仍较为有限。从收入方面来看,大企业和中小企业的工人收入差距在民主化之后反而不断拉大(参见表5-1-2)。从组织发展来看,工会的组织率在1989年的高峰过后开始下降(参见表5-1-1)。另外,"全劳协"无法将其组织基础扩大至劳动密集行业的中小型企业之外,大财阀企业中的工会和白领工会仍然对其发展持保留的态度。加盟"全劳协"的工会数量和工会会员数在其建立一年多之后已经减半。在这样的情况下,"全劳协"在1992年年初建立了工人政党"民众党",并积极参加当年的全国选举,希望以此推进韩国工人的政治斗争。但在选举中"民众党"仅获得1.5%的选票,甚至连多数工人也不支持那些宣称代表工人利益的进步派候选人。① 以上这些现象表明,韩国工会以政治

---

① Song Ho-Kwen, "Working-class politics in reform democracy in South-Korea", *Korean Journal of Population and Development*, Vol. 23, No. 2, 1994, p. 163.

斗争推动政治经济改革的努力在民主化之后陷入了困境。

政府的限制和资方的拉拢导致了韩国工会政治斗争主义的困境。一方面,韩国劳动法规的修改仍然对工会的发展以及工会参与政治活动施加了严厉的限制,其力图将工会的斗争目标限制在企业内部。另外,国家还采取强力措施,限制工人发起政治斗争和谋求团结的努力。例如,对加盟"全劳协"的工会,韩国政府经常以"企业检查"的名义加以威胁,从而迫使其退出"全劳协"。韩国政府还采用强力手段惩罚激进的工人活动家。1990—1995 年,"全劳协"近半数的中央委员都曾被捕入狱或是被通缉,还有超过 2000 名"全劳协"的活动家被捕。①

政府的这些压制政策破坏了工人内部团结的发展,也限制了工会对政治斗争目标的追求。1990 年 12 月,韩国 16 家大企业的工会联合成立了"大企业工人团结大会",并谋求和"全劳协"合作,但韩国政府不能容忍掌握国家经济命脉的大企业中工会的团结和激进化,因此政府在 1991 年强制逮捕了 67 位"团结大会"的干部,这也导致了"团结大会"的解散。迫于国家的压力,大企业的工会在此后再未尝试加入"全劳协",并逐渐和其疏远。②

而在企业层面,资方对工会以更大范围的工人团结推动政治斗争的努力保持很强的警惕。在劳工攻势的压力面前,企业积极限制产业层面和全国层面的劳资关系对企业内劳资关系的影响,试图将工会的发展限制在企业层面,从而确保其对企业内劳资关系的掌控。③ 此外,企业也在物质上满足工人的需求,大幅加薪使一些大企业的蓝领工人的生活水准大幅度提升。然而,这种大幅加薪的行为只是资方出于短期利益考虑而采取的应对之策,从长期来看其会对工人的团结造成破坏。由于缺乏有效的工资协调机制,资方未能形成统一的加薪方针,对大企业而言,他们关心的只是通过加薪向战斗性的工会妥协,并以此确保企业生产秩序

---

① Kweon, Young-Sook, "*Liberal Democracy without a Working Class? Democratization, Coalition Politics, and the Labor Movement in South Korea, 1987-2006*", Ph. D. Dissertation, Columbia University, 2008, p. 202.

② Kweon, Young-Sook, "*Liberal Democracy without a Working Class? Democratization, Coalition Politics, and the Labor Movement in South Korea, 1987-2006*", Ph. D. Dissertation, Columbia University, 2008, p. 203.

③ Lee Changwon, "Labor and management relations in large enterprises in Korea: exploring the puzzle of confrontational enterprise-based industrial relations", in Lee Changwon and Sarosh Kuruvilla, eds., *The Transformation of Industrial Relations in Large-size Enterprises in Korea: Appraisals of Korean Enterprise Unionism*, Seoul: Korea Labor Institute, 2006, p. 9.

的正常。大企业和中小企业回应工人加薪诉求的能力存在着较大的差异,对于中小企业而言,大企业的加薪给其带来很大的压力,大企业工人和中小企业工人的收入差距因此日渐增大。① 韩国工人在市场中地位的分化导致了工会斗争目标的变化,"工人在市场中的不同地位开始逐步反映到工会采取的方针之中。代表享有特权的核心工人变得越来越实用并越来越走工会主义路线,而代表边缘工人的全劳协则坚持政治工会主义"②。因此,资方的加薪策略虽然在短期内给工人带来了一定的物质利益,但从长期来看,其导致了以工人团结推动政治经济变革的政治斗争主义的工会路线的衰落。

除去外部不利条件的限制,工会自身的战略选择也导致了政治斗争主义路线影响力的衰落。虽然"全劳协"在成立后得到了较大的发展,但由于其采取"以工人活动家为中心"的激进路线,其不仅成为政府打压的目标,而且工人对其的不满也逐渐增加。"全劳协"属下工会的多数会员认为,相较于"社会民主化"等政治目标,工会应该更注重工人的切身经济利益(参见表5-1-3)。他们认为"全劳协"的领导过于注重政治活动,因而无法实现工人的切身利益(参见表5-1-4),因此工人对参与工会活动(尤其是政治性的活动)的态度也越发消极(参见表5-1-5、表5-1-6)。

表5-1-3　"全劳协"属下的工人对工会的期待　　　　单位:%

| 项目 | 辅助企业的经营 | 确保实际利益 | 保障正常水平的生活 | 社会的民主化 |
|---|---|---|---|---|
| A类企业 | 9.1 | 6.8 | 70.5 | 13.6 |
| B类企业 | 4.9 | 22.2 | 54.9 | 18.0 |

注:A类企业指"全劳协"属下"仁川地区工会协议会"中的主要企业,B类企业指"全劳协"属下"马山、昌原地区工会协议会"中的主要企业。

资料来源:金洪楷:「韓国政治における「労働者政治勢力化」の問題:1987年から1992年までの労働者と指導部間の乖離を中心として」,『九大法学』88号,2004年9月,第178頁。

---

① Song Jiyeoun, *Global Forces, Local Adjustments: The Politics of Labor Market Deregulation in Contemporary Japan and Korea*, Ph. D. Dissertation, Harvard University, 2008, p. 190.

② (韩)具海根:《韩国工人——阶级形成的文化与政治》,梁光严、张静译,北京:社会科学文献出版社,2004年版,第260页。

在以上诸多因素的影响下,"全劳协"的势力快速衰退,大企业中的工会逐渐成为韩国劳动运动的主导力量。由于大企业中的工会追求的是不同于政治斗争主义的战斗型经济主义路线,韩国主导的工会运动路线经历了重大的变化,并对劳资关系的发展产生了深刻的影响。

表5-1-4　"全劳协"属下的工人对工会领导的评价

单位:%

| 未能反映工人<br>的利益 | 反映了工人<br>的利益 | 御用工会 | 机会主义<br>的活动家 | 合计 |
|---|---|---|---|---|
| 66.4 | 28.6 | 0.9 | 4.1 | 100 |

注:数据来源于"全劳协"1992年8月27日出版的《全国劳动者新闻》。

资料来源:金洪楹:「韓国政治における「労働者政治勢力化」の問題:1987年から1992年までの労働者と指導部間の乖離を中心として」,『九大法学』88号,2004年9月,第174頁。

表5-1-5　"全劳协"属下的工人参与工会活动程度的变化　　单位:%

| 项目 | 比例 |
|---|---|
| 对工会在工厂外开展的活动也参与 | 13.9 |
| 仅仅参与工会内部的活动 | 30.6 |
| 参与工会活动的态度变得更消极了 | 43.8 |
| 参与工会活动的态度一直都很消极 | 11.8 |
| 合计 | 100 |

注:调查的对象为"全劳协"属下"马山、昌原地区工会协议会"中的主要企业,对照的时间是"全劳协"建立后和1987年、1988年。

资料来源:金洪楹:「韓国政治における「労働者政治勢力化」の問題:1987年から1992年までの労働者と指導部間の乖離を中心として」,『九大法学』88号,2004年9月,第

176 頁。

表 5 – 1 – 6　"全劳协"属下的工人参与工会的态度

单位:%

| 积极参与 | 消极参与 | 不关心 | 总计 |
| --- | --- | --- | --- |
| 26.4 | 65.2 | 8.5 | 100（1561人） |

注:数据来源于"全劳协"1992 年发布的《工人意识调查结果》。

资料来源:金洪梔:「韓国政治における「労働者政治勢力化」の問題:1987 年から1992 年までの労働者と指導部間の乖離を中心として」,『九大法学』88 号,2004 年 9 月,第 175 頁。

## (二)"民主劳总"和工会路线的转变

在"全劳协"衰落之后,韩国大企业的工会在 1993 年成立了韩国工会代表大会,希望以此取代"全劳协"在劳动运动中的领军地位。在韩国工会代表大会的基础上,1995 年 11 月,民主工会的新全国中心"民主劳总"成立,其在成立时包括 862 个工会和 42 万名会员。尽管没有得到法律的承认,但"民主劳总"很快便以强大的全国性组织的面貌出现,其成员中有很多强有力的工会。

在"民主劳总"成立的过程中,韩国工会内部围绕工会运动的斗争目标和组织结构的发展方向展开了激烈的讨论。

就工会的斗争目标而言,工会内部存在着两种意见:一种意见认为,韩国工会应该追求自主工会的合法化,并发展成为利益集团;另一种意见则认为,韩国工会应该采取战斗性的姿态,重新激活全体工人阶级范围内的动员,并以此挑战政府对工会分而治之的政策。在工会运动的组织结构方面,工会内部也存在着两种意见:一种意见认为,韩国工会应该努力将企业工会的结构转变为产业工会,并在此基础上建立国家层面的集体协商机制,从而在制度上代表工人阶级的利益;另一种意见则强调,韩国工会应该恢复建立在工人阶级利益基础之上的政治团结,并对工人阶级内部多样化的利益加以控制。① 经过激烈的争论,在"民主劳总"成立的过程中,居于主导地位的大企业工会最终在斗争目标和组织结构方面都选择了两种方案中的前一种。"民主劳总""斗争的焦点转向了通过劳动法的修改获得合法地位,并参与国家层面的集体协商","其身份认同也强调代表有组织劳工的利益,而非作为社会运动而存在",因此"民主劳总"在成立后也不再和激进的劳工政治运动组织结盟。②

由此可见,和民主化初期以"全劳协"为代表的激进的政治斗争主义路线不同,"民主劳总"追求的并不是以实现工人内部的广泛团结以及工人和社会的团结为目标的"政治性劳动运动",而是以利益集团形式开展活动的"工会运动"。因此,"民主劳总"的成立标志着韩国主导的工会路线的转变,其对韩国劳资关系的发展产生了重要的影响。

本节的分析表明,对民主化这一政治目标的追求,一度主导了韩国民主化之后的工会路线。政治斗争主义的工会路线的发展促成了韩国工人的团结和工会组织的发展,这也体现了能动性层面的劳工形成与20世纪80年代末和90年代初韩国冲突型劳资关系发展之间的关联。然而,由于在政治参与方面受到的限制和打压,以及受到加薪等物质补偿的影响,韩国主导的工会路线在20世纪90年代中期开始转变。强调"劳工解放"的激进政治目标让位于以制度内参与获取经济利益的目标。在这一转变的过程中,劳工的抗争有所缓和,韩国劳动争议的数量和规模在1992—1997年也不断下降(参见表1-1-8和表1-1-9)。

然而,20世纪90年代中期劳动争议数量的下降并不意味着协调型劳资关系在韩国的确立。由于政治参与的制度化仍然有限,再加上20世纪90年代中期之后国家和企业对劳动力市场弹性的强调,韩国工会通过制度内参与获取经济利益的目标很难充分实现。下一节的分析表明,进入20世纪90年代后,在主导韩国工会运动的大企业工会中,以斗争的方式在企业内追求经济利益逐渐成为主要的诉求,而超越企业工会限制的努力却未取得较大突破。从20世纪90年代中期开

---

① Kweon, Young-Sook, *Liberal Democracy without a Working Class? Democratization, Coalition Politics, and the Labor Movement in South Korea, 1987-2006*, Ph. D. Dissertation, Columbia University, 2008, p. 212.

② Kweon, Young-Sook, *Liberal Democracy without a Working Class? Democratization, Coalition Politics, and the Labor Movement in South Korea, 1987-2006"*, Ph. D. Dissertation, Columbia University, 2008, p. 215.

始,企业工会基础上的战斗型经济主义逐步成为主导的工会路线,并在1997年经济危机后得到进一步的发展。韩国工会路线的转变削弱了工人内部的团结,并构成了冲突型劳资关系持续发展的能动性成因。

## 第二节　战斗型经济主义的形成和强化

### 一、战斗型经济主义的特征和成因

（一）战斗型经济主义的特征

众多研究都使用"战斗型经济主义"（militant economism）这一概念概括20世纪90年代中期之后以大企业工会为代表的韩国工会采用的路线,这一路线和本书在工会路线的四种分类中提出的"经济斗争主义"有类似之处,但不完全相同,其一些方面的特征也类似于"商业工会主义"。而从工会路线的演变过程来看,战斗型经济主义既承接了韩国工会路线在1987年之后的发展,也反映了曾在民主化初期占据主导地位的政治斗争主义的工会路线的后退。

战斗型经济主义和民主化初期的工会路线有类似之处,其斗争的对象依旧是"权威主义和压制的劳资关系对工人的长期支配",但和民主化初期的劳动运动相比,战斗型经济主义较少关注广泛的政治和社会问题,更强调在国家和资本敌对的态度面前积极追求成员的经济利益,并主要通过在企业内进行战斗性动员的方式实现这一目标。[①] 因此,战斗型经济主义的发展建立在韩国企业工会的基础上。赵海罗（Cho Hyorae,音译）结合企业工会的发展,对韩国战斗型经济主义工会路线的特征进行了全面的归纳和总结,在其看来,这一工会路线包括以下五方面相互关联的特征。[②]

（1）相互独立的企业工会共同构成了民主工会,而其成员主要是企业中的正

---

[①] Yoo Hyung-Geun, "Militant labor unionism and the decline of solidarity: a case study of Hyundai auto workers in South Korea", *Development and Society*, Vol. 41, No. 2, 2012, p. 182.

[②] Cho Hyorae, "Industrial relations and union politics in large firms in South Korea", in Lee Changwon and Sarosh Kuruvilla, eds., *The Transformation of Industrial Relations in Large-Size Enterprises in Korea: Appraisals of Korean Enterprise Unionism*, Seoul: Korea Labor Institute, 2006, pp. 94 – 95.

式员工。

（2）由于缺乏政治资源和法律的保护，企业工会只能通过在劳动力市场上采取直接行动来获取权力的资源。

（3）工会成员突增的诉求以及国家和资方的压制促成了工会战斗性的提升，在这一过程中，工会成员积极参与工会事务，工会民主也因此得以实现。

（4）韩国企业工会的斗争聚焦于工资议题和工会民主。

（5）虽然企业工会的领导满足了工会成员提出的要求，但他们无法提出超越正式工人间经济利益分裂的政治议程。

从以上的描述来看，战斗型经济主义工会路线建立在分散化的企业工会的基础上，其出现表明工人内部的团结在民主化初期后开始下降，而其特征也体现出了韩国工会与资方及国家之间的持续紧张和冲突。

（二）战斗型经济主义的成因

以上仅列举了企业工会基础上的战斗型经济主义的工会路线的特征，但尚未充分说明其形成的深层背景和其在现实斗争中的作用机制。因此，以下对"企业工会""战斗性"和"经济主义"这三个构成要素的具体表现和成因进行分析，从而进一步理解企业工会基础上的战斗型经济主义路线的形成过程及其对韩国劳资关系的影响。

（1）韩国"企业工会"特征的形成并不完全是民主化之后的新现象。由于全斗焕政权对超越企业工会的工人团结进行压制，企业工会成为韩国工人在民主化过程中得以依靠的主要组织力量。另外，民主化之后大企业工会实力的迅速增强也为韩国工人带来了一定的物质利益，因此企业工会成为了韩国工会的主要组织形式。

在 20 世纪 90 年代中期"民主劳总"建立的过程中，虽然其逐步放弃了以工人团结推动政治斗争的目标，但也认识到了企业工会的局限，并在成立后积极推动产业工会的发展，希望以此增强韩国劳工在全国层面集体协商的力量。然而，"民主劳总"协调劳工内部利益和促进企业工会集中化的努力并不成功。"民主劳总"在建立过程中并未消除分散化的工会结构，其主要通过企业工会加盟的方式发展组织。雄厚的组织和财政资源使大企业的工会主导了"民主劳总"的发展，然而，享受较好物质待遇的大企业工人对发展产业工会，进而缩小大企业和中小企业的工资差距并不热心。正如学者所言，韩国大企业工会的单个组织组织得过好，反而无法成为工会发展的动力。另外，由于韩国工会斗争目标的转变，"民主劳总"

在建立的过程中并未继承"全劳协"曾经建立的"区域性工人阶级网络",其组织的基础建立在工人的市场地位上。[1]由于劳动力商品化程度提升导致了工人市场地位的分化,"民主劳总"很难建立起超越企业工会的组织。而组织体系的分散也决定了韩国工会很难通过利益代表体系向资方和国家施压。

此外,由于韩国企业内劳资之间长期的不信任,韩国分散的企业工会无法像日本企业工会那样在企业内推动协调型劳资关系的发展。

由于分配议题在韩国分散的企业工会内部成为主导议题,劳资双方对致力于建立高效表现的工作场所都不感兴趣,习惯以相互施压而非协调的方式谋求共同利益,因此学者将韩国分散的企业工会结构称为"组织混乱的分散化"。[2]例如,韩国企业的经营方在1987年之后曾尝试通过发展工人的"多技能化"提升其技能水平,但是企业工会担心资方利用这种新制度强化工人之间的竞争,并进而破坏工会组织内部的团结,因此他们阻止了工人技能培训的制度化,这也使资方更倾向于用强化设备投资的方法来代替对现场工人的依赖。[3]在韩国企业工会的发展过程中,既存在着资方对工会的不信任和打压,也形成了工会"更加关注提高工资和改善工作条件而不重视提高生产效率的工联主义倾向"[4]。

(2)虽然20世纪90年代中期以后工会逐步放弃了政治斗争的目标,但韩国工会的"战斗性"仍然较强。

不同于民主化初期建立在广泛社会动员基础上的劳工战斗性,20世纪90年代中期以后韩国工会的战斗性主要体现在企业内部劳资双方的博弈过程中。在企业内劳资双方博弈的过程中,工会以罢工的形式向资方发出信号,并形成了"先罢工、后协商"的惯例。通过频繁的罢工,工会希望将其要求上升到社会议题的层

---

①　Kweon, Young-Sook, *Liberal Democracy without a Working Class? Democratization, Coalition Politics, and the Labor Movement in South Korea, 1987-2006*, Ph. D. Dissertation, Columbia University, 2008, p. 217.

②　Lee Changwon, "Labor and management relations in large enterprises in Korea: exploring the puzzle of confrontational enterprise-based industrial relations", in Lee Changwon and Sarosh Kuruvilla, eds., *The transformation of Industrial Relations in Large-Size Enterprises in Korea: Appraisals of Korean Enterprise Unionism*, Seoul:Korea Labor Institute,2006,p. 12.

③　Song Jiyeoun, "*Global Forces, Local Adjustments: The Politics of Labor Market Deregulation in Contemporary Japan and Korea*",Ph. D. Dissertation, Harvard University, 2008, p. 191.

④　宋磊、孙晓冬:《发展型国家的产业民主与生产扩张》,《政治与法律评论》(第二辑),北京:法律出版社,2013年版,第250页。

面,从而迫使资方接受自己的要求。① 因此,和民主化初期大范围且持续长时间的罢工形式不同,20 世纪 90 年代中期之后韩国平均每次罢工的持续时间大幅下降,大部分劳动争议都是持续几个小时就结束,工人以此迫使资方回到谈判桌上并同意其加薪的要求,罢工也逐渐变得常规化。②

由此可见,韩国工会在企业层面采取了以"战斗性"确保经济利益的行为。这一方面反映了大企业中工会的较强力量,但也体现了其在政治中的"局外人"地位导致的困境——由于通过体制内的政治参与获得的利益有限,韩国工人只能诉诸企业中工会的力量,并以抗争的方式表达自己的诉求。③

工人在政治中"局外人"地位的形成受到两方面因素的影响:一方面,韩国威权时期对反共意识形态的强调延续到民主化时期,这也使得地域分野而非社会经济的分野主导了政党和选举,"政党很不情愿与劳工结盟,因为担心失去中间阶层的支持。在这方面反对党与执政党没有什么区别。由于没有任何政党代表,而且在法律上禁止作为集体采取政治行动,所以工人被作为原子化的个体吸收进入选举过程,或者说,被作为以地区、城镇、学校、家族等为基础的社会纽带的成员被吸收进入选举过程之中"④。另一方面,韩国政党组织的不稳定和制度化的不足(如新政党的不断出现以及领袖和个人对于政党兴衰存亡的重要性)使得韩国既有的政党无法成为工会的可靠盟友。⑤ 由于缺乏政治体系内部的代表和参与渠道,"韩国工人倾向于在政治体制之外采取激烈的抗争行为,并对资方的管理方式改进表现出不合作"⑥。

从结果来看,虽然韩国工人凭借工会的战斗性在企业内部获得了一定的物质

① Lee Changwon, "Labor and management relations in large enterprises in Korea: exploring the puzzle of confrontational enterprise-based industrial relations", in Lee Changwon, Sarosh Kuruvilla eds., *The Transformation of Industrial Relations in Large-Size Enterprises in Korea: Appraisals of Korean Enterprise Unionism*, Seoul: Korea Labor Institute, 2006, p. 16.

② Yoo Hyung-Geun, "Militant labor unionism and the decline of solidarity: a case study of Hyundai auto workers in South Korea", *Development and Society*, Vol. 41, No. 2, 2012, p. 191.

③ Lee Yoonkyung, *Militants or Partisans: Labor Unions and Democratic Politics in Korea and Taiwan*, Stanford, CA.: Stanford University Press, 2011, p. 7.

④ (韩)具海根:《韩国工人——阶级形成的文化与政治》,梁光严、张静译,北京:社会科学文献出版社,2004 年版,第 260 页。

⑤ Lee Yoonkyung, *Militants or Partisans: Labor Unions and Democratic Politics in Korea and Taiwan*, Stanford, CA.: Stanford University Press, 2011, pp. 81 – 85.

⑥ 宋磊、孙晓冬:《发展型国家的产业民主与生产扩张》,《政治与法律评论》(第二辑),北京:法律出版社,2013 年版,第 250 页。

利益,但是其在劳动法修改以及劳动政策制定的过程中很难产生影响,这不仅使得大企业工人通过斗争获得的物质利益较难波及中小企业,也进一步加剧了韩国冲突型劳资关系的困境。例如,韩国工会虽然在 1996 年参与了有关劳动法修改的三方委员会,但委员会未能达成共识,而且政府强行对劳动法修改草案进行表决,此后工会虽发起了大规模的罢工,但最终通过的法案仍然是更有利于资方。

(3)"经济主义"意味着韩国工人更多关注自身的经济利益,而不再是社会运动的广泛议题,尤其是大型工业企业中的工人"已经变得越来越实用主义、个人主义和不问政治"①。

工会"经济主义"的发展和企业应对冲突型劳资关系的调整密切相关。为了缓解劳资冲突对企业生产的冲击,企业部分满足了工会在经济方面的要求。从结果来看,工人经济状况的改善导致其更加保守,更加具有个人主义色彩。因此,企业对工会经济诉求的满足也起到了削弱工会影响的作用。1997 年现代重工工会发布的研究报告表明,"现代重工工会会员已经不再是过去的那种戈利亚战士。表面上,他们拥有公寓、开着汽车,下班之后不是参加工会会议,而是宁愿加班工作,以挣更多的钱用于支付他们孩子的学费,或者很早就回家寻找天伦之乐和个人的快活"②。

从韩国工会自身的调整来看,对经济利益的追求是其对政府和企业不信任情绪的集中表现。在韩国工人看来,韩国政府在劳资关系的发展过程中偏袒资方,并通过和企业联合"压榨"工人的方式推动经济的发展。因此,韩国工会对经济利益的追求体现了其对韩国发展战略和财阀经营方式的不满。从工会的具体考虑来看,首先,工会认为企业收益的主要部分来自于政府的补贴而非企业内部生产力的提升;其次,他们不太关心罢工等战斗型行为给企业带来的损失,因为他们认为政府最后总会对企业提供补贴和帮助;最后,由于政府对企业的大量补助,企业的财务情况缺乏透明度,工会对企业存有较深的不信任,而通过斗争获得加薪也成了获得不确定的收益的最佳途径。③

---

① (韩)具海根:《韩国工人——阶级形成的文化与政治》,梁光严、张静译,北京:社会科学文献出版社,2004 年版,第 264 页。
② (韩)具海根:《韩国工人——阶级形成的文化与政治》,梁光严、张静译,北京:社会科学文献出版社,2004 年版,第 264 页。
③ Yoon, Bong Joon, "Labor militancy in South Korea", *Asian Economic Journal*, Vol. 19, No. 2, 2005, pp. 225 – 226.

韩国工会的"经济主义"使得其在短期内获得了一定的物质利益,并部分缓和了劳资之间的冲突。然而,对于协调型劳资关系的确立和发展而言,这种方式的可持续性较低。

首先,虽然大企业的雄厚实力允许其向工人提供物质上的妥协,但广大的中小企业却无法提供同样水平的福利,其结果则是工人内部的分化以及中小企业工人的不满。其次,企业对工人经济诉求的满足是"短视"的,由于企业主要考虑的是减少损失以及压制工会,其没有充分考虑如何使用财政资源来实现长远的利益(例如,资方对工人的技能培训投入很少),从而无法将工人有效地纳入生产体系。① 这也导致韩国企业在 20 世纪 90 年代中期的经济危机中调整雇佣的规模和方式,以外部劳动力市场替代内部的劳动力。因此,企业在工人压力之下采取的短视的行为对韩国劳资关系的长远发展产生了较强的负面作用。最后,对工会而言,单纯追求工资的增长也是短视的做法。由于许多大企业的工会不再对全国层面的改革议题感兴趣(如公共福利、税制改革、边缘工人的保护),再加上其对工资等经济利益的短视追求,韩国社会大众对大企业工会的评价也发生了改变,舆论越来越多地批评其只关心自身的狭隘利益,而不考虑国家经济的整体情况。②

以上分析了 20 世纪 90 年代中期之后韩国战斗型经济主义工会路线的特征、成因和影响。从中可见,由于韩国工会在政治参与上受到的限制,以及企业对工人经济诉求的部分满足,韩国工会的斗争更多聚焦于经济目标,并主要依靠企业内部工会的组织力量开展斗争。然而,由于劳资之间根深蒂固的不信任,劳资双方在博弈中采取的都是短视的行为,物质利益的局部妥协仍然没有消除韩国工会的战斗性,也未能促成韩国协调型劳资关系的建立。更为重要的是,由于"九十年代韩国工会的总趋势是变得更加实用主义并将行动方针局限在企业工会主义的范围内"③,韩国战斗型经济主义工会路线的发展忽视了工人群体的整体利益,而且也无法推动战斗行为争取到的利益惠及边缘工人,韩国工人内部的团结因此遭到破坏,并导致了韩国冲突型劳资关系的发展。在 1997 年经济危机的冲击下,企

---

① Yun Ji-Whan, *Reforming the Dualities: the Politics of Labor Market Reform in Contemporary East Asia*, Ph. D. Dissertation, California University, Berkley, 2008, p. 283.

② Yun Ji-Whan, *Reforming the Dualities: the Politics of Labor Market Reform in Contemporary East Asia*, Ph. D. Dissertation, California University, Berkley, 2008, p. 286.

③ (韩)具海根:《韩国工人——阶级形成的文化与政治》,梁光严、张静译,北京:社会科学文献出版社,2004 年版,第 260 页。

业工会基础上的战斗型经济主义得到了进一步的强化,从而对韩国劳资关系的发展产生了不利的影响。

### 二、经济危机后战斗型经济主义的强化

（一）经济危机和战斗型经济主义的强化

第四章的分析表明,1997年的经济危机进一步推动了韩国劳动力商品化程度的提升,在这一过程中,工会阻止资方解雇工人能力的局限性得到了突出的体现,这也导致了工人对工会能力的质疑。在危机之后,随着劳动力市场弹性的提升,工人对于工作不稳定的担心日益加深,对于他们而言,通过集体谈判的方式获得更多的经济收益成了最为重要的目标。因此,韩国工人对工会作用的期待更加局限于追求自身的经济利益。2003年有关韩国制造业工人意识的一项调查体现了这种变化。在"工会活动的最重要目标"这一调查问题上,49.3%的工会成员选择了"提升工会成员的工作条件(包括加薪)"(比例最高)。与之相对,工会专职领导的选择中排名靠前的则是"通过法律和制度的修改提升所有工人的社会地位"(占35.7%),以及"实现工人阶级的团结以及工人阶级的形成"(32.1%),而46.7%的工会主席选择了"实现工人阶级的团结以及工人阶级的形成"。[1] 由此可见,虽然工会领导希望追求政治目标,但普通工人却变得更加实用主义。"随着人们更深切地感觉到经济危机对工作职位的影响,大多数工会优先考虑的是保护会员的工作,防止减少公司会员等紧急的问题,而没有什么精力去考虑工人面对的其他比较广泛的问题。"[2]因此,后危机时期劳动力商品化程度的提升迫使韩国工会进一步强化建立在企业工会基础之上的战斗型经济主义,与此同时,环境的变化也使战斗型经济主义的工会路线发生了一定的改变。

在1997年经济危机之前,韩国企业工会基础上的战斗型经济主义更多是一种防御的行为,是工人对抗政府压制以及资方打压工会的重要武器。但在经济危机之后,企业内的权力关系向着更加有利于资方的方向发展,对于处境更加不利

---

[1]　Cho Hyorae, "Industrial relations and union politics in large firms in South Korea", in Lee Changwon and Sarosh Kuruvilla, eds., *The Transformation of Industrial Relations in Large-Size Enterprises in Korea: Appraisals of Korean Enterprise Unionism*, Seoul: Korea Labor Institute, 2006, p. 114.

[2]　(韩)具海根:《韩国工人——阶级形成的文化与政治》,梁光严、张静译,北京:社会科学文献出版社,2004年版,第255页。

的工人而言,劳工的战斗性被视为一种有效的工具。通过展示其在企业中潜在的破坏力量,工会迫使企业在内部制度化的集体谈判中部分满足他们的要求。因此,对于大企业中的工人而言,工会更多的是抵御未来未知风险的一种"保险",工会的意义不再是实现工人权利以及工人阶级团结的组织,而仅仅是一种工具性的组织,工人利用这种组织来获得更高的工资和福利。①

(二)战斗型经济主义强化对劳资关系的影响

由于韩国战斗型经济主义的工会路线建立在企业工会的基础上,在劳动力商品化程度提升导致劳工内部分化和两极化的背景下,韩国企业工会的斗争方式不仅不利于工人团结的发展,也无助于协调型劳资关系的发展。

在经济危机之后,"民主劳总"的领导担心大企业工会的自利行为,希望将分散的企业工会组成产业工会,开展产业层面的集体谈判,以此来平衡不同企业的收入和就业。然而,这种努力并不成功。② 一方面,韩国工会的整体覆盖率不断下降;另一方面,核心工人和边缘工人的工会覆盖率之间的差距仍然相当显著,大企业的正式工人的工会覆盖率仍然较高,而中小企业和非正式工人的工会覆盖率却相当低(参见表5-2-1)。因此,在市场中处于边缘地位的工人(中小企业工人和非正式工人)缺乏足够的组织力量来保护自己的利益。

由于战斗型经济主义的工会路线建立在企业工会的基础上,大企业正式工人(核心工人)通过战斗型经济主义获得的利益并未惠及不被企业工会保护的边缘工人。如在集体谈判方面,2000 年 300 人以上的大企业的集体谈判覆盖率超过半数,但规模为 10—100 人的企业的覆盖率则低于 5%③,这也是韩国核心工人和边缘工人之间的收入差距在经济危机后不断扩大的重要原因之一。因此,虽然韩国大企业的工会仍然保持着一定的战斗性,但其目标越发局限于维护工会成员狭隘的经济利益,对不受工会保护的边缘工人而言,工会的行动意味着"社会封闭"

---

① 金鎔基:「韓国労使関係の第二分水嶺——IMF 危機以降の経済構造変化と労使関係再編」,日本労働社会学会編集委員会編集:『東アジアの労使関係(日本労働社会学会年報第 17 号)』,東信堂,2007 年,第 67 頁;Yang Jae-Jin, "Corporate unionism and labor market flexibility in South Korea", *Journal of East Asian Studies*, Vol. 6, No. 2, 2006, p. 225.

② Yang Jae-Jin, "Corporate unionism and labor market flexibility in South Korea", *Journal of East Asian Studies*, Vol. 6, No. 2, 2006, p. 226.

③ Yang Jae-Jin, "Corporate unionism and labor market flexibility in South Korea", *Journal of East Asian Studies*, Vol. 6, No. 2, 2006, p. 219.

(social closure)。① 大企业中的正式工人也经常被指责退化成"贵族劳工",而这些企业中的工会也被认为从"发出声音"的组织蜕变为"垄断利益"的利益集团。

表 5 – 2 – 1  韩国不同类型工人工会覆盖率的差异  单位:%

| 项目 \ 年份 | 2003 | 2004 | 2005 | 2006 |
|---|---|---|---|---|
| 正式工人 | 21.3 | 22.5 | 21.1 | 19.8 |
| 非正式工人 | 1.1 | 1.2 | 1.2 | 1.4 |
| 5人以下企业的工人 | 0.6 | 0.8 | 0.9 | 0.9 |
| 5—9人企业的工人 | 1.8 | 2.3 | 2.9 | 2.6 |
| 10—29人企业的工人 | 7.5 | 7.8 | 7.6 | 7.4 |
| 30—99人企业的工人 | 14.7 | 16.2 | 14.2 | 13.6 |
| 100—299人企业的工人 | 22.9 | 24.7 | 23.3 | 21.4 |
| 300人以上企业的工人 | 34.0 | 36.3 | 34.6 | 35.5 |
| 全体工人 | 11.0 | 10.6 | 10.3 | 10.3 |

注:表中的"5—9人的企业"等术语代表企业的规模,指其雇佣的员工总数。

资料来源:Lee Byoung-Hoon et al. , eds. , *Labor in Korea 1987-2006: Looking through the Statistical Lens*, Seoul:Korea Labor Institute, 2009, p. 167, 170.


战斗型经济主义的工会路线对工人狭隘经济利益的追求也导致了工会在处理劳资关系问题上的自利行为。

正如评论所言,韩国工会的战斗型经济主义在后危机时期进一步发展,并导致了一些工会的"罢工瘾"。就其成因而言,首先,由于企业在金融危机中大规模解雇工人,"感到被公司背叛的员工开始奉行'能赚就赚'的理念,只盯住眼前的经济利益"②。而且工人经常利用工会的力量为自己谋求特权,如现代汽车工会在 2011 年进行集体谈判时就要求,公司在招募新员工时,要优先考虑连续工作 25 年以上的退休工人的子女。③ 另外,资方并没有发展出确保定劳资关系长期稳定的调节系统,而只是指望在短期内解决冲突。一方面,在工会的强大压力下,企业对工会的一些看似不合理的要求也给予满足,从而造成了"不管工会有什么要求都

---

① Yoo Hyung-Geun, "Militant labor unionism and the decline of solidarity: a case study of Hyundai auto workers in South Korea", *Development and Society*, Vol. 41, No. 2, 2012, p. 193.

② 《现代汽车工会的"罢工瘾"》,《中央日报》(韩国)中文网,http://chinese. joins. com/gb/article. do? method = detail&art_id = 1107。

③ Kim, Hyung-A, "Industrial warriors: South Korea's first generation of industrial workers in post-developmental Korea", *Asian Studies Review*, Vol. 37, No. 4, 2013, p. 589.

会满足"的现象。如在劳资冲突频发的现代汽车公司,工会的一位代表就曾说:
"即使换双工作鞋,向公司提建议还不如向工会汇报快",而现代汽车的相关负责
人也抱怨:"若不满足他们的要求,就会停止生产。只要工会有要求,基本上都会
很无奈地接受。"另一方面,在企业内多元工会发展并相互竞争的过程中,"公司是
想要支持符合自己意图的工会从而弱化力量强大的工会,这种想法反倒把强化劳
务管理放在了其次"。这不仅无助于解决工人内部的冲突,还导致了"没有管理能
力的公司"。① 因此,在后危机时期劳动力商品化程度提升的环境下,韩国战斗型
经济主义的工会路线的发展反映了企业内部劳资双方对短期利益的追求和相互
之间的不信任,而资方以物质妥协拉拢工人以及工会争取短期利益最大化的博弈
过程也进一步加深了劳资之间的冲突。

　　以上的分析表明,1997 年经济危机后韩国劳动力商品化程度的提升强化了工
人的危机感,在不安全的市场环境中,韩国工会选择了强化企业工会基础上的战
斗型经济主义,这体现了韩国劳资双方的不信任,也无助于韩国协调型劳资关系
的发展。在劳动力商品化程度提升推动劳动力市场分化和两极化的背景下,以企
业工会为基础的分散化斗争方式导致处于边缘地位的工人无法享受斗争带来的
利益,这进一步强化了劳动力商品化程度提升产生的分化效应,破坏了工人内部
的团结。而从长远来看,工人内部团结程度的下降进一步导致了冲突型劳资关系
的发展,下一节将集中于后危机时期的韩国,对这一过程的具体机制展开进一步
的论述。

## 第三节　战斗型经济主义与经济危机后的冲突型劳资关系

　　上一节的分析表明,在经济危机后劳动力商品化程度提升的背景下,20 世纪
90 年代中期以来兴起的战斗型经济主义工会路线得到了进一步强化,而且呈现出
日益"工具化"的色彩,从而无助于韩国协调型劳资关系的发展。而从长期影响来
看,由于战斗型经济主义的工会路线建立在企业工会的基础之上,其深化及蜕变
导致了工人内部团结程度的下降,从而构成了韩国冲突型劳资关系持续发展的重

---

① 《现代汽车工会的"罢工瘾"》,《中央日报》(韩国)中文网,http://chinese. joins. com/gb/
article. do？method = detail&art_id = 1107。

要原因。本节着眼于后危机时期韩国企业内和企业间工人团结的变动及其对劳资关系的影响,通过论证指出,企业工会基础上的战斗型经济主义路线的强化导致了工人内部团结程度的下降,并在能动性层面推动韩国冲突型劳资关系的发展。

### 一、企业内工人团结的下降与冲突型劳资关系

第四章的研究表明,经济危机后劳动力商品化程度的提升导致韩国企业内部工人之间以及工人和企业之间的疏离感加深。由于工人对于自己职业发展的态度变得更加实用主义和个人中心主义,过去对公司忠诚和付出的心态已经变成"付多少工资,干多少活"的心态;而且就业的不稳定以及企业劳工控制手段的改变导致工人之间的关系呈现出竞争的状态。在这种背景下,韩国企业工会基础上的战斗型经济主义对短期利益的追求加剧了企业内部工人之间的竞争和冲突,其不仅导致了企业内工人的派系竞争,也引发了企业内正式工人和非正式工人之间的冲突。而从结果来看,这两方面的竞争和冲突共同推动了韩国冲突型劳资关系的发展。

(一)工会的派系竞争与冲突型劳资关系

在韩国民主化之后的劳工大攻势中,企业内部的活动家形成了不同组织,并参与到针对资方的斗争中。这些不同的组织在企业中持续发展,并演化成不同的派系,例如,现代汽车工会内部的派系组织就有十多个。由于战斗型经济主义强调利用企业内工会的强大组织力量同资方交涉和博弈,企业工会的组织力量成了非常重要的权力。伴随着对工会民主的强调,各派系都希望通过选举掌握这一权力,"由于企业内的权力仅为工会的执行者和代表所分享,而为了参与政治活动,那些在企业内活动中涌现出的工人运动领导人必须去争夺工会的职位,这使得围绕工会主席和代表职位的竞选变得十分激烈和极具竞争性"①。由于派系的广泛存在,工会的竞争和选举导致了内部各派系之间的对抗和冲突,"派系每逢选举都会分分合合,展开权力争夺战"。而工会内的这种派系竞争对工会自身的发展和工人内部的团结都产生了负面的影响。

① Lee Changwon, "Labor and management relations in large enterprises in Korea: exploring the puzzle of confrontational enterprise-based industrial relations", in Lee Changwon and Sarosh Kuruvilla, eds., *The Transformation of Industrial Relations in Large-Size Enterprises in Korea: Appraisals of Korean Enterprise Unionism*, Seoul: Korea Labor Institute, 2006, p. 19.

　　首先,工会内部不同派系的过度竞争导致了工会成员的不满。例如,在 2004 年关于现代汽车工会的一项调查中,就"阻碍工会发展的最重要因素"这一设问而言,41% 的工会成员选择了"工会活动家组织之间的过度分化和对主导权的争夺"。因此,"对于工会活动的强化而言,各种活动家组织的过度分化以及工会活动家之间的激烈冲突构成了重要的障碍"①。

　　其次,派系竞争导致了工会民主的后退,并引发了工会成员的不满。由于工会内部的活动家将其主要的精力放在了每年一度的工会主席选举上,"工会民主逐渐发生了改变,其不再意味着建立在普通员工参与基础上的直接民主,而是成了一种'代议民主',更多的是各活动家集团为了选举胜利而进行的竞争"②。工会民主的退步导致普通工人参与工会活动程度的下降及其参与目的的保守化。虽然韩国一些工人参与工会活动的程度仍然较高,但这种参与已经变成了选择性和被动的参与,参与工会活动的性质不再是为了工人群体的利益或是献身于意识形态,而是转变为"向资方施加加薪压力的工具性参与"。如现代重工集团的一名管理人员所言:"工人支持具有战斗性的领导,是因为他们喜欢看着他们为自豪和自我而战斗,但如果他们未能取得好的结果,工人就会很快抛弃激进的领袖。"现代重工集团的工会领袖也抱怨,普通工会会员很喜欢他们采取强硬立场,但当需要他们的支持时却很不愿意亲自参加行动。③ 韩国工人也对工会民主和工会参与的退化表示出很强的担忧。在 2003 年赵海罗(Cho Hyorae,音译)关于韩国一个产业工会的调查中,虽然有 44% 的工会会员表示自己积极参与工会的活动,但在回答"工会重新焕发活力所面临的最重要问题"这一问题时,50.7% 的工会会员选

---

① Cho Hyorae, "Industrial relations and union politics in large firms in South Korea", in Lee Changwon and Sarosh Kuruvilla, eds. , *The Transformation of Industrial Relations in Large-Size Enterprises in Korea: Appraisals of Korean Enterprise Unionism*, Seoul: Korea Labor Institute, 2006, p. 116.

② Cho Hyorae, "Industrial relations and union politics in large firms in South Korea", in Lee Changwon and Sarosh Kuruvilla, eds. , *The Transformation of Industrial Relations in Large-Size Enterprises in Korea: Appraisals of Korean Enterprise Unionism*, Seoul: Korea Labor Institute, 2006, p. 137.

③ (韩)具海根:《韩国工人——阶级形成的文化与政治》,梁光严、张静译,北京:社会科学文献出版社,2004 年版,第 264 页。

择了"普通成员参与工会活动程度的不足"。① 由此可见,虽然普通工人也参与到工会的活动中,但由于这种参与局限于"工厂内自上而下的动员",其更多体现为被动和工具性的参与。

工会内部的派系斗争和民主的后退与其在劳资关系中的短视行为联系在一起,从而导致了冲突型劳资关系的持续发展。在经济危机后不安全的市场环境中,韩国工会的战斗型经济主义路线追求短期内经济利益的最大化,而为了在工会的选举中获胜,候选人必须承诺自己会进行更强硬的斗争,并能够迫使资方做出更多的妥协,"在过度的战斗性不危及工会组织稳定的前提下,强调劳资合作的派系通常无法获得选举的胜利"②。而在上台之后,这些工会领导人为了一年一度的工会选举会尽可能追求短期利益的最大化,通常的结果是"派系纷争加剧,罢工便作为其附加产物随之出现了"③。工会内部的竞争不仅导致了工人内部关系的恶化,也导致工会和资方的协商成了一种政治交易,从而无助于协调型劳资关系的建立。④ 因此,企业工会基础上的战斗型经济主义工会路线对短期利益的追求不但破坏了工会内部的团结,无助于工会组织凝聚力和动员能力的长期发展,而且进一步加剧了韩国冲突型劳资关系的困境。

(二)正式工人和非正式工人团结的下降与冲突型劳资关系

以上的分析表明,由于韩国企业工会基础上的战斗型经济主义工会路线追求短期经济利益,工会内部的团结程度逐渐下降,并导致了冲突型劳资关系的延续。此外,在后危机时期韩国企业大量使用非正式工人的情况下,战斗型经济主义的工会路线也削弱了企业内部正式工人和非正式工人之间的团结,并成为劳资关系

---

① Cho Hyorae, "Industrial relations and union politics in large firms in South Korea", in Lee Changwon and Sarosh Kuruvilla, eds., *The Transformation of Industrial Relations in Large-Size Enterprises in Korea: Appraisals of Korean Enterprise Unionism*, Seoul: Korea Labor Institute, 2006, p. 123.

② Cho Hyorae, "Industrial relations and union politics in large firms in South Korea", in Lee Changwon and Sarosh Kuruvilla, eds., *The Transformation of Industrial Relations in Large-Size Enterprises in Korea: Appraisals of Korean Enterprise Unionism*, Seoul: Korea Labor Institute, 2006, p. 137.

③ 《现代汽车工会的"罢工瘾"》,《中央日报》(韩国)中文网,http://chinese. joins. com/gb/article. do? method = detail&art_id = 1107。

④ Lee Changwon, "Labor and management relations in large enterprises in Korea: exploring the puzzle of confrontational enterprise-based industrial relations", in Lee Changwon and Sarosh Kuruvilla, eds., *The transformation of Industrial Relations in Large-Size Enterprises in Korea: Appraisals of Korean Enterprise Unionism*, Seoul: Korea Labor Institute, 2006, p. 19.

难以改善的重要原因。

上一节的研究表明,1997 年经济危机后,韩国以企业工会为主的工会结构进一步发展,加上长期以来韩国法律规定非正式工人无权加入企业工会,因此经济危机后韩国企业中正式工人和非正式工人之间工会覆盖率的差距较大(参见表 5-2-1)。工会覆盖率的差距导致非正式工人较少受到组织的保护。除去劳动法规的限制,在劳动力商品化程度提升的不利环境中,由于韩国企业工会基础上的战斗型经济主义追求的只是工会成员(主要是正式工人)的狭隘利益,非正式工人的利益被忽视和牺牲,工会覆盖率差异对非正式工人造成的不利影响进一步强化,并导致了韩国冲突型劳资关系的延续。

在 1997 年经济危机之前,韩国企业中正式工人和非正式工人的关系相对融洽,但经济危机后不利的就业市场环境导致了两者关系的变化。"经济危机和其后的企业重组提升了正式工人的相对剥夺感,他们对合同工的态度从此变得更加充满敌对的情绪。"[1]一位韩国正式工人的说法很能说明这种变化的原因:"在企业缩减经营规模后,正式工感到了严重的心理压力,因此他们对合同工可能抱有的同情也不存在了,他们的自私自利变得更加突出。即使合同工暂时仍未对正式工的就业安全构成威胁,但两者之间的社会距离却被拉大了。"[2]

韩国正式工人的这种心理变化也强化了韩国企业工会战斗型经济主义路线的影响。韩国企业工会的会员构成以正式工人为主,因此经济危机后其主要着眼于正式工人自身的利益,对非正式工人利益的关注则较为有限,这也导致两者的关系难以得到改善。例如,在企业内部的集体谈判中,由于非正式工人没有正式的地位,非正式工人待遇的决定一般是由以正式工人为主的工会和资方通过协商达成,而差别化的对待在协商中体现得很明显。如 2003 年现代汽车工会和资方达成的协议中规定,正式工人的基本工资增加 98 000 韩元,同时双方还达成协议,将非正式工人基本工资的增加额度定在 73 000 韩元,在此之后,非正式员工的定期加薪额度都被固定在正式员工加薪额度 80% 的水平,两类工人之间的工资差距

---

[1] Lee Byoung-Hoon and Stephen J. Frenkel, "Divided workers: social relations between contract and regular workers in a Korean auto company", *Work, Employment & Society*, Vol. 18, No. 3, 2004, p. 522.

[2] Lee Byoung-Hoon and Stephen J. Frenkel, "Divided workers: social relations between contract and regular workers in a Korean auto company", *Work, Employment & Society*, Vol. 18, No. 3, 2004, p. 522.

也越来越大。①

　　韩国的正式工人不仅采取差别化的态度对待非正式工人,还倾向于将正式工人和非正式工人之间的关系视为"零和关系"。"韩国劳总"2004年对其属下正式工人的一次调查充分体现了正式工人的这种心态。在选择"你最关心的就业问题"时,排在前列的是"公司中的加薪和福利"(占39.4%)以及"就业的稳定"(占32.4%)。近半数受访者都对"增加非正式工人的工资"表示了反对(1193名调查者中占44.9%)。此外,45.7%的受访者反对"通过冻结或维持大企业工人的工资提升中小企业工人的工资"②。

　　由于正式工人倾向于将其和非正式工人之间的关系视为"零和关系",在一些企业内,正式工人主导的企业工会还通过牺牲非正式工人的利益谋求自身成员的短期利益,这种行为进一步破坏了两者的关系。如在现代汽车公司,从1999年起生产逐渐恢复,而随着工会重新确立其在企业中的地位,工会希望能在后危机时期建立某种机制,以阻止全面解雇其成员(正式工人)的现象再次发生。而资方则希望能在使用非正式工人上获得更大的弹性,并在生产的恢复中得到工会的协作。虽然资方一再强调对非正式工人的使用,但现代汽车工会对这一议题的回应却较为消极。车间层面的工会代表在提出应对举措上也缺乏相互间的协调,一些车间的负责人认为,更多引入合同工不但能够减轻正式工人的工作负担,而且能提升他们的就业安全程度。经过协商和妥协,现代汽车工会和企业在2000年年初签订了《就业安全协议书》,其中工会同意企业将内部分包工人的比例提升至16.9%。作为交换,资方向工会承诺,确保"信息的提前共享""共同决定原则"以及"全面保障就业安全"等事项,其中最为重要的是"不单方面解雇正式工"以及"确保现有正式工的就业安全"。③ 现代汽车工会主席的发言表明了工会签署协议的考虑,其强调"由于分包工构成了正式工的缓冲带,即使有人将刀架到我的喉咙上,我们也要让企业引入分包工"④。由此可见,工会希望稳定正式工人的数

① Lee Yeonho and Chung Sukkyu, "Labor and politics in East Asia: the case of failure of the encompassing labor organization in Korea", *Asian Perspective*, Vol. 32, No. 3, 2008, p. 126.

② Lee Yeonho and Chung Sukkyu, "labor and politics in East Asia: the case of failure of the encompassing labor organization in Korea", *Asian Perspective*, Vol. 32, No. 3, 2008, p. 126.

③ 周武鉉:「現代自動車の雇用管理・作業組織・組合行動」,禹宗杬編著:『韓国の経営と労働』,日本経済評論社,2010年,第198頁。

④ Kim, Hyung-A, "Industrial warriors: South Korea's first generation of industrial workers in post-developmental Korea", *Asian Studies Review*, Vol. 37, No. 4, 2013, p. 589.

量,并扩大非正式工人的数量,这样企业在将来调整雇佣人数时,就会从非正式工人开始,从而也确保了正式工人的就业安全。因此,韩国经济危机后非正式工人数量的增加不仅是资方从上而下发起的攻势,也反映了资方与以正式工人为主的企业工会达成的妥协和交易。

随着工厂中非正式工人的增加,和他们在同一地点共同完成任务的一些正式工人也越来越多地了解到了非正式工人的艰难处境,一些由正式工人组成的工会也开始强调包容非正式工人政策的重要性,他们开始以一种积极的态度看待非正式工人的加薪,并致力于提升这些工人的福利。然而,在后危机时期不利的市场环境中,韩国工会的战斗型经济主义路线关注更多的是正式工人的利益,因而他们和非正式工人的合作以及对非正式工人利益的关注具有较强的局限性。诸多企业中的正式工人对工会重视非正式工人利益的转变并不积极,他们不太支持改变非正式工人在工厂中的附属地位,并将企业在雇佣调整时对非正式工人的调动和解雇视为理所当然的行为。此外,正式工人也不太支持工会将非正式工人吸收为工会会员的举措。他们担心,如果工会会员扩展到非正式工人,他们自己的就业状况可能会受到影响。还有一些正式工人担心,如果非正式工人被吸收为工会会员,将来解雇非正式工人也会变得更困难。① 因此,正式工人在后危机时期的保守态度也决定了工会对非正式工人问题的介入有其限度,即"不损害正式工人的既得利益"。

以正式工人为主的企业工会对非正式工人利益的漠视和牺牲导致了非正式工人的不满,也无助于韩国协调型劳资关系的建立。李秉熏等对一些韩国工厂中的合同工的问卷调查显示,只有不到1%的合同工会在处理不满的时候寻求工会的帮助,而86.3%的合同工会求助于他们合同公司的经理或其他合同工。由此可见,非正式工人对以正式工人为主的工会的信任度很低。② 在2006年《非正式就业保护法》通过后,虽然在全国工会的层面"民主劳总"仍然支持非正式工人为改善劳资关系和提升工作环境而展开的斗争,但其属下的基层企业工会对这些议题并不关心。由于缺乏组织的支持,非正式工人只能自发地表达不满和需求,这也

---

① Lee Jong-Woon, "The restructuring of labour in the automobile industry in South Korea", *Development and Change*, Vol. 42, No. 5, 2011, p. 1263.

② Lee Byoung-Hoonand and Stephen J. Frenkel, "Divided workers: social relations between contract and regular workers in a Korean auto company", *Work, Employment & Society*, Vol. 18, No. 3, 2004, p. 521.

导致他们在工厂之外寻求支持,而通常他们会寻求和社会运动的组织联合。①

在韩国企业中非正式工人处境艰难的情况下,代表正式工人利益的企业工会对非正式工人利益的漠视迫使非正式工人建立自己的工会,并采取对抗性的行动。如在 2003 年前后,现代汽车的安山工厂、蔚山工厂和起亚汽车的华城工厂的分包工相继建立起自己的工会。这些工会在建立之后发起了数次罢工,并积极地向中央劳动部门反映企业在使用非正式工人方面的违规行为。② 在起亚汽车的华城工厂,分包工工会还和起亚汽车的经营方以及正式工人的工会达成了三方协议。然而,非正式工人的组织努力和抗争经常得不到正式工人及工会的理解和支持。例如,起亚汽车公司的正式工人就抱怨分包工人工会的停工,并要求正式工人的工会控制罢工,正式工人工会的一位领导就表示,"分包工人工会的要求太多了,无法在短时间内实现,他们在行动的时候几乎不考虑我们正式工人的顾虑和不满"③。

正式工人对自身狭隘利益的关注以及正式工人和非正式工人之间的冲突为资方提供了破坏和离间两者关系的机会。一方面,资方的强硬态度导致正式工人在非正式工人问题上的立场不够坚定。如在 2005 年 1 月,现代汽车公司的正式工人和分包工的工会设立了共同委员会,并敦促企业将分包工转为正式工。在斗争中,现代汽车的资方利用了正式工人担心自己就业安全的心理,并向正式工人暗示,如果分包工转正,企业将会削减正式工人的数量。在这种情况下,正式工人的工会担心如果继续坚持要求分包工的转正,他们和资方的集体谈判将会陷入困境,其自身的利益也将因此受损,所以他们对分包工人工会在当年 8 月独立发动的罢工并未表示支持,而且在当年 9 月和资方签订集体协议时,也将分包工的直接雇佣这一议题排除在外。④ 另一方面,在一些劳动争议中,正式工人的工会

---

① Shin Kwang-Yeong, "Economic crisis, neoliberal reforms, and the rise of precarious work in South Korea", *American Behavioral Scientist*, Vol. 57, No. 3, 2012, p. 349.

② Yun Aelim, "Building collective identity: trade union representation of precarious workers in the South Korean Auto companies", *LABOUR*, *Capital and Society*, Vol. 44, No. 1, 2011, p. 165.

③ Yun Aelim, "Building collective identity: trade union representation of precarious workers in the South Korean Auto companies", *Labour*, *Capital and Society*, Vol. 44, No. 1, 2011, p. 170.

④ Yun Aelim, "Building collective identity: trade union representation of precarious workers in the South Korean Auto companies", *Labour*, *Capital and Society*, Vol. 44, No. 1, 2011, p. 166.

甚至和资方联手,直接参与到对非正式工人的打压中。如在 2001 年,韩国开利空调公司光州工厂的正式工人和非正式工人联合发动罢工,要求企业加薪。但资方仅接受了正式工人的要求,并终结了和负责分包的公司之间的合同。在缺乏正式工人支持的情况下,非正式工人继续占据工厂。在后来终结罢工的行动中,工会成员中的一些正式工人受资方鼓动,共同参与到对非正式工人的打压中。对于开利空调工会成员破坏工人团结的行为,"民主劳总"表示了谴责,并终止了开利空调工会的加盟工会资格。在此后的 2003 年,现代重工集团工会也因为参与资方对非正式工人工会活动的镇压,而被"民主劳总"终止加盟工会资格。[1] 由此可见,后危机时期韩国企业工会战斗型经济主义的深化导致其仅关注正式工人的狭隘经济利益,资方抓住了这种机会,并凭借雄厚的资源,利用正式工人打压非正式工人,"劳工和资本之间的纵向冲突被转换成了工人之间的横向冲突"。在这一过程中,不但工人内部的团结被破坏,非正式工人对正式工人和企业的不信任以及由此引发的各方间的冲突也导致了韩国冲突型劳资关系的持续发展。

以上的分析表明,1997 年经济危机后企业工会基础上战斗型经济主义的工会路线的强化对韩国企业内部工人的团结产生了两方面不利的影响:一方面,韩国工会对短期利益的追求激化了工会内部的派系斗争,并引发了劳资之间的冲突,而工人对工会所抱有的工具性态度也导致了工会内部民主的退化;另一方面,为了追求自己的经济利益,正式工人主导的企业工会漠视甚至牺牲企业内非正式工人的利益,其导致了非正式工人的不满,并为资方提供了破坏和离间两者关系的机会。由于以上两个层面的企业内部冲突,经济危机后韩国企业内工人团结的程度不断下降,同时工人之间的冲突也伴随着其对企业的不信任而增强,从而推动了韩国冲突型劳资关系的持续发展。

## 二、企业间工人团结的限度与冲突型劳资关系

上一节的研究表明,虽然"民主劳总"在建立的过程中放弃了以政治斗争寻求工人团结的目标,但其也认识到了企业工会的局限,并在成立后积极推动产业工会的发展,希望增强韩国工人在全国层面集体协商中的影响。然而,政治体系"局

---

[1] Lee KwangKun, *Transformation of the South Korean Labor Regime*, *1987-2011*: *An Acto-oriented World-Systems Approach*, Ph. D. Dissertation, Binghamton University, State University of New York, 2012, p. 368.

外人"的地位限制了"民主劳总"目标的实现,并促成了韩国企业工会基础上的战斗型经济主义的发展。由于经济危机后劳动力商品化程度提升的冲击,韩国的劳动力市场进一步分化,企业工会的局限性也凸显出来,这也推动了超越企业工会的组织的发展①,在这一过程中,韩国产业工会和全国性工会联合会都有了一定的发展。然而,受市场环境恶化和战斗型经济主义深化的影响,这些促进企业间工人团结的努力并未取得预期的成果,并导致了韩国冲突型劳资关系的发展。

(一)产业工会发展的有限性与冲突型劳资关系

产业工会的发展是韩国劳动运动长期以来的目标,虽然民主化进程中政治性劳动运动的退潮使其发展放缓,但在经济危机后,劳动力商品化程度的提升进一步凸显了企业工会的局限性。正如"民主劳总"的一位干部所言:"韩国工会在经济危机中完全不能阻止企业的大量人员削减,民主化以后十年间取得的成果在一夜间消失殆尽,这时我们认识到企业工会的局限是最重要的问题。"②因此,在后危机时期,韩国工会希望以产业工会的发展克服企业工会分散的弱点,提升工人的团结程度,并以此增强工会与国家以及资本交涉的力量。

早在1998年,"民主劳总"属下的"医院劳工联盟"就从松散的产业层面工会间联盟转变成产业工会性质的"保健医疗行业工会"。其后,金融业以及制造业的产业工会也相继成立。从数据来看,产业工会在进入21世纪之后取得了较大的发展,其属下的工会会员数所占的比例也不断提升(参见表5-3-1)。韩国产业工会的发展和"民主劳总"的积极推动密不可分。2009年的数据显示,虽然"民主劳总"属下的工会会员人数占全国工会会员人数的比例仍然低于"韩国劳总"(民主劳总占35%,"韩国劳总"占45%,另有20%的工会不属于这两大全国工会),但"民主劳总"属下会员加入产业工会的比例已经达到70%,而这一比例在"韩国劳总"只有35%。③ 在组织力量发展的同时,产业工会也组织力量推动产业层面的集体谈判,并取得了一定的成果。如"韩国金属产业工会"在2001年确立了产业工会体制,2001年和2002年其在地区层面发起了其属下工会共同参与的集体谈

---

① Lee Byoung-Hoon and Sanghoon Yi, "Organizational transformation towards industry unionism in South Korea", *Journal of Industrial Relations*, Vol. 54, No. 4, 2012, p. 477.

② 金鎔基:「韓国労使関係の第二分水嶺——IMF危機以降の経済構造変化と労使関係再編」,日本労働社会学会編集委員会編集:『東アジアの労使関係(日本労働社会学会年報第17号)』,東信堂,2007年,第79頁。

③ Lee Joohee, "Between fragmentation and centralization: South Korean industrial relations in transition", *British Journal of Industrial Relations*, Vol. 49, No. 4, 2011, p. 777.

判,并取得了一定的成果。2003 年"韩国金属产业工会"还在全国范围内发动了产业层面的集体谈判。到 2006 年时,"韩国金属产业工会"的集体谈判已经取得了一系列的成果,诸如每周 40 小时工作制(企业原先是 48 小时或 44 小时工作制)、产业层面的最低工资、工作条件的改善等。①

表 5 - 3 - 1　2003—2009 年韩国产业工会的发展

| 年份 | 产业/地区工会的会员人数<br>所占 比例（%） |
| --- | --- |
| 2003 | 31.3 |
| 2004 | 39.4 |
| 2005 | 40.1 |
| 2006 | 39.7 |
| 2007 | 51.3 |
| 2008 | 52.9 |
| 2009 | 52.9 |

资料来源:Lee Joohee, "Between fragmentation and centralization:South Korean industrial relations in transition", *British Journal of Industrial Relations*, Vol. 49, No. 4, 2011, p. 777.

　　虽然韩国产业工会的发展在一定程度上推动了韩国工人的团结,并依靠组织力量促成了和资方的集体谈判,从而指出了解决韩国冲突型劳资关系困境的可能路径。但在韩国劳动力商品化程度提升的背景下,企业工会基础上的战斗型经济主义的工会路线的深化导致韩国产业工会的发展面临种种限制,因而无法促成工人的团结和协调型劳资关系的发展。

　　就韩国大企业的工人而言,由于担心产业工会对中小企业工人和非正式工人利益的追求会威胁到自己的既得利益,他们对产业工会发展的态度始终存有保留。从考虑是否加入产业工会开始,制造业的大企业工会内部就存在争议。如

---

① 　Lee Byoung-Hoon and Sanghoon Yi, "Organizational transformation towards industry unionism in South Korea", *Journal of Industrial Relations*, Vol. 54, No. 4, 2012, p. 487.

2001年"韩国金属产业工会"筹备成立时,"金属产业工会联盟"内部就存在不同的意见:中小企业的工会强调应该建立一个大型的产业工会,但汽车行业和大企业的企业工会则强调应在产业层面之下的行业层面建立工会。最终,汽车、造船和重工业产业中的大企业的工会并未加入新成立的"韩国金属产业工会"。由于以中小企业的工会为主,"韩国金属产业工会"的会员数只占之前"金属产业工会联盟"属下工会会员数的21%。① 尤其值得注意的是现代汽车工会的态度,作为韩国规模最大的企业工会,其对"韩国金属产业工会"的发展具有至关重要的作用。但在2003年现代汽车工会举行是否加入产业工会的会员投票时,支持者的比例只有62%,未达到加盟所需的2/3以上票数。在2006年的投票中赞成票达到了71.5%,现代汽车工会直到这时才加入"韩国金属产业工会"。②

另外,韩国的产业工会在建立后仍然深受企业工会的影响。韩国的产业工会建立的方式是将企业工会作为产业工会的一个单位,并将企业工会联合起来。因此,韩国的产业工会虽然在组织上有了一定的发展,但工会运行方式和惯例仍然留存有较强的企业工会特征,因而韩国产业工会的发展无法波及那些未被企业工会所覆盖的边缘工人(如在不存在工会的中小企业中工作的工人以及非正式工人)。③ 考虑到工会覆盖率不断下降的事实,韩国产业工会发展的成果仍然相当有限(将工会覆盖率和产业工会的覆盖率相乘后,产业工会在全体工人中的覆盖率只有5%的水平)。

韩国产业工会较为分散的结构也决定了发展产业层面集中化的集体谈判④的努力无法取得较大的成果。虽然产业层面集中化的集体谈判在经济危机后有了一定的发展,但也同时存在着"企业谈判",部分的"共同谈判"以及"对角线谈

---

① Lee Byoung-Hoon and Sanghoon Yi, "Organizational transformation towards industry unionism in South Korea", *Journal of Industrial Relations*, Vol. 54, No. 4, 2012, p. 487.

② 金鎔基:「韓国労使関係の第二分水嶺——IMF危機以降の経済構造変化と労使関係再編」,日本労働社会学会編集委員会編集:『東アジアの労使関係(日本労働社会学会年報第17号)』,東信堂,2007年,第80頁。

③ 林榮一:「韓国民主労組運動20年,産別労組建設運動の成果と課題(下)」金元重[訳]、『大原社会問題研究所雑誌』,605号,2009年3月,第58頁。

④ 指在产业工会指导下各企业工会与各企业进行的谈判。

判"①等多种集体谈判方式。因此,从整体上来看,韩国集体谈判的结构较为分散。② 在这一过程中,由于实力雄厚的大企业工会继续采取企业工会基础上的战斗型经济主义的工会路线,他们主要关心的是企业内部的集体谈判,其对产业工会推动的产业层面的集体谈判的支持力度有限,并和产业工会之间产生了冲突。而产业工会内部的这种冲突不但破坏了工人之间的团结,也无助于解决韩国冲突型劳资关系所面临的问题。

韩国产业工会层面集体谈判过程中的冲突在主要覆盖制造业的"韩国金属产业工会"中表现得较为明显。2007 年,"韩国金属产业工会""韩国金融行业工会"和"韩国保健医疗产业工会"中产业层面集体谈判的覆盖率分别为 14%、100% 和 88% 。③ "韩国金属产业工会"中产业层面集体谈判的较低覆盖率与其内部大企业和中小企业之间较大的异质性紧密相关。在"韩国金属产业工会"内部,拥有 5000 名员工以上的大企业工会(主要包括现代汽车、起亚汽车和通用汽车等企业)占据了所有会员数的 60%。而 100 人以下的小企业虽然数量较多,占据了所有加盟工会数量(共 134 个)的 53%,但其人数较少。④ 在这样的构成情况下,大企业工会的态度对产业层面集体谈判能否顺利展开显得尤为重要。但是,在汽车行业"三巨头"(现代汽车、起亚汽车和通用汽车)等大企业中工作的工人坚决抵制产业层面的集体协商,并要求确保企业内集体协商的自主性。这一方面是因为大企业的经营方出于提升生产弹性的考虑而阻碍集体谈判的集中化,并在分散化的企业内集体谈判中给予工人一定的妥协。另一方面,大企业的工人认为,由于"韩国金属产业工会"属下大小企业之间的工资差距较大,集中化的集体谈判只会使中小企业工人受益,因此他们担心自己会被迫在工资问题上妥协,从而损害自

---

① "企业谈判"指企业工会与企业之间进行的谈判,"共同谈判"指由企业工会与其上级工会基于各自的集体谈判权共同与资方进行的谈判,"对角线谈判"指产业工会的上级团体的成员对应企业工会与各企业单独进行的个别谈判,相较于产业层面的集中谈判,这些谈判形式更为分散化。

② 金鎔基:「韓国労使関係の第二分水嶺——IMF 危機以降の経済構造変化と労使関係再編」,日本労働社会学会編集委員会編集:『東アジアの労使関係(日本労働社会学会年報第 17 号)』,東信堂,2007 年,第 82 頁。

③ Lee Joohee, "Between fragmentation and centralization: South Korean industrial relations in transition", *British Journal of Industrial Relations*, Vol. 49, No. 4, 2011, p. 777.

④ Lee Joohee, "Between fragmentation and centralization: South Korean industrial relations in transition", *British Journal of Industrial Relations*, Vol. 49, No. 4, 2011, p. 777.

己的利益。① 为了削弱大企业工人"企业意识"的影响,2009 年 9 月"韩国金属产业工会"决定将企业工会的地方分部按照其所在地域重新组织,并作为其在地方的支部,但这一变动遭到了分公司工会成员的强烈反对,并导致了"韩国金属产业工会"内部的争议和混乱。"韩国金属产业工会"的主席对此也感到很无奈:"企业工会的地方分部和韩国金属产业工会相互不承认,并且都不听对方的,这正是阻碍产业工会发展的令人头疼的问题。"②

从以上的分析可见,虽然经济危机后韩国工会在产业层面的组织集中化取得了一定的发展,产业工会的覆盖率也逐渐提升,但企业工会的较大影响使得产业工会发展产业层面集体谈判的努力并不成功。更为重要的是,由于韩国企业工会对战斗型经济主义的追求,其经常阻碍产业层面集中化的集体谈判的发展,因而经济危机后韩国集体谈判呈现出"组织混乱的集中化",其所产生的公共物品也较为有限。③ 对于那些在劳动力商品化程度提升中利益受损的边缘工人(中小企业的工人和非正式工人)而言,产业工会的发展并没有为其带来可观的利益。相反,他们和核心工人(大企业的正式工人)之间的收入差距不断扩大。在国家和资方致力于提升劳动力市场弹性的背景下,韩国企业工会坚持战斗型经济主义路线,这决定了产业工会的发展无助于工人内部团结程度的提升,而核心工人自利的行为也导致了边缘工人的不满,从而无助于解决韩国冲突型劳资关系的困境。

(二)全国性工会联合会的困境与冲突型劳资关系

从"全劳协"建立开始,韩国工会就希望发展能和亲政府的"韩国劳总"相抗衡的全国性工会联合会,并以此促进韩国劳动政策和劳资关系的改善,而"民主劳总"在 1995 年建立以后取得了较快发展,并产生了一系列积极的效应,这种发展也一度预示着解决韩国冲突型劳资关系困境的可能路径。一方面,"民主劳总"的成立吸引了原本加盟"韩国劳总"的诸多工会,"韩国劳总"也被迫进行改革,摆脱亲政府的姿态和一直坚持的"反共主义",并提出了"为了实现民主福利社会的工

① Yoo Hyung-Geun, "Militant labor unionism and the decline of solidarity: a case study of Hyundai Auto workers in South Korea", *Development and Society*, Vol. 41, No. 2, 2012, p. 194.
② Lee Joohee, "Between fragmentation and centralization: South Korean industrial relations in transition", *British Journal of Industrial Relations*, Vol. 49, No. 4, 2011, p. 780.
③ Lee Joohee, "Between fragmentation and centralization: South Korean industrial relations in transition", *British Journal of Industrial Relations*, Vol. 49, No. 4, 2011, p. 778.

会主义"的新理念。① 另一方面,"民主劳总"强调通过对政府决策过程的制度性参与提升工会的影响,而其在建立后也参加了一系列的三方协商。然而,全国性工会联合会的这种发展并未有效解决韩国冲突型劳资关系的困境。这一方面是因为政府仍然限制全国性工会联合会在政策形成中的作用,同时政府和资方一同提升劳动力市场弹性的行为也从构成基础上削弱了全国性工会联合会的力量。在国家和资方限制性的举措发挥作用的同时,韩国企业工会基础上的战斗型经济主义工会路线的发展也限制了全国性工会联合会的利益协调功能,从而导致其在国家政策形成中无法充分发挥作用,而这也是韩国冲突型劳资关系持续发展的重要原因。

(1)由于韩国企业工会具有较强的组织力量,韩国全国性工会联合会在很大程度上受到其组成工会的利益和立场的影响。"韩国劳总"和"民主劳总"虽然在三方谈判的一些场合会进行合作,但其构成部门的异质性导致了其利益的差异和冲突,从而限制了其政策参与的能力。

从构成来看,"韩国劳总"的加盟工会多来自公共部门、政府部门和中小企业,而"民主劳总"的加盟工会则多来自制造业的大企业,两者构成的不同导致了其路线的差异。一般而言,"韩国劳总"更乐于接受政府的政策并相对温和,而"民主劳总"则更倾向于发展强硬的战斗型工会。② 两者之间利益和立场的这种分歧在具体的事件中导致了激烈的冲突。

在 1996 年劳动法修改的争论中,有关多元工会发展的条款成为各方争论的焦点。以中小企业工会为主要构成的"韩国劳总"强调应允许所有层面多元工会的存在,其意图是借此机会在大企业中发展自己的工会,并借此遏制"民主劳总"(因为"民主劳总"的加盟工会多为大财阀企业中组织强大的工会)。与之相对,"民主劳总"旗下的大企业工会已经在大财阀企业中巩固了自己的地位,所以"民主劳总"强调应该先允许全国层面多元工会的发展。双方的这种分歧和冲突最终形成了有利于资方的规定,而关于多元工会的法律最终到 2000 年之后才得以完

① 朴昌明:『韓国企業社会と労使関係——労使関係におけるデュアリズムの深化』,ミネルヴァ書房,2005 年,第 59 頁。

② Lee Yeonho and Chung Sukkyu, "Labor and politics in East Asia: the case of failure of the encompassing labor organization in Korea", *Asian Perspective*, Vol. 32, No. 3, 2008, p. 131.

善。① 而在卢武铉总统于 2003 年开始劳动法改革后,"韩国劳总"和"民主劳总"立场的差异和双方的争论再一次限制了工会对劳动法修改的影响。在这一轮劳动法的修改中,重要的一项内容是禁止用企业的资金支付专门从事工会活动人员的工资。由于"韩国劳总"的主要构成是中小企业工会,其担心这一法案通过后其属下的工会将会遭遇危机,因此其提出同意延长非正式工人合同年限以及允许企业层面工会多元化的法案,作为交换,它要求延迟通过"禁止用企业的资金支付专门从事工会活动人员的工资"的法案。与之相对,由于"民主劳总"属下的大企业工会普遍拥有雄厚的经济基础,所以"民主劳总"对有关工会活动人员工资的法案并不关心,而其主要反对的是增加非正式工人劳动力市场弹性的做法。但"民主劳总"属下的大企业工会的态度则较为消极,他们认为只要自己的政治经济利益不受损,他们对非正式工人的法案没有特别的意见。②

从以上的事例中可见,受到其构成工会的立场的影响,全国性工会联合会经常在具体的议题上难以达成意见的一致,因而也很难对相关的立法和政策过程产生实质性的影响。

(2)除去两大组织之间的竞争外,韩国的全国性工会联合会在内部结构上也存在着不足。有研究指出,韩国全国性工会联合会的上层机构在指导集体谈判时没有提出关于工资问题整体战略的指导方针,因而也无法促成其属下的主要工会达成一致。在由全国性工会联合会发起的集体谈判中,通常都是由一些大的企业工会首先达成协议,然后其他工会纷纷效仿,全国性工会联合会本身非常缺乏领导工资谈判的能力。③ 全国性工会联合会的这种结构特征也决定了其行动容易受企业工会利益的影响,并经常和下级的企业工会产生冲突。

企业工会对全国性工会联合会的强力影响在"民主劳总"的日常运行中得到了充分的体现。例如,2004—2006 年"民主劳总"召开的 11 次代表大会(由其属下的各企业工会派出代表参加),仅有 3 次顺利完成,剩下的几次会议则由于下级工会和上级工会的冲突而失败(失败的原因包括出席会议的工会代表未达到规定

---

① Song Jiyeoun, *Global Forces*, *Local Adjustments*: *The Politics of Labor Market Deregulation in Contemporary Japan and Korea*, Ph. D. Dissertation, Harvard University, 2008, p. 210.

② Song Jiyeoun, *Global Forces*, *Local Adjustments*: *The Politics of Labor Market Deregulation in Contemporary Japan and Korea*, Ph. D. Dissertation, Harvard University, 2008, p. 241.

③ Lee Yeonho and Chung Sukkyu, "Labor and politics in East Asia: the case of failure of the encompassing, labor organization in Korea", *Asian Perspective*, Vol. 32, No. 3, 2008, p. 126.

的人数,工会代表的退会以及会议过程中的暴力)。① 而企业工会的巨大影响也导致非正式工人的利益在"民主劳总"中得不到充分的代表,如 2007 年 2 月,在"民主劳总"代表大会的 1088 名代表中,非正式工人的代表仅有 30 名。② 此外,在韩国的一些企业中,工会领导接受贿赂,将一些人员以临时合同工的身份招募到企业中,并利用这些金钱作为竞选工会主席的资金。虽然企业工会领导利用个人权力介入企业招聘过程的事实已经广为人知,但"民主劳总"却并没有采取行动,并使问题不了了之。这也导致了其他的企业工会将这种行为视为默认的法则,并广泛效仿。③

更为重要的是,韩国全国性工会联合会的领导重视政治目标,并经常诉诸激进的手段抗议政府的劳工政策(主要指"民主劳总"),这和其下属工会所追求的战斗型经济主义的工会路线存在着深刻的矛盾,并经常导致两者的冲突。

如在 2004 年 6 月 GS 加德士公司 18 天的大罢工后,GS 加德士工会发表了退出"民主劳总"的声明,其认为罢工由于"民主劳总"的介入而被政治化,并没有关注企业内部的问题。而在 2007 年,虽然"民主劳总"发起了反对韩美自由贸易协定的罢工,但现代汽车工会超过 2/3 的会员都未参加罢工。在"韩国金属产业工会"响应"民主劳总"号召,提出大罢工的斗争方针后,现代汽车维修部门的工会会员甚至投票否决了罢工的方针。④ 由此可见,在后危机时期,与"民主劳总"较激进的政治斗争策略相比,韩国企业工会的斗争策略相对温和,他们更关心工资和就业稳定等实际的经济利益。正因为如此,在劳动力商品化程度提升的背景下,由于企业工会基础上的战斗型经济主义的发展,韩国全国性工会联合会的发展不仅无法解决工人内部的两极分化,并且激化了工会上下级之间的冲突,从而无助于解决韩国冲突型劳资关系的困境。⑤

---

① Lee Yeonho and Chung Sukkyu, "Labor and politics in East Asia: the case of failure of the encompassing labor organization in Korea", *Asian Perspective*, Vol. 32, No. 3, 2008, p. 135.

② Lee Yeonho and Chung Sukkyu, "Labor and politics in East Asia: the case of failure of the encompassing labor organization in Korea", *Asian Perspective*, Vol. 32, No. 3, 2008, p. 126.

③ Lee Yeonho and Chung Sukkyu, "Labor and politics in East Asia: the case of failure of the encompassing labor organization in Korea", *Asian Perspective*, Vol. 32, No. 3, 2008, p. 127.

④ Lee Yeonho and Chung Sukkyu, "Labor and politics in East Asia: the case of failure of the encompassing labor organization in Korea", *Asian Perspective*, Vol. 32, No. 3, 2008, p. 134.

⑤ Lee Yeonho and Chung Sukkyu, "Labor and politics in East Asia: the case of failure of the encompassing labor organization in Korea", *Asian Perspective*, Vol. 32, No. 3, 2008, p. 135.

本节的分析表明,在 1997 年经济危机之后不安全的市场环境中,韩国企业工会基础上的战斗型经济主义工会路线局限于追求工会成员的经济利益,这不仅直接导致了劳资间冲突的延续,更破坏了工人内部的团结。从长期来看,工人内部团结程度的下降导致了韩国冲突型劳资关系的延续。一方面,在企业工会内部,派系对短期利益的追求和相互之间的竞争引发了激烈的冲突,而代表正式工人利益的工会对非正式工人利益的漠视和牺牲不仅使得两类工人之间的合作较难实现,也引发了非正式工人的抗争行为。因此,韩国较为分散的企业工会并未像日本企业工会那样产生稳定劳资关系的作用,而是导致了企业内工人团结程度的下降,从而呈现出"组织混乱的分散化"的特征。另一方面,虽然力图超越企业工会局限的努力取得了一定的成果,但韩国产业工会和全国性工会联合会的运作仍然受到大企业工会的限制,两者的发展不仅在限制劳动力市场的分化方面成效不大,而且导致了组织内部上下级之间的冲突。韩国超越企业工会局限性的集中化努力并未有效促进企业间工人团结的发展,并呈现出"组织混乱的集中化"的特征。从结果来看,韩国工会发展过程中"组织混乱的分散化"和"组织混乱的集中化"共同导致了冲突型劳资关系的延续。

本章以 20 世纪 90 年代中期"民主劳总"的建立及 1997 年的经济危机为界,分三个时段(20 世纪 80 年代末 90 年代初、90 年代中期前后、1997 年经济危机后)研究了韩国工会路线的变动和劳资关系变迁之间的关联。

研究表明,在 20 世纪 80 年代末 90 年代初工会发展的过程中,政治斗争主义的工会路线占据着主导的地位,并推动了劳工大攻势的发展。然而,由于在政治参与方面受到的限制和打压,以及受到加薪等物质补偿的影响,韩国工会斗争的目标在 90 年代中期开始转变。新出现的战斗型经济主义的工会路线聚焦于经济斗争目标,并主要依靠企业内部工会的组织力量开展斗争,其影响不断扩大,并在 1997 年经济危机后得到了进一步的深化。然而,由于劳资之间根深蒂固的不信任,劳资双方在相互的博弈中采取的都是短视的行为,物质利益的局部妥协仍然没有限制韩国工会的战斗性,也未能促成韩国协调型劳资关系的建立。

在 1997 年经济危机之后不安全的市场环境中,韩国企业工会的战斗型经济主义的工会路线局限于对工会成员经济利益的追求,这不仅直接引发了劳资之间的冲突,更破坏了工人内部的团结。从长期来看,工人内部团结程度的下降导致了韩国冲突型劳资关系的延续。一方面,在企业工会内部,派系对短期利益的追求和相互之间的竞争引发了激烈的冲突,而且代表正式工人利益的工会对非正式工人利益的漠视和牺牲不仅使得两类工人之间的合作较难实现,也引发了非正式工人的抗争行为。另一方面,虽然力图超越企业工会局限的努力取得了一定的成果,但韩国产业工会和全国性工会联合会的运作仍然受到大企业工会的限制,其不仅在限制劳动力市场的分化方面成效不大,而且引发了组织内部上下级之间的冲突。韩国超越企业工会局限性的集中化努力并未有效促进企业间工人团结的发展,并导致了冲突型劳资关系的持续。

因而,本章的研究表明,在民主化之后,韩国主导的工会路线在 20 世纪 90 年代中期前后由政治斗争主义转变为企业工会的战斗型经济主义,从而构成了韩国冲突型劳资关系持续发展的能动性原因。本章研究的结果证明了本书提出的"工会路线的变动在能动性层面塑造了劳资关系变迁"的假设。

# 第六章

# 结　论

## 第一节　日韩两国劳资关系变迁路径的差异及其成因

虽然日韩两国的发展模式在诸多方面存在类似之处,但两国劳资关系的差异较为明显。通过定性和定量的分析,本书指出了日韩两国劳资关系变迁路径的差异——在战后初期和20世纪50年代大规模的冲突后,日本劳资关系从60年代开始走向协调,并成为协调型劳资关系的代表。虽然韩国在劳资关系发展的过程中学习了日本的制度,但韩国劳资关系在民主化前后大规模的冲突之后却未能走向协调,并成为冲突型劳资关系的代表。在"工人阶级形成"理论的基础上,本书强调,有必要在劳工群体形成的视角下研究日韩两国劳资关系变迁路径差异的成因,并指出结构层面和能动性层面劳工群体的形成共同影响了劳资关系的变迁。

在理论构建的过程中,为了分析结构层面劳工群体的形成和劳资关系变迁之间的关联,本书借鉴了波兰尼的理论,强调劳动力商品化程度的变动在结构层面塑造了劳资关系的变迁——较高的劳动力商品化程度会使对劳工的社会保护受到侵蚀,因而更容易导致冲突型劳资关系的出现和发展;而较低的劳动力商品化程度会维持对劳工的社会保护,因而更有利于协调型劳资关系的出现和发展。为了分析能动性层面劳工群体的形成和劳资关系变迁之间的关联,本书在考虑工会多维身份的基础上,强调工会路线的变动在能动性层面塑造了劳资关系的变迁。本书从"工会行动的层面和诉求"以及"工会的行动方式"两方面入手,将工会路线区分为"政治斗争主义""政治的交换""经济斗争主义"和"商业工会主义"等四种类型,并指出重视工人动员的"政治斗争主义"和"经济斗争主义"的工会路线更容易导致冲突型劳资关系的出现和发展,而重视上层协商的"政治的交换"和

"商业工会主义"的工会路线则更有利于协调型劳资关系的出现和发展。

在理论构建的基础之上,本书以 1950—1975 年日本劳资关系的变迁和 1987—2008 年韩国劳资关系的变迁为个案,聚焦于劳动力商品化程度和工会路线的变动,分别研究了两国劳资关系变迁的结构成因和能动性成因,从而得出了有关日韩两国劳资关系变迁路径差异的原因的结论。

首先,本书分析了劳动力商品化程度变动和日韩两国劳资关系变迁的关联,从而指出了日韩两国劳资关系变迁路径差异的结构成因。

本书个案研究的结果表明:在 1950 年前后劳资关系爆发大规模的冲突之后,由于五十年代日本存在着严重的政治对立,强调保护劳工利益的"修正资本主义"的主张对劳资关系的影响较为有限,劳动力商品化程度仍然较高,并引发了劳资关系中各方在就业和工业等议题上的激烈冲突,从而导致了这一时期冲突型劳资关系的发展。1960 年之后,政治环境的变化使得"修正资本主义"主张在日本得以充分发挥影响,其推动了产业政策对比较优势的重新界定,强调劳资双方长期合作的理念得到强化;与此同时,企业微观层面雇佣制度的调整实现了"技能形成"、"就业保障"和"工资保障"三者之间的良性循环,劳动力商品化的程度处在较低的水平。因而,在 1960 年之后,日本劳动力商品化的程度下降,并维持在较低的水平,从而推动了劳资关系由冲突型向协调型的转变。

而在 1987 年民主化前后劳资关系爆发大规模的冲突之后,韩国劳动政策的调整具有很强的局限性,其特征突出体现为"以工会权利的部分赋予交换工人对提升劳动力市场弹性的同意",1997 年经济危机的爆发使得劳动政策向提升劳动力市场弹性的方向更进一步。与此同时,民主化后韩国企业生产过程调整的有限性导致生产过程的"去技能化",而 1997 年经济危机后生产过程的"去技能化"由于"模块化生产"的引入进一步强化,企业得以用外部劳动力市场取代原有的劳动力,工人在企业层面受到的保护被侵蚀,劳动力商品化的程度随之大幅提升。因而,1987 年至 1997 年间较高的劳动力商品化程度无法解决韩国冲突型劳资关系的困境;在 1997 年经济危机之后,韩国劳动力商品化的程度上升,并维持在较高的水平,从而推动了冲突型劳资关系的持续发展。

由此可见,在大规模的劳资冲突之后,虽然日本劳动力商品化的程度在一段时期内仍然较高,但之后却开始下降,并处在较低的水平;与之相对,在大规模的劳资冲突之后,韩国劳动力商品化的程度并未显著下降,而且还有上升的趋势。日韩两国劳动力商品化程度变动的这种差异塑造了两国劳资关系变迁路径的差异。因此,本书的个案研究证明了"劳动力商品化程度的变动在结构的层面塑造了日韩劳资关系变迁路径的差异"这一假设。

本书对日韩两国劳动力商品化程度的变动进行了细致的研究,不仅说明了日韩劳资关系变迁路径差异的结构成因,也从理论层面加深了对劳动力商品化程度变动的理解。本书的研究表明,政府的政策和企业生产过程是与劳动力商品化程度变动密切相关的两个因素。从政府政策的影响来看,虽然政府在政治上对劳工的包容(如民主化的推进)有助于劳动力商品化程度的降低,但市场的压力会导致这种包容无法产生充分的作用。因此,国家和市场关系的调整(如产业政策的推行)对劳动力商品化的发展会产生重要的影响,而且这种调整也会对微观层面的企业生产过程产生直接的影响,而在其中"把市场放在外面"的妥协——"用市场原则分配商品、资本、企业成败;用社会和政治原则主导社区和企业内部劳动者的分配"——就显得至关重要。①

本书的研究也体现了国际政治经济机制对劳动力商品化程度变动以及劳资关系的影响。战后日本劳资关系由冲突向协调的转变不仅和日本国内政治经济在 1960 年前后的转变密切相关,也和第二次世界大战后资本主义发展黄金期起到决定性作用的"内嵌式的自由主义"(embedded liberalism)紧密相关。"内嵌式的自由主义"是第二次世界大战后以美国为霸权的国际政治经济体系的核心特征,其根本含义是在对国内利益保护的基础上发展国际自由市场。在这一体系下,国内经济与国际环境的联系很微弱,政府能够通过采取凯恩斯主义的经济政策,配合低利率而创造充分的需求,并保证充分就业,实现"一国的凯恩斯主义"。另外,由于冷战时期资本主义和社会主义竞争的压力,工人的要求能得到比较多的满足,劳方、资方和国家三方之间通常形成了一种合作主义的关系。这种"内嵌式的自由主义"构成了战后日本协调型劳资关系形成的宏观背景,在这一背景下,日本通过独特的企业层面的"福利阶级合作主义"的发展,实现了劳资关系的协调。

不同于日本的案例,1987 年后韩国劳资关系的发展则面临着全球化下国际政治经济体制带来的挑战。在新一轮全球化的发展过程中,资本和企业的高度流动使得国际税收竞争日趋加剧,政府的税收收入降低,生产的外移则导致了发达国家国内就业机会的减少。通过提供"资本外逃"的选择,全球化大大提高了资本对政府和劳工讨价还价的能力。与此同时,全球化还带来了工人内部的分立,暴露

---

①　潘维:《比较政治学理论与方法》,北京:北京大学出版社,2014 年版,第 182 页。

于国际竞争的开放部门和免受国际竞争的受保护部门的工人之间利益产生了分化,前者受全球化的影响更大。这些冲击在本书对 1987 年后韩国劳动力商品化程度的变动以及冲突型劳资关系演变的研究中都有所体现,而且韩国民主化的困境使得这一冲击的效应更为复杂。

其次,本书分析了工会路线变动和日韩两国劳资关系变迁的关联,从而指出了日韩两国劳资关系变迁路径差异的能动性成因。

本书个案研究的结果表明:五十年代"总评"的路线变动塑造了日本劳资关系的发展。"高野路线"和"太田—岩井路线"分别在五十年代前期和后期主导了"总评"的发展,两者分别呈现出政治斗争主义以及政治经济斗争相结合的特征,从而成为冲突型劳资关系发展的重要因素。1960 年"安保—三池斗争"的终结标志着日本工会路线的转变。"总评"的路线调整使"春斗"得以发挥更大的作用,并奠定了日本协调型劳资关系的基础。与此同时,从六十年代中期开始,企业工会主义的影响不断上升,并逐渐成为日本主导的工会路线。在七十年代初第一次石油危机前后,通过"春斗"的调整,企业工会主义的影响力得到了进一步的发展。由于企业工会主义强调"劳资一体",其有力的塑造了日本协调型劳资关系的形成和发展。而以官营部门和公营部门工会为主要支持力量的"总评"仍重视政治斗争,其影响在七十年代之后不断衰落。因而,1975 年前后日本工会路线中企业工会主义主导地位的确立推动了日本协调型劳资关系进一步的巩固和发展。

而在韩国民主化初期,政治斗争主义的工会路线推动了"劳工大攻势"的发展。然而,韩国工会斗争的目标在九十年代中期开始转变。战斗型经济主义的工会路线的影响不断扩大,并在 1997 年经济危机后得到进一步深化。战斗型经济主义的工会路线的发展不仅体现了韩国工人在政治体系中的"局外人"身份,也反映出韩国劳资双方之间根深蒂固的不信任。由于劳资双方在相互的博弈中采取的都是"短视"的行为,物质利益的局部妥协仍然没有消除韩国工会的战斗性,也未能促成韩国协调型劳资关系的建立。战斗型经济主义的工会路线的发展不仅直接导致了劳资双方的矛盾和冲突,其还塑造了企业内"组织混乱的分散化"以及企业间"组织混乱的集中化",从而推动韩国冲突型劳资关系持续发展。

因此,虽然在大规模的劳资冲突之后日韩两国主导的工会路线都有政治斗争主义的色彩,但在此之后,日本主导的工会路线转变为强调劳资协作的企业工会主义,而韩国主导的工会路线则转向了战斗型经济主义。日韩两国主导的工会路线变动的这种差异塑造了两国劳资关系变迁路径的差异。因此,本书的个案研究证明了

"工会路线的变动在能动性层面塑造了日韩劳资关系变迁路径的差异"这一假设。

　　本书对日韩两国工会路线的变动进行了细致的研究,其不仅说明了日韩劳资关系变迁路径差异的能动性成因,也加深了有关工会的理论理解。从组织的功能来看,工会可被视为工人采取集体行动的必要组织,其组织的形态也影响了其在采取集体行动时的行为。从组织形态上看,在大规模的劳资关系冲突之后,日韩两国的企业工会都逐渐确立了主导的地位,但是工会在政治目标上的后退并不意味着协调型劳资关系的必然确立,行动方式的差异决定了两国工会路线的差异及其在劳资关系发展中所起作用的差异。

　　虽然日本企业工会以及超越企业的"春斗"的发展推动了协调型劳资关系的形成和发展,但是企业工会的强力作用导致其在维系协调型劳资关系方面也存在着一定的局限性。从 20 世纪 90 年代以来,过去以正规就业职工为主要对象的工会工作发生了变化,不断扩大的工作职位选择,使工人能找到个人升迁的许多途径;工人认为工资收入的增加是个人努力的结果,与工会的谈判关系不大;高速经济增长期成长起来的新一代劳动力的价值观发生了变化,出现了"个人生活主义"倾向,对工会组织缺乏兴趣。① 这些因素导致工会的组织率逐年下降。1975 年以前,日本的工会组织率维持在 35% 左右达 20 年之久,但是在 20 世纪 90 年代之后这一比率不断下降,到 2013 年降低到了 17.7%。由于工会覆盖率较高的多是大企业,不断下降的工会组织率也导致了日本劳工内部收入差距的扩大。值得注意的是,虽然近年来日本劳动力商品化的程度呈现出上升的趋势,但日本劳动争议的数据却持续下降,并处于很低的水平,这和韩国的案例形成了对照。从本书提出的理论框架来看,虽然劳动力商品化程度的变动在结构层面影响着劳资关系的发展,但还必须在能动性层面考虑工会路线对劳资关系的影响——正是由于日本的工会路线在 20 世纪 70 年代之后未发生根本的变化,日本的协调型劳资关系才能得以维持。

　　通过以上的研究,本书最终得出结论:在大规模冲突之后,结构层面和能动性层面劳工群体形成的差异共同塑造了日韩两国劳资关系变迁路径的差异。从结构的层面来看,在大规模的劳资冲突之后,劳动力商品化程度的下降推动了日本劳资关系由冲突型向协调型的转变,而劳动力商品化程度的上升推动了韩国冲突型劳资关系的持续发展;从能动性的层面来看,在大规模的劳资冲突之后,日本主导的工会路线由政治斗争主义向企业工会主义转变,从而推动了日本劳资关系由

---

　　① 刘文:《日韩工会发展比较及启示》,《东北亚论坛》,2012 年第 2 期,第 37 页。

冲突型向协调型的转变,而韩国主导的工会运动路线由政治斗争主义向战斗型经济主义转变,从而推动了韩国冲突型劳资关系的持续发展。

## 第二节 "谋求共识"与"零和博弈"

### ——劳资关系与日韩发展模式

本书在导论部分曾指出,由于劳资关系横跨政治和经济领域,并涉及政府、资本和劳工三方的核心利益,因而对劳资关系的研究构成了关于东亚发展模式的理论研究的重要部分。本书对日韩两国劳资关系变迁路径的比较研究也体现出了两国发展模式的重要差异。

首先,本书通过研究指出了日韩两国劳动政策和劳动力商品化程度变动之间的关联,从而体现出日韩两国国家和市场关系以及国家和社会关系的差异。

虽然日本的自民党政权被认为是保守政党的代表,但本书的研究表明,其在20世纪60年代之后也部分采纳了"修正资本主义"的主张,强调在劳动力市场运行的过程中对"自由市场"的原则加以限制。另外,自民党在政治上建设相关的制度,对劳工进行有选择的吸纳,从而逐步向"全方位"政党的方向发展。[1] 日本劳工在政治上受到的这种保护也确保了其较少受到"自由市场"原则的影响。虽然日本未能像西北欧国家那样经历社会民主主义政党的上台执政,但日本发展出了"被组织起来的市场",政府对"春斗"的认可使"春斗"发挥了收入分配的功能。[2]因此,在自民党"创造性的保守主义"的影响下,对劳工的社会保护得到了强化,自民党政权和劳工之间建立起了"社会契约"。[3]

与日本的个案相对,本书的研究表明,虽然韩国政府在民主化之后扩展了工人的权利,但是在全球化的竞争压力下,韩国政府却采取了具有"新自由主义"特征的市场改革,"自由市场"的原则对劳工的社会保护构成了冲击,经济高速增长时期政府和劳工之间形成的"社会契约"被拆散。新上台的亲劳工的政权虽然采

---

① (日)高坂健次主编:《当代日本社会分层》,张弦等译,北京:中国人民大学出版社,2004年版,第120页。

② 樋渡展洋:『戦後日本の市場と政治』,東京大学出版会,1991年。

③ Garon, Sheldon and Mike Mochizuki, "Negotiating social contracts", in Andrew Gordon ed., *Postwar Japan as History*, Berkley: University of California Press, 1993.

取了政治上吸纳劳工群体的举措,但其始终采取"部分拉拢"①(partial co-opta-tion)或是"先发制人的包容"(preemptive accomodation)②的战略对待劳工,政府和劳工之间的对抗和不信任并未真正消除,劳工群体依然是政治体制的"局外人",其无法在政治上抵抗"自由市场"原则的影响。

由此可见,虽然日韩两国都被认为是国家干预市场的代表案例,但是两国政府在劳动力市场发展过程中所采取的不同举措体现了两国国家和市场关系的差异;另外,虽然日韩两国的政治模式被认为具有强国家的色彩,但日本的保守政权在处理和社会力量的关系时更多地采取制度性吸纳的手段,而韩国政府在相关领域的制度建设却存在不足。

其次,本书通过研究指出了日韩两国企业生产过程的变动和劳动力商品化程度变动之间的关联,从而体现出日韩两国生产体制之间的差异。

虽然日韩两国以大企业为主的发展模式存在类似之处,两国领军的出口行业部门也很相似(如汽车、电子、钢铁、造船等行业),但本书揭示了两国企业生产体制的较大差异。虽然1960年前后的日本和20世纪80年代中期前后的韩国都面临着劳动力市场拐点出现的局面,但在拐点出现后,两国企业内生产过程的调整走向了不同的方向。在20世纪60年代的日本,在资方吸取劳资冲突教训以及劳动力市场结构变化的背景下,通过企业内特殊技能的发展,企业的内部劳动力市场逐渐形成,"终身雇佣制"和"年功序列制工资"的原则也逐渐确立,企业内部的"技能形成""就业保障"和"工资保障"三者之间的良性循环也因此得以形成。然而,20世纪80年代之后韩国企业的生产过程调整却朝去技能化的方向发展。在就业方面,韩国企业大量使用非正式工人承担无需熟练技能的工作,并以此适应市场的变动。从结果来看,不仅工人在企业层面受到的保护被侵蚀,正式工人和非正式工人之间的工资差距也不断拉大。因此,韩国企业的内部劳动力市场始终未能得到充分发展,"技能形成""就业保障"和"工资保障"三者之间的良性循环未能形成,并向恶性循环的方向发展。

而从结果来看,日韩两国生产过程调整和企业内部劳动力市场发展的不同方

---

① 这是格雷在书中提出的概念,参见 Kevin Gray, *Korean Workers and Neoliberal Globalisation*, London: Routledge, 2008.

② 孔泰岩在文章中提出了这一概念,参见 Kong Tat-Yan, "Globalization and labour market reform: patterns of response in Northeast Asia", *British Journal of Political Science*, Vol. 36, No. 2, 2006.

向也导致了两国在产品"质"的扩张上的差异。通过提高劳动者的技能,日本企业保证了生产的"质之扩张",而其付出的代价主要是在雇佣方面部分地失去灵活性;与之相对"韩国企业选择的代价,则既包括延续至今的劳资对立关系,也包括产品质量提升速度方面的损失"①。

最后,本书通过研究指出了日韩两国工会路线变动和劳资关系之间的关联,从而体现出日韩两国的发展模式中存在着"谋求共识"和"零和博弈"的差异。

本书的研究表明,日韩两国的工会路线都经历了由强调追求政治目标向强调追求经济目标的转变,而且其工会结构都转向了分散化的企业工会。虽然两国在"分权化的工会追求经济目标"这一点上存在类似性,但是工会行动方式却存在着较大的差异。采取企业工会主义的日本工会强调劳资一体,并以协商和谋求共识的方式在企业内部实现目标;而采取战斗型经济主义路线的韩国企业工会却强调劳资的"零和博弈",并通过动员工会的组织力量和资方进行对抗。在超越企业的层面,两国企业工会的路线差异还导致了两国社会发展模式的差异。

日本企业工会在发展的过程中虽然采取了"企业主义"的路线,但超越企业层面的工人协调也得到一定的发展。本书关于高速增长时期"春斗"的研究表明,"春斗"在促进大幅加薪和工资的平准化方面有着较好的表现,大企业工会通过内部组织资源争取到的成果能够波及其他企业。不仅如此,本书关于石油危机前后工会调整加薪策略的研究表明,由于采取了劳资一体的立场,日本的工会在追求经济目标时也强调国家经济竞争力的提升。因此,企业工会主义的工会路线的发展不仅推动了日本不同企业的工人达成共识,也使企业工会和政府在国家经济发展的目标上得以达成共识。

此外,由于企业工会的协力,"日本式经营"得以确立,大企业的经济实力和权威也得到进一步的巩固和发展。日本大企业的发展不仅使其成为战后日本社会体制的"基本单位"②,也使其成为自民党政权的受益者和坚定支持者。就劳工群体政治社会地位的变动而言,企业工会在企业内地位的确立为其和政府之间"政治的交换"奠定了基础。③ 20 世纪 70 年代中期之后,日本"阶级合作主义"的制度安排逐渐发展,作为一支重要政治力量的劳工群体逐渐被体制化。与此相关,在

---

① 宋磊、孙晓冬:《发展型国家的产业民主与生产扩张》,强世功主编:《政治与法律评论》(第二辑),北京:法律出版社,2013 年版,第 250 页。
② 大嶽秀夫:『戦後日本のイデオロギー対立』,三一書房,1996 年,第 56 頁。
③ 久米郁男:『日本型労使関係の成功──戦後和解の政治経済学』,有斐閣,1998 年。

大企业中,"雇佣半终身制的核心工人和工厂层面联合磋商的发展,使得管理层可以设法让核心工人与更为激进和政治化的全国性的劳工运动逐渐疏远"[1]。受此影响,和激进的劳工运动结盟的社会党始终作为"万年野党"而存在,自民党的长期政权也得到了巩固。因此,在日本社会发展的过程中,企业工会主义的发展推动了各方之间谋求共识。

与日本不同,韩国企业工会对战斗型经济主义路线的采用导致企业内部劳资双方以"零和博弈"的心态进行博弈。由于韩国资方在触及企业秩序的核心议题(如企业的经营权)上的强硬,劳资双方的博弈主要是围绕"待遇改善"等短期利益展开,而未能形成长期的制度性合作关系。[2] 这种"零和博弈"的心态使得工人更多考虑眼前的利益,不再对企业忠心耿耿。[3] 另外,韩国较为分散的企业工会并未像日本企业工会那样推动劳资关系的稳定,而是导致了企业内工人团结程度的下降,从而呈现出"组织混乱的分散化"的特征。此外,虽然力图超越企业工会局限的努力取得了一定的成果,但韩国产业工会和全国性工会联合会的运作仍然受到大企业工会的限制。韩国超越企业工会局限性的集中化努力并未有效地促进企业间工人团结的发展,并呈现出"组织混乱的集中化"的特征。

与此同时,韩国工会内部的矛盾以及企业内劳资双方的对立和冲突也导致国家层面各方间的协商较难得到发展。韩国以三方委员会为中心的社会协和(social concertation)仅在很小的范围内运作,其在经济危机后越发"仪式化"而缺乏实际的影响。[4] 建设"阶级合作主义"的失败导致韩国劳方、资方、政府三方的沟通并不十分顺利。

而在韩国政党政治发展方面,意图包括劳工在内的社会力量大结盟在民主化过后不久便失败,体制内的自由派政治势力此后更多强调和以中产阶级为代表的

---

[1] (美)T. J. 彭佩尔:《体制转型——日本政治经济学的比较动态研究》,徐正源、余红放译,北京:中国人民大学出版社,2011 年版,第 94 页。

[2] 金正勲:『民主化以後の労働問題の展開に関する日韓比較研究』(要旨),東京大学人文社会系研究科博士論文データベース,http://www.l.u-tokyo.ac.jp/postgraduate/database/2011/874.html。

[3] Kim Andrew Eungi and Park Innwon, "Changing trends of work in South Korea: the rapid growth of underemployment and job insecurity", *Asian Survey*, Vol. 46, No. 3, 2006.

[4] Yang Jae-Jin, "Korean social concertation at the crossroads: consolidation or deterioration?", *Asian Survey*, Vol. 50, No. 3, 2003.

市民运动结盟,而以劳工组织为代表的民众运动则逐渐被孤立。① 以"民主劳总"为基础的民主劳动党在 2000 年的成立标志着韩国劳工群体寻求政治化努力的突破。但在 2004 年选举的高峰过后,民主劳动党党内的派别合作和竞争共存的组织结构被打破,对立和博弈成为党内的常态,这也导致了民主劳动党政治影响的下降和最终的分裂。② 另外,韩国议会政治的程序导致议席较少的民主劳动党无法在议会中推动有利于劳工的法案③,再加上其把更多的精力放在了反美主义及朝鲜半岛统一等政治议题上,其在劳工政治领域的影响力越发显得有限。④ 在韩国贫富分化和失业率恶化的背景下,以民主劳动党为代表的韩国左翼政党却未能提出应对问题的合理对策,因此其非但没有将劳动者以外的其他阶层纳入支持基盘,反而造成了劳动者内部的不团结,其在劳动者阶层中的支持率也很低。⑤ 从结果来看,由于韩国劳工通过议会政治使自己利益得到代表的努力并不成功,其经常诉诸直接行动和对抗。⑥

由此可见,韩国企业工会基础上的战斗型经济主义的发展导致了韩国社会发展过程中劳方、资方、政府三方的冲突,韩国的社会发展模式呈现出"强国家—抗争的社会"(strong state-contentious society)⑦与"强国家—强市民社会"对抗⑧的特征,从而与日本国家和社会之间谋求共识的发展模式形成了较大的反差。

因此,本书的研究表明,在劳工组织和行动分散化的情况下,如果"零和博弈"

---

① Kweon Young-Sook, *Liberal Democracy without a Working Class? Democratization, Coalition politics, and the Labor Movement in South Korea, 1987-2006*, Ph. D. Dissertation, Columbia University, 2008.

② 关于民主劳动党内各派系的斗争,可参见 Kevin Gray, *Korean Workers and Neoliberal Globalisation*, London: Routledge, 2008;焦佩:《韩国左翼进步政党的内部分裂原因探析》,《武汉大学学报(哲学社会科学版)》,2013 年第 4 期。

③ Lee Yoonkyung, *Militants or Partisans: Labor Unions and Democratic Politics in Korea and Taiwan*, Stanford, CA.: Stanford University Press, 2011. p. 87.

④ 焦佩:《韩国左翼进步政党的内部分裂原因探析》,《武汉大学学报(哲学社会科学版)》,2013 年第 4 期;磯崎典世:「韓国の労働運動」,『生活経済政策』136 号,2008 年 5 月。

⑤ 焦佩:《经济民主化:韩国左翼政党的新课题》,《当代世界》,2013 年第 11 期。

⑥ Lee Yoonkyung, *Militants or Partisans: Labor Unions and Democratic Politics in Korea and Taiwan*, Stanford, CA.: Stanford University Press, 2011.

⑦ Hagen Koo, "Strong state and contentious society", in Hagen Koo ed., *State and Society in Contemporary Korea*, Ithaca: Cornell University Press, 1993.

⑧ Jennifer S. Oh, "Strong state and strong civil society in contemporary South Korea: challenges to democratic governance", *Asian Survey*, Vol. 52, No. 3, 2012.

的心态居于主导地位,则工会在微观层面的组织资源可能被用来谋求狭隘利益,从而不利于劳资关系的协调和社会各方之间的合作;相反,如果"谋求共识"的心态居于主导地位,则工会在微观层面的组织资源可被用来促进资方和工会的合作,而且也有利于劳资关系的协调以及社会各方之间的合作。这是本书通过劳资关系的研究观察到的日韩发展模式的核心差异,其对解决中国劳资关系面临的问题以及建设有中国特色的协调型劳资关系也具有较强的启示意义。

# 参 考 文 献

一、中文文献（按姓氏拼音排序）

1. 著作

（日）安场保吉、猪木武德编：《日本经济史8：高速增长》，连湘译，北京：生活·读书·新知三联书店，1997年版。

（美）奥尔森：《集体行动的逻辑》，陈郁等译，上海：上海人民出版社，1995年版。

（澳）班贝尔等编：《国际与比较雇佣关系——全球化与变革》（第5版），赵曙明等译，北京：北京大学出版社，2012年版。

兵藤钊：《"日本式经营"与劳使关系——过去、现在、将来》，陈建安编：《日本的经济发展与劳动问题》，上海：上海财经大学出版社，1999年版。

（英）卡尔·波兰尼：《大转型：我们时代的政治与经济起源》，冯钢、刘阳译，杭州：浙江人民出版社，2007年版。

曹中屏、张琏瑰等编著：《当代韩国史》，天津：南开大学出版社，2005年版。

陈周旺、汪仕凯：《工人政治》，上海：复旦大学出版社，2013年版。

成和镛：《2015年三星梦想》，杨华芸译，深圳：海天出版社，2008年版。

程延园：《劳动关系》（第3版），北京：中国人民大学出版社，2011年版。

（美）高柏：《日本经济的悖论：繁荣与停滞的制度性根源》，刘耳译，北京：商务印书馆，2004年版。

（美）高柏：《经济意识形态与日本产业政策：1931—1965年的发展主义》，安佳译，上海：上海人民出版社，2009年版。

（日）高坂健次主编：《当代日本社会分层》，张弦等译，北京：中国人民大学出版社，2004年版。

（美）安德鲁·戈登：《日本的起起落落：从德川幕府到现代》，李朝津译，桂林：广西师范大学出版社，2008年版。

（美）安德鲁·戈登：《日本劳资关系的演变：重工业篇1853—1955年》，张锐、刘俊池译，南京：江苏人民出版社，2011年版。

（日）河西宏祐、（澳）罗斯·摩尔：《日本劳动社会学》，袁晓凌译，上海：华东师范大学出版社，2010年。

华桂萍:《护宪和平主义的轨迹:以日本社会党为视角》,北京:人民出版社,2005年版。

今井贤一、小宫隆太郎主编:《现代日本企业制度》,陈晋等译,北京:经济科学出版社,1995年版。

(韩)具海根:《韩国工人——阶级形成的文化与政治》,梁光严、张静译,北京:社会科学文献出版社,2004年版。

(美)卡赞斯坦:《世界市场中的小国:欧洲的工业政策》,叶静译,长春:吉林出版集团有限责任公司,2008年版。

李静君:《中国工人阶级的转型政治》,李友梅、孙立平、沈原编:《当代中国社会分层:理论与实证》(转型与发展,第1辑),北京:社会科学文献出版社,2006年版。

马克思、恩格斯:《共产党宣言》,中共中央编译局译,北京:人民出版社,1997年版。

《马克思恩格斯文集》(第1卷),北京:人民出版社,2009年版。

马克思:《资本论》(第1卷),北京:人民出版社,2004年版。

(英)迈克尔·曼:《社会权力的来源》(第2卷),陈海宏等译,上海:上海人民出版社,2007年版。

(美)帕特里克、(美)罗索夫斯基主编:《亚洲新巨人:日本的经济是怎样运行的》(下册),《亚洲新巨人》编译组译,上海:上海译文出版社,1982年版。

潘维:《比较政治学理论与方法》,北京:北京大学出版社,2014年版。

(美)裴宜理:《上海罢工:中国工人政治研究》,刘平译,南京:江苏人民出版社,2012年版。

(美)T.J.彭佩尔:《体制转型——日本政治经济学的比较动态研究》,徐正源、余红放译,北京:中国人民大学出版社,2011年版。

桥本寿朗、长谷川信、宫岛英昭:《现代日本经济》,戴晓芙译,上海:上海财经大学出版社,2001年版。

(日)升味准之辅:《日本政治史》,董果良、郭洪茂译,北京:商务印书馆,1997年版。

宋磊、孙晓冬:《发展型国家的产业民主与生产扩张》,强世功主编:《政治与法律评论》(第2辑),北京:法律出版社,2013年版。

(英)E.P.汤普森:《英国工人阶级的形成》,钱乘旦译,南京:译林出版社,2013年版。

王彦军:《日本劳动力技能形成研究:基于人力资本理论的分析》,长春:吉林人民出版社,2010年版。

吴建平:《转型时期中国工会研究——以国家治理参与为视角》,北京:光明日报出版社,2012年版。

(美)贝弗里.J.西尔弗:《劳工的力量:1870年以来的工人运动与全球化》,张璐译,北京:社会科学文献出版社,2012年版。

(美)凯瑟琳·西伦:《制度是如何演化的:德国、英国、美国和日本的技能政治经济学》,王星译,上海:上海人民出版社,2010年版。

下山房雄:《战后日本的工会——意识形态、功能、组织》,高桥洸等编著:《日本劳务管理史:劳使关系》,唐燕霞译,北京:经济科学出版社,2005年版。

（日）小山弘健、清水慎三编著：《日本社会党史》,上海:上海人民出版社,1973年版。

岩井章：《我的工运之路》,尤祖德等译,北京:中国工人出版社,1992年版。

杨栋梁：《国家权力与经济发展:日本战后产业合理化政策研究》,天津:天津人民出版社,1998年版

尹保云：《民主与本土文化:韩国威权主义时期的政治发展》,北京:人民出版社,2010年版。

（美）禹贞恩主编：《发展型国家》,曹海军译,长春:吉林出版集团有限责任公司,2008年版。

（美）查默斯·约翰逊：《通产省与日本奇迹》,唐吉洪等译,长春:吉林出版集团有限责任公司,2010年版

赵鼎新：《社会与政治运动讲义》,北京:社会科学文献出版社,2006年版。

（日）正村公宏：《战后日本经济政治史》,上海社会科学院世界经济研究所日本经济研究室译,上海:上海人民出版社,1991年版。

2. 期刊

安戈、陈佩华：《中国、组合主义及东亚模式》,史禾译,《战略与管理》,2001年第1期。

陈峰：《国家、制度与工人阶级的形成——西方文献及其对中国劳工问题研究的意义》,《社会学研究》,2009年第5期。

焦佩：《韩国左翼进步政党的内部分裂原因探析》,《武汉大学学报(哲学社会科学版)》,2013年第4期。

焦佩：《经济民主化:韩国左翼政党的新课题》,《当代世界》,2013年第11期。

布鲁斯·卡明斯：《从拉美经验看韩国政治体制的民主化》,曾军荣编译,《经济社会体制比较》,2009年第2期。

刘军：《北美视角下的工会运动与新社会运动》,《浙江学刊》,2014年第6期。

刘文：《日韩工会发展比较及启示》,《东北亚论坛》,2012年第2期。

汪仕凯：《工人阶级的形成:一个争议话题》,《社会学研究》,2013年第3期。

王星：《阶级化与商品化:劳工抗争政治的两种模型》,《中国工人》,2012年第2期。

吴建平：《在诸多张力之间的工会运动——对理查德·海曼的工会理想型的评述》,《中国劳动关系学院学报》,2015年第1期。

吴清军：《西方工人阶级形成理论述评——立足中国转型时期的思考》,《社会学研究》,2006年第2期。

辛匡容：《全球化与劳动的非正式化——韩国工会运动与社会运动》,郭懋安译,《国外理论动态》,2011年第5期。

余晓敏：《经济全球化背景下的劳工运动:现象、问题与理论》,《社会学研究》,2006年第3期。

仲光友：《日本社会党政策的演变》,《外国问题研究》,1998年第2期。

### 3. 其他

《逾七成国民对劳资关系持否定看法》，韩联社，http://chinese. yonhapnews. co. kr/2013_search/9602000000. html？keyword＝73. 3％25％E7％9A％84％E5％8F％97％E8％AE％BF％E8％80％85％E4％B8％80％E6％8F％90％E5％88％B0％E5％8A％B3％E8％B5％84％E5％85％B3％E7％B3％BB。

《非正规职平均连续工作不到两年》，韩联社，http://chinese. yonhapnews. co. kr/newpgɪɪɪ/9908000000. html？cid＝ACK20111024001200881。

《三星被曝资方试图瓦解工会雇佣部将全面调查》，韩联社，http://chinese. yonhapnews. co. kr/newpgm/9908000000. html？cid＝ACK20131021000500881。

梁善姬：《韩国人不睡觉在工作为何效率低？》，《中央日报》（韩国）中文网，http://chinese. joins. com/gb/article. do？method＝detail&art_id＝124342&category＝002005。

《现代汽车工会的"罢工癃"》，《中央日报》（韩国）中文网，http://chinese. joins. com/gb/article. do？method＝detail&art_id＝1107。

申昌运：《韩日企业对经济状况和劳资关系的不同看法》，《中央日报》（韩国）中文网，http://chinese. joins. com/gb/article. do？method＝detail&art_id＝21386。

《韩国10名非正式员工中只有1名最终成为正式员工》，人民网，http://korea. people. com. cn/205155/205167/8484171. html。

王林昌：《韩铁路电力工人罢工政府坚持民营化政策不变》，人民网，http://www. people. com. cn/GB/guoji/22/82/20020226/674902. html。

《〈劳动合同法〉实施两年：劳动争议案数量仍居高不下》，《中国青年报》，2010年1月19日，http://www. cyol. net/zqb/content/2010－01/19/content_3045611. htm。

《劳动争议居社会矛盾冲突首位　专家建议专门立法遏制群体性劳动争议多发势头》，《法制日报》，2015年1月16日，http://www. legaldaily. com. cn/index/content/2015－01/16/content_5929995. htm？node＝20908。

付辉：《现代汽车叫魂》，http://auto. sohu. com/20070215/n248260981. shtml。

马骏：《日本企业人力资源管理概论：序章》，http://wenku. baidu. com/link？url＝Amicb44_43dgylofZRRvnAc04－2FZpjDfhhH74rCayVUARP9WatMD flSsSDv1TdAXze5ZyW7GlijHr1j0JhGLXQrw4EXBD5ml3jaT_E0_zm。

## 二、英文文献（按姓氏字母排序）

### 1. 著作

Cho, Hee-Yeon and Kim Eun-Mee, "State autonomy and its social conditions for economic development in South Korea and Taiwan", in Kim Eun-Mee ed. , *The Four Asian Tigers：Economic Development and the Global Political Economy*, San Diego：CA Academic Press, 1998.

Cho, Hyorae, "Industrial relations and union politics in large firms in South Korea", in Lee

Changwon and Sarosh Kuruvilla, eds. , *The Transformation of Industrial Relations in Large-Size Enterprises in Korea: Appraisals of Korean Enterprise Unionism*, Seoul: Korea Labor Institute, 2006.

Choi, Chang-Jip, *Labor and the Authoritarian State: Labor Unions in South Korean Manufacturing Industries, 1961-1980*, Seoul: Korea University Press, 1989.

Collier R. B. and Collier D. , *Shaping the Political Arena: Critical Junctures, the Labor Movement, and Regime Dynamics in Latin America*, Princeton: Princeton University Press, 1991.

Crump, John, *Nikkeiren and Japanese Capitalism*, London, New York: Routledge Curzon, 2003.

Deyo, Frederic C. , *Beneath the Miracle: Labor Subordination in The New Asian Industrialism*, Berkeley: University of California Press, 1989.

Dore, Ronald, *British Factory-Japanese Factory*, Berkeley: University of California Press, 1973.

Garon, Sheldon and Mike Mochizuki, "Negotiating social contracts", in Andrew Gordon ed. , *Postwar Japan as History*, Berkley: University of California Press, 1993.

Gills, Barry K. and Gills D. S. , "Globalization and strategic choice in South Korea: economic reform and labor", in Kim, Samuel S. , ed. , *Korea's Globalization*, New York: Cambridge University Press, 2000.

Gordon, Andrew, *The Wages of Affluence: Labor and Management in Postwar Japan*, Cambridge: Harvard University Press, 1998.

Gray, Kevin, *Korean Workers and Neoliberal Globalisation*, London: Routledge, 2008.

Hyman, Richard, *Understanding European Trade Unionism: Between Market, Class and Society*, London: Sage Publications, 2001.

Johnson, Chalmers, "Political institutions and economic performance: The government-business relationship in Japan, South Korea, and Taiwan", in Frederic C. Deyo ed. , *The Political Economy of the New Asian Industrialism*, Ithaca, NY: Cornell University Press, 1987.

Katznelson, Ira, "Working-class Formation: constructing cases and comparisons", in Ira Katznelson and Aristide R. Zolberg, eds. , *Working-Class Formation: Nineteen-Century Patterns in West Europe and the United States*, Princeton: Princeton University Press, 1986.

Koo Hagen and "Strong state and contentious society", in Hagen Koo ed. , *State and Society in Contemporary Korea*, Ithaca: Cornell University Press, 1993.

Kwon Heiwon and Kwon Hyunji, "The growth of nonstandard employment, changing labor market Structure and industrial relations", in Lee Changwon and Sarosh Kuruvilla, eds. , *The transformation of Industrial Relations in Large-Size Enterprises in Korea: Appraisals of Korean Enterprise Unionism*, Seoul: Korea Labor Institute, 2006 .

Lee, Byoung-Hoon et al. , eds , *Labor in Korea 1987-2006: Looking through the Statistical*

Lens, Seoul: Korea Labor Institute, 2009.

Lee, Changwon, "Labor and management relations in large enterprises in Korea: exploring the puzzle of confrontational enterprise-based industrial relations", in Lee Changwon and Sarosh Kuruvilla, eds. , *The Transformation of Industrial Relations in Large-Size Enterprises in Korea: Appraisals of Korean Enterprise Unionism*, Seoul: Korea Labor Institute, 2006.

Lee, Eul-Teo, "HRM, employees, and industrial relations in large size Korean Companies Since 1987", in Lee Changwon and Sarosh Kuruvilla, eds. , *The Transformation of Industrial Relations in Large-Size Enterprises in Korea: Appraisals of Korean Enterprise Unionism*, Seoul: Korea Labor Institute, 2006.

Lee, Yoonkyung, *Militants or partisans: Labor unions and democratic politics in Korea and Taiwan*, Stanford, CA. : Stanford University Press, 2011.

Miura, Mari, *Welfare though Work: Conservative Ideas, Partisan Dynamics, and Social Protection in Japan*, Ithaca, London: Cornell University Press, 2012

Mo, Jongryn, "Democratization, labor policy, and economic performance", in Mo Jongryn and Moon Chung, eds. , *Democracy and the Korean Economy*, Stanford, CA: Hoover Institution Press, 1998.

Okochi, Kazuo, Bernard Karsh and Solomon B. Levine, eds. , *Workers and Employers in Japan: The Japanese Employment Relations System*, Tokyo: University of Tokyo Press, 1973.

Pempel T. J. , and Keiichi Tsunekawa, "Corporatism without labor? The Japanese anomaly", in Schmitter, Philippe C. and Lehmbruch, Gerhard, eds. , *Trends Toward Corporatist Intermediation*, Beverly Hills, London: Sage Publications, 1979.

Pempel T. J. , "The developmental regime in a changing world economy", in Meredith Woo-Cummings ed. , *The Developmental State*, Ithaca, NY: Cornell University Press, 1999.

Perry, Elizabeth J. , "Introduction", in Perry, Elizabeth J. , ed. , *Putting Class in its Place: Worker Identities in East Asia*, Berkeley, California: Institute of East Asian Studies, University of California, Berkeley, 1995.

Weathers C. , "Business and Labor", in. Tsutsui W M ed. , *A Companion to Japanese History*, Malden, MA: Blackwell Publishing Ltd, 2007.

2. 期刊文章

Alexander, Christopher, "The architecture of militancy: workers and the state in Algeria, 1970-1990", *Comparative Politics*, Vol. 34, No. 3, 2002.

Buchanan, Paul G. and Kate Nicholls, "Labour politics and democratic transition in South Korea and Taiwan", *Government and Opposition*, Vol. 38, No. 2, 2003.

Carlile L. E. , "Sohyo versus Domei: competing labour movement strategies in the era of high growth in Japan", *Japan Forum*, Vol. 6, No. 2, 1994.

Chang, Dae-Oup and Chae Jun-Ho, "The transformation of Korean labour relations since 1997", *Journal of Contemporary Asia*, Vol. 34, No. 4, 2004.

Cho, Joonmo, Giseung Kim and Taehee Kwon, "Employment problems with irregular workers in Korea: a critical approach to government policy", *Pacific Affairs*, Vol. 81, No. 3, 2008.

Chu, Yin Wah, "Labor and democratization in South Korea and Taiwan", *Journal of Contemporary Asia*, Vol. 28, No. 2, 1998.

Jung, Ee-Whan, "The rise of the labor movement and the development of internal labor market in the Korean manufacturing industry", *Korean Journal of Population and Development*, Vol. 22, No. 1, 1993.

Kim, Andrew Eungi and Park Innwon, "Changing trends of work in South Korea: the rapid growth of underemployment and job insecurity", *Asian Survey*, Vol. 46, No. 3, 2006.

Kim, Hyung A, "Industrial warriors: South Korea's first generation of industrial workers in post-developmental Korea", *Asian Studies Review*, Vol. 37, No. 4, 2013

Kim, Jiyoung, "The role of government in the expansion of the contingent workforce", *Asian Politics & Policy*, Vol. 2, No. 2, 2010.

Kim, Taekyoon, "Variants of corporatist governance: differences in the Korean and Japanese approaches in dealing with labor", *Yale Journal of International Affairs*, Vol. 3, No. 1, 2008.

Kim, Yong Cheol, "Industrial reform and labor backlash in South Korea: genesis, escalation, and termination of the 1997 general strike", *Asian Survey*, Vol. 38, No. 12, 1998.

Kong, Tat-Yan, "Labour and globalization: locating the Northeast Asian newly industrializing countries", *Review of International Political Economy*, Vol. 13, No. 1, 2006.

Kong, Tat-Yan, "Globalization and labour market reform: patterns of response in Northeast Asia", *British Journal of Political Science*, Vol. 36, No. 2, 2006.

Kong, Tat-Yan, "Pathways to cooperation: the transformation of labour relations among leading south Korean firms", *Economy & Society*, Vol. 40, No. 1, 2011.

Kong, Tat-Yan, "Between late-industrialisation and globalisation: the hybridisation of labour relations among leading South Korean firms", *New Political Economy*, Vol. 18, No. 5, 2013.

Lee, Byong-Hoon, "Globalization and industrial relations in South Korea", *Korea Journal*, Spring, 2003.

Lee, Byoung-Hoon, "Labor solidarity in the era of neoliberal Globalization", *Development and Society*, Vol. 40, No. 2, 2011.

Lee, Byong-Hoon and Stephen J. Frenkel, "Divided workers: social relations between contract and regular workers in a Korean auto company", *Work, Employment & Society*, Vol. 18, No. 3, 2004

Lee, Byong-Hoon and EUN Soo Mi, "Labor politics of employment protection legislation for nonregular workers in South Korea", Korea *Journal*, Vol. 49, No. 4, 2009.

Lee, Byong-Hoon and Sanghoon Yi, "Organizational transformation towards industry unionism in South Korea", *Journal of Industrial Relations*, Vol. 54, No. 4, 2012.

Lee, Jong-Woon, "The restructuring of labour in the automobile industry in South Korea", *Development and Change*, Vol. 42, No. 5, 2011.

Lee, Jong-Woon, "Labour contracting and changing employment relationships in South Korea", *Development Policy Review*, Vol. 32, No. 4, 2014.

Lee, Yoonkyung, "Labor after neoliberalism: the birth of the insecure class in South Korea", *Globalizations*, Vol. 15, No. 2, 2015.

Lee, Joohee, "Between fragmentation and centralization: South Korean industrial relations in transition", *British Journal of Industrial Relations*, Vol. 49, No. 4, 2011.

Lee, Yeonho and Chung Sukkyu, "Labor and politics in East Asia: the case of failure of the encompassing labor organization in Korea", *Asian Perspective*, Vol. 32, No. 3, 2008.

Lee, Yeonho and Lim Yoo-Jin, "The rise of the Labor Party in South Korea: causes and limits", *The Pacific Review*, Vol. 19, No. 3, 2006.

Lipset, Seymour Martin, "Radicalism or reformism: the sources of working-class politics", *American Political Science Review*, Vol. 77, No. 1, 1983.

Oh, Jennifer S., "Strong state and strong civil society in contemporary South Korea: challenges to democratic governance", *Asian Survey*, Vol. 52, No. 3, 2012.

Shimada, Haruo, "Japanese labor's spring wage offensive and wage spillover", *Keio Economic Studies*, Volume 7, No. 2, 1970.

Shin, Kwang-Yeong, "Globalisation and the working class in South Korea: contestation, fragmentation and renewal", *Journal of Contemporary Asia*, Vol. 40, No. 2, 2010.

Shin, Kwang-Yeong, "Economic crisis, neoliberal reforms, and the rise of precarious work in South Korea", *American Behavioral Scientist*, Vol. 57, No. 3, 2012.

Song, Ho-Kwen, "Working-class politics in reform democracy in South-Korea", *Korean Journal of Population and Development*, Vol. 23, No. 2, 1994.

Park, Insub, "The labour market, skill formation and training in the 'post-developmental' state: the example of South Korea", *Journal of Education and Work*, Vol. 20, No. 5, 2007.

Park, Sung Ho, "The role of government in social pact building: the cases of Italy and South Korea in the 1990s", *Korean Political Science Review*, Vol. 46, No. 6, 2013.

Park, Young-Bum, Byoung-Hoon Lee and Seog-Hun Woo, "Employment relations in the Korean automotive industry: issues and policy implications", *The Economic and Labour Relations Review*, Vol. 8, No. 2, 1997.

Therborn, Goran, "Why some classes are more successful than others", *New Left Review*,

No. 138, 1983.

Tsujinaka ,Utaka, "A Comparison between Japanese and Korean labor politics: Japan in the mid-1960s and Korea around 1990",『筑波法政』18 号(2),1995 年。

Wright,Erik Olin, "Working-class power, capitalist-class interests, and class compromise", *American Journal of Sociology*, Vol. 105, No. 4, 2000.

Yang, Jae-Jin, "Corporate unionism and labor market flexibility in South Korea", *Journal of East Asian Studies*, Vol. 6, No. 2, 2006.

Yang, Jae-Jin, "Korean social concertation at the crossroads: consolidation or deterioration?",*Asian Survey*, Vol. 50, No. 3, 2003.

Yoo Hyung-Geun, "Militant labor unionism and the decline of solidarity: a case study of Hyundai Auto workers in South Korea", *Development and Soociety*, Vol. 41, No. 2, 2012.

Yoon, Bong-Joon, "Labor militancy in South Korea", *Asian Economic Journal*, Vol. 19, No. 2, 2005.

Yun,Aelim, "Building collective identity: trade union representation of precarious workers in the South Korean Auto Companies", *Labour, Capital and Society*, Vol. 44, No. 1, 2011.

Yun,Ji-Whan, "Labor market polarization in South Korea: the role of policy failures in growing inequality",*Asian Survey*, Vol. 49, No. 2, 2009.

3. 学位论文

Carlile L E, *Zaikai and the Politics of Production in Japan*, *1940-1962*,Ph. D. Dissertation, University of California, Berkeley, 1989.

Han, Chonghee, *From "Korea Inc." to "Chabeol Inc." : the development of industrial relations in South Korea, 1987-1998*,Ph. D. Dissertation, Claremont University, 2000.

Huang,Chang-Ling, *Labor Militancy and the Neo-Mercantilist Development Experience: South Korea and Taiwan in Comparison*,Ph. D. Dissertation, University of Chicago, 1999.

Ido, Masanobu, *Divide and Rule: The Italian and Japanese Labor Movements After the Oil Crisis*,Ph. D. Dissertation, Chicago University, 1998.

Kim, Yongcheol, *State and Labor in South Korea: Coalition Analysis*,Ph. D. Dissertation, Ohio State University, 1994.

Kweon,Young-Sook, *Liberal Democracy without a Working Class? Democratization, Coalition Politics, and the Labor Movement in South Korea, 1987-2006*,Ph. D. Dissertation, Columbia University, 2008.

Lee, Kwang Kun, *Transformation of the South Korean Labor Regime,1987-2011:An Actor-oriented World-Systems Approach*, Ph. D. Dissertation, Binghamton University, State University of New York,2012.

Lee, Yung Chul, *Labour Policy Change in a Developmental Authoritarian State*, Ph. D. Dissertation, Notre Dame University,1999.

Looney, Kristen, *The Rural Developmental State*：*Modernization Campaigns and Peasant Politics in China*, *Taiwan and South Korea*,Ph. D. Dissertation, Harvard University, 2012.

McSweeny, Elizabeth J, *Political Party Opposition in Hybrid Systems*：*Social Democratic Fortunes in Japan and The Federal Republic of Germany*, Ph. D. Dissertation, Chicago University, 1998.

Suzuki, Akira, *The Polarization of the Union Movement in Postwar Japan*：*Politics in the Unions of Steel and Railway Workers*,Ph. D. Dissertation, University of Wisconsin, Madison, 1997.

Oh,Changgyun, *Labor Control and Economic Development in South Korea*, *1961-1979*, Ph. D. Dissertation, University of Missouri-Columbia, 1996.

Song, Jiyeoun, *Global Forces*, *Local Adjustments*：*The Politics of Labor Market Deregulation in Contemporary Japan and Korea*,Ph. D. Dissertation, Harvard University, 2008.

Weathers,Charles Martin, *Transforming Labor*：*State and Employer Strategy in Postwar Japan*,Ph. D. dissertation, University of California, Berkley, 1995.

Yun, Ji-Whan, *Reforming the Dualities*：*the Politics of Labor Market Reform in Contemporary East Asia*,Ph. D. Dissertation, California University, Berkley, 2008.

4. 其他

OECD, "Strikes", in Society at a Glance 2006：OECD Social Indicators, OECD Publishing, 2007. http：//dx. doi. org/10. 1787/soc_glance－2006－34－en.

### 三、日语文献(按姓氏五十音排序)

1. 著作

安周永:『日韓企業主義的雇用政策の分岐——権力資源動員論からみた労働組合の戦略』,ミネルヴァ書房,2013 年。

石川晃弘:『社会変動と労働者意識——戦後日本におけるその変容過程』,日本労働協会,1975 年。

大嶽秀夫:『戦後政治と政治学』,東京大学出版会,1994 年。

大嶽秀夫:『戦後日本のイデオロギー対立』,三一書房,1996 年。

大西裕:「弱い資本家による強い資本主義——韓国を事例に」,竹中千春、山本信人、高橋伸夫編:『現代アジア研究〈2〉市民社会』,慶應義塾大学出版会,2008 年。

小野旭:『日本的雇用慣行と労働市場』,東洋経済新報社,1989 年。

久米郁男:『日本型労使関係の成功——戦後和解の政治経済学』,有斐閣,1998 年。

久米郁男:『労働政治——戦後政治のなかの労働組合』,中央公論新社,2005 年。

栗田健:『日本の労働社会』,東京大学出版会,1994 年。

黒田兼一:「戦闘的労働運動の衰退と協調的労使関係の成立—自動車産業の場合」,堤

矩之、浪江朧編:『日本の労務管理と労使関係』,法律文化社,1991年。

小池和男:『仕事の経済学』,東洋経済新報社,1998年。

神代和欣、連合総合生活開発研究所編集:『戦後50年産業・雇用・労働史』,日本労働研究機構,1995年。

篠田徹:『世紀末の労働運動』,岩波書店,1989年。

清水慎三:「戦後労働組合運動史序説」,清水慎三編著:『戦後労働組合運動史論——企業社会超克の視座』,日本評論社,1982年。

清水慎三:「総評三〇年のバランスシート」,清水慎三編著『戦後労働組合運動史論——企業社会超克の視座』,日本評論社,1982年。

周武鉉:「現代自動車の雇用管理・作業組織・組合行動」,禹宗杬編著:『韓国の経営と労働』,日本経済評論社,2010年。

新川敏光:『幻視のなかの社会民主主義』,法律文化社,2007年。

新川敏光:「1975年春闘と経済危機管理」,大嶽秀夫編:『日本政治の争点——事例研究による政治体制の分析』,三一書房,1984年。

『総評四十年史』編纂委員会:『総評四十年史第一巻(通史)』,第一書林,1993年。

田端博邦:「現代日本と労使関係」,東京大学社会科学研究所編:『現代日本社会5 構造』,東京大学出版会,1991年。

趙性載:「LG電子の経営理念と作業場革新——家電工場を中心に」,禹宗杬編著:『韓国の経営と労働』,日本経済評論社,2010年。

中条毅、菊野一雄編著:『雇用制』,中央経済社,1988年。

朴昌明:『韓国企業社会と労使関係——労使関係におけるデュアリズムの深化』,ミネルヴァ書房,2005年。

兵藤釗:『労働の戦後史』,東京大学出版会,1997年。

樋渡展洋:『戦後日本の市場と政治』,東京大学出版会,1991年。

ものがたり戦後労働運動史刊行委員会:『ものがたり戦後労働運動史(3)——総評の出発から労闘ストへ(1950—1952年)』,第一書林,1998年。

ものがたり戦後労働運動史刊行委員会:『ものがたり戦後労働運動史(4)——電産・炭労ストから春闘のはじまりへ(1952—1955年)』,第一書林,1998年。

ものがたり戦後労働運動史刊行委員会:『ものがたり戦後労働運動史(5)——1955年体制の成立から安保・三池の前哨戦へ(1955—1959年)』,第一書林,1998年。

ものがたり戦後労働運動史刊行委員会:『ものがたり戦後労働運動史(6)——安保と三池の決戦から同盟、JCの結成へ(1959—1964年)』,第一書林,1999年。

横田伸子:『韓国の都市下層と労働者——労働の非正規化を中心に』,ミネルヴァ書房,2012年。

2. 期刊文章

磯崎典世:「韓国の労働運動」,『生活経済政策』136 号,2008 年 5 月。

林榮一:「韓国民主労組運動 20 年,産別労組建設運動の成果と課題(下)金元重[訳],『大原社会問題研究所雑誌』605 号,2009 年 3 月。

岡田一郎:「戦後日本における労組と政党」,『筑波法政』31 号,2001 年 9 月。

岡田一郎:「社会党改革論争と労働組合」,社会政策学会編『社会政策学会誌』第 10 号,法律文化社,2003 年。

金鎔基:「韓国労使関係の第二分水嶺——IMF 危機以降の経済構造変化と労使関係再編」,日本労働社会学会編集委員会編集:『東アジアの労使関係(日本労働社会学会年報第 17 号)』,東信堂,2007 年。

金洪植:「韓国政治における「労働者政治勢力化」の問題:1987 年から1992 年までの労働者と指導部間の乖離を中心として」,『九大法学』88 号,2004 年 9 月。

權蕙涒:「韓国の社会運動的労働運動の過去と現在(上)」鈴木玲[訳],『大原社会問題研究所雑誌』565 号,2005 年 11 月。

鈴木玲:「戦後日本の鉄鋼産業における協調的企業別労働組合の成立——組合内政治を通じての分析」,『レヴァイアサン』,1998 年冬号。

鈴木玲:「戦後日本労働運動の政策志向の分析」,『生活経済政策』127 号,2007 年 8 月。

田辺国昭:「戦後日本のストライキ——55 年体制における労使紛争、その政治経済学的接近(1)」,『法学』52 巻 6 号,1989 年。

二村一夫:「日韓労使関係の比較史的検討」,『大原社会問題研究所雑誌』460 号,1997 年 3 月。

朴昌明:「経済危機以降の韓国労使関係」,『大原社会問題研究所雑誌』572 号,2006 年 7 月。

平井陽一:「三池争議とは」,『大原社会問題研究所雑誌』631 号,2011 年 5 月。

3. 学位论文

金正勲:『民主化以後の労働問題の展開に関する日韓比較研究』(要旨),東京大学人文社会系研究科博士論文データベース,http://www. l. u - tokyo. ac. jp/postgraduate/database/2011/874. html。

尹敬勲:『韓国財閥企業における労使関係の歴史的展開と課題:「現代」財閥を中心に』,早稲田大学大学院アジア太平洋研究科博士学位論文,2009 年。

4. 其他

『「労使関係は夫婦関係」…「19 年紛糾ゼロ」LG 電子の労使観』,http://japanese. donga. com/srv/service. php3？ biid=2008031151728。

鈴木玲:「協調的労働運動の政治的側面——鉄鋼労働運動における少数派と組合内政治」,日本労働社会学会 1998 年 11 月 2 日発表,http://homepage3. nifty. com/sociallabor/paper2. htm。

# 后　记

本书是在我博士论文的基础上修改而成。成书之际，回想起这些年的历程，心中充满了感激之情。

2005 年进入北京大学国际关系学院学习时，我尚是懵懂的徽州少年，最远没出过安徽省。经过在燕园十年的求学，我的眼界得以开阔，思想得到了极大的丰富。因此，感谢北京大学和北京大学国际关系学院，在我青春年少的求学生涯中提供了一个美好的知识和思想家园。在攻读博士学位期间，我有幸入选北京大学和早稻田大学博士双学位的项目，赴日本求学两年，这使得我有机会走进异国，接触未知的世界。

成书之际，衷心感谢攻读博士学位期间的两位导师——潘维教授和唐亮教授的指导和关怀。大三时潘老师开设的"比较政治学"为我打开了进入这一学科的大门。在过去这些年的学习中，潘老师的教学和研究始终激励着我去探索世界的多样性。尤记得在潘老师办公室度过的美好时光——或是与同窗一起和老师讨论和交流，或是潘老师对我的严厉批评……一切的过往都成了美好的回忆。在早稻田大学留学期间，唐老师作为导师给予我多方面的关怀，正是由于他积极鼓励我学习日语，以及启发我从事比较研究，我的论文才得以完成；而在生活事务上，唐老师也给予了我诸多帮助，使得我在异国的生活不再那么艰难。

在求学的过程中，许振洲老师和唐士其老师的谆谆教诲让我受益匪浅。作为本科时的班主任，归泳涛老师在过去的十年中与我交流多次，这些交流一直伴随着我的成长。在博士论文开题和写作过程中，北京大学国际关系学院的梁云祥老师、钱雪梅老师、雷少华老师，北京大学政府管理学院的宋磊老师，中国社会科学院亚太战略研究院的董向荣老师，提出了诸多宝贵的修改意见；中国政法大学的庞金友老师和中国人民大学的王星宇老师参加了论文的答辩。在此，我对各位师长的指导和帮助表示感谢。

在日本学习期间,早稻田大学以及早稻田大学政治学研究科为我提供了一流的学习和研究条件,日本财团及日中友好基金会举办的活动则为我提供了接触和了解日本社会的宝贵机会。

在求学和论文写作的过程中,各位同窗及好友的关心和支持令人难忘。在日本留学期间,张帆、唐琳、朱敏明、王莹、于海春、工藤文等同学在生活和学习上给予了我很大的帮助。感谢王剑英师兄、金晓文、朱清秀、顾全师弟,在早稻田大学奉仕园和北京大学燕园共处的日子的确是人生中美好的时光。此外,还要感谢吴浩师兄、李向国师兄、陈宇慧师妹、周冰鸿师妹和同窗好友曾小顺在求学和论文写作的过程中的支持和帮助。

在博士毕业之后,我有幸进入北京外国语大学国际关系学院任教。北京外国语大学国际关系学院的各位领导和同事创造了良好的教学和科研环境,也为我从学生向教师的转型提供了帮助和支持。本书的出版得到了北京外国语大学新入职教师科研启动基金以及北京外国语大学本科教学工程项目的支持,也是本人主持的中央高校基本科研业务费专项资金项目"从冲突到协调——战后前三十年日本劳资关系变迁研究"的成果。

本书的部分内容曾以专题论文的形式在《当代世界社会主义问题》《日本学》《韩国研究论丛》《当代韩国》《日本研究》等期刊上发表,在此对各期刊在论文发表过程中提出的修改意见表示感谢。

最后,感谢我的父母在我成长过程中的付出、理解和支持,虽远离家乡,但总能感到他们的关怀,本书也算是我在多年求学后送给他们的一份礼物。

程多闻

2017 年夏于北京